»25 Jahre lang hat Ror Wolf sich phänomenologisch, literarisch, dichterisch mit dem Fußball beschäftigt, hat in Hörspielen und Collagen, in Stanzen und Sonetten dieses Mannschaftsspiel und Massenereignis durchleuchtet und beschworen – und als wahrer Kenner auf den Namen gebracht. Er hat nie die pure Außenansicht dieses Phänomens beschrieben, nie die zeitbedingte Trittbrettfahrer-Mentalität gestützt, nie die opportunistische Position des falschen Soziologen bestätigt, Fußball sei so etwas wie das Ventil herrschaftsbezogener Unterdrückungsmechanismen, im Gegenteil.

Er hat erkannt und in gültigen Texten dokumentiert, daß Fußball ein existentielles Geschehen ist und nicht Nachahmung eines solchen. ›Das Fußballspiel (ist) nicht die Fortsetzung des Lebens‹, schreibt er, ›sondern das Leben ist die Fortsetzung des Fußballspiels.‹ Radikale Worte, wahre Worte, aus denen er nur folgern kann: ›Dann ist *das*, was im Spiel passiert, also nicht so wie im Leben auch, sondern: *das*, was im Leben passiert, ist so wie am Samstag beim Spiel.‹«
Ludwig Harig

Ror Wolf, 1932 in Saalfeld/Thüringen geboren, lebt heute in Mainz. Im Jahr 1953 verließ er die Deutsche Demokratische Republik und studierte Literatur, Soziologie und Philosophie in Frankfurt am Main und in Hamburg. Literaturredakteur beim Hessischen Rundfunk. Seit 1963 freier Schriftsteller. Für seinen Prosaband ›Nachrichten aus der bewohnten Welt‹ erhielt Ror Wolf 1992 den Bremer Literaturpreis. Im *Fischer Taschenbuch Verlag*: ›Nachrichten aus der bewohnten Welt‹ (Bd. 11765), ›Fortsetzung des Berichts‹ (Bd. 11766) und ›Die Gefährlichkeit der großen Ebene‹ (Bd. 11768).

Ror Wolf

Das nächste Spiel ist immer das schwerste

Gesammelte Fußballprosa
in einem Band

Fischer Taschenbuch Verlag

Veröffentlicht im Fischer Taschenbuch Verlag GmbH,
Frankfurt am Main, Mai 1996

Lizenzausgabe mit freundlicher Genehmigung
der Frankfurter Verlagsanstalt GmbH
© 1994 Frankfurter Verlagsanstalt GmbH, Frankfurt am Main
Druck und Bindung: Clausen & Bosse, Leck
Printed in Germany
ISBN 3-596-11768-2

Gedruckt auf chlor- und säurefreiem Papier

Inhalt

Dreizehn WM-Moritaten 1930–1986 9
Überleitende Worte und Bilder aus ›Der Fußball‹ 1914 25
Zehn Expertenleben
Vier Herren am Riederwald 33
Bemerkungen zur Lage 41
Heinz, wie ist deine Absicht 53
Unsere schwarzblauen Freunde vom Bornheimer Hang 59
Tribünengespräche 64
Busfahrt mit Gesang 69
Peter L. stellt einige Fragen 76
Gladbach wir kommen 80
Zwanzig Anweisungen zum Verhalten 88
Fünfzig Jahre im Gelände 90

Fünfzehn deutsche Endspiel-Stanzen 99

Drei Radio-Collagen
Weiter mit Musik 111
Merkwürdige Entscheidungen 119
Cordoba Juni 13 Uhr 45 129

Nachrichten aus dem Spielerleben
Acht Schicksale 155
Blut & Boden – Eine Fleischwundengeschichte 159
Rohrbachs Geschichte 167
Letzte Fragen 183

Punkt ist Punkt
Versuche im Erweitern nackter Worte 187
Zitate 1 188
Alles auf einen Blick 189
Stehen Gehen 190
Mauer (Bildgeschichte) 192
Farben 195
Handschuhe 196
Unsicherheiten beim Hinauslaufen (Bildgeschichte) 197

Zitate 2   199
Der letzte Biß   200
Hinweise zum letzten Biß   201
Wabras Ende   202
Ein Spaziergang vor dem Tor   203
Der Ball   205
Die Stunde der Wahrheit   208
Die Türken kommen   209
Schön ist schuld (Leserstimmen)   211
Zu Gast bei   214
Fußballballade vom schwarzen Samstag   216
Trainer (Bildgeschichte)   219
Fragen & Antworten   221
Zitate 3   222
Album   223
Telefongespräch   227
Das kann man wohl sagen   229
Zitate 4   232
Nachrichten   234
O   237
Glasgow   238
Geld oder wir ziehen die Schuhe aus   239
Hallo Köln   242
Zitate 5   246
Schwierigkeiten auf fremden Plätzen   247
Publikum (Bildgeschichte)   249
Zwölf Rammer-&-Brecher-Sonette   253
Neue Nachrichten   261
Wir schalten noch einmal um   265
Zitate 6   268
Eintracht erwache!   270
Fünf Hinweise zur Lage   271
Neues aus den alten Zeiten   273
Zitate 7   276
Hinaufsteigen   277
Die heiße Luft der Spiele   278
Zitate 8   289
Rückfahrt   291
Der letzte Ball   292
Abschließende Worte zum Fußball   295
Bibliographische Angaben   301

**Der Fußball steht nicht still.
Nichts auf der Welt ist beständig.**

*Josef Posipal, rechter Verteidiger
der Weltmeisterschaftself 1954*

13 WM Moritaten 1930 –1986

Das Turnier um die Fußball-Weltmeisterschaft, das alle vier Jahre stattfindet, ist der wichtigste Wettbewerb, den es im Fußballsport gibt. Vierzehnmal hat die FIFA, der internationale Fußballverband, den Titel bisher vergeben. Der erste Weltmeister wurde 1930 ermittelt. Jules Rimet, Präsident der FIFA, überreichte dem Sieger den goldenen Weltmeisterschaftspokal: den Coupe Jules Rimet. Die Weltmeisterschaften 1942 und 1946 fielen wegen des Krieges aus.

Neunzehnhundertdreißig

Kein Frost kein Schnee kein Schlamm kein Wind kein Regen.
Die Deutschen sind am Anfang nicht dabei.
Daran hat schuld ein Herr der Polizei:
Herr Felix Linnemann, er war dagegen.

An Bord des hübschen Dampfers Conte Verde,
da fuhr man langsam und man spielte Karten
in den Salons, da trank man Punsch beim Warten.
Herr Jules Rimet trat auf und sagte: Merde.

Ein Herr aus Ungarn, ein gewisser Blatter,
sah auch zwei Neger abends friedlich sitzen
auf diesem Schiff, er sah das Wasser spritzen.
Herr Blatter war ein Sportberichterstatter.

Das Meer war sanft. Die Ankunft, sie war heiter.
Für Überraschung sorgt die USA,
die man in prächtiger Verfassung sah.
So fing es an, entsprechend ging es weiter.

Am Ende kamen an die Außenlinien,
wo sie geschickt die Gitter niederrissen,
mit ihren Mützen und mit ihren Kissen:
zwölftausend Leute an aus Argentinien,

auf Schiffen und mit Fahnen in den Händen,
und mit Pistolen in den Hosentaschen;
dreihundert wurden vorher weggewaschen,
und sie verschwanden in den Nebelwänden.

Ein Herr mit Knickerbockers und Krawatte,
er kam aus Holland und hieß Langenus,
war Leiter dieses Spieles bis zum Schluß,
das Castro mit dem Kopf entschieden hatte.

Das war es. Viele waren nicht erschienen,
Britannien nicht, nicht Meisls Wundertruppe,
die Ungarn nicht. – Nach dieser Fußballsuppe
ging man gemächlich fort in die Kabinen.

In Uruguay, am Rio de la Plata.
Es waren manchmal fünfunddreißig Grad da.

. . . .

> 1. *Fußballweltmeisterschaft in Uruguay 1930*
> *Weltmeister: Uruguay*

Neunzehnhundertvierunddreißig

Es hat sich in Italien eingefunden
diesmal auch Deutschland zu Beginn, zum Start,
den schönen Ball zu treten weich und hart,
den Ball, den unberechenbaren runden.

Man kommt aus Spanien und den Niederlanden,
sogar aus Wien, weil man auf dem Gebiet
sich als den unschlagbaren Meister sieht,
mit Smistik, Zischek und dem fulminanten

Matthias Sindelar, mit Schall und Platzer,
mit Cisar, Sesta, Bican, Urbanek;
man war aus vierzehn Kämpfen ohne Fleck
vom Rasenplatz gegangen, ohne Patzer.

Zwar herrschte in Florenz nicht viel Gedränge
im Monat Mai, man war beim Radrennsport.
Doch Deutschland blies die Belgier glücklich fort.
Und das war wirklich eine ganze Menge.

Neapel, Juni, Münzenberg und Conen,
es war vom Wetter her ein schöner Tag,
als Österreich den Deutschen unterlag,
in schwarzen Hosen ohne Ambitionen.

Zweimal Ernst Lehner und mit großen Schritten
Paul Janes. Diese Schläge waren schwer.
In Wien begriff man jetzt die Welt nicht mehr.
Es fehlten damals immer noch die Briten.

In Rom schickt Trainer Pozzo ins Finale:
Meazza Orsi Combi. Und man weiß:
es war an diesem Tage ziemlich heiß,
in dieser überfüllten Stadionschale.

Man spießte zu mit Messer und mit Gabel.
Und unter Mussolinis starkem Kinn,
da sank die Tschechoslowakei dahin.
Nun war Italien der Fußballnabel.

Herr Hitler schätzte dritte Plätze nicht.
In Wien wusch man die Tränen vom Gesicht.

. . . .

2. Fußballweltmeisterschaft in Italien 1934
Weltmeister: Italien

Neunzehnhundertachtunddreißig

In Frankreich ist im Juni Achtunddreißig
der Himmel so wie üblich: angenehm.
Zwar hatte man in Östreich ein Problem.
Und nebenan in Spanien pfiff es eisig.

Am Himmel freilich war nichts auszusetzen.
Die Deutsche Mannschaft stand mit Deutschem Gruß
bereit zu knacken jede Fußballnuß.
Der Himmel hübsch und ohne Wolkenfetzen.

Um Östreich fest mit Deutschland zu verschweißen,
nimmt man aus Wien Mock Raftl Stroh und Schmaus.
Am ersten Tag geht das noch glimpflich aus,
doch schon am zweiten wird man sie verspeisen.

Es waren etwa zwanzig Grad im Schatten,
und etwa Zwanzigtausend in Paris,
als Bickel Deutschland in den Abgrund stieß,
vom Rasen fegte, von dem grünen satten.

Die Schweizer haben Deutschland aufgefressen
im Wiederholungsspiel und glatt zerstört.
Man hatte ihre Namen nie gehört,
und wenn, dann hat man sie schon ganz vergessen.

In Straßburg wird am gleichen Tage Polen
vom Boden fortgeschlürft, und in Toulouse
da machte Kuba aus Rumänien Mus.
Doch für die Deutschen war nichts mehr zu holen.

Man sah die Männer ihre Koffer packen.
Dort gingen sie. Der Himmel dick bedeckt.
Fritz Szepan, Kupfer, Lehner: fortgeleckt.
Es knackt die Welt, man hört sie förmlich knacken.

Zuletzt hat Pozzo Ungarn ausgegossen.
Piola hat das letzte Tor gemacht,
im Jahre Achtunddreißig: Dreißig Acht.
Der Himmel sanft und sacht und ganz zerflossen.

Rava war einfach überall zu finden:
rechts links und in der Mitte vorne hinten.

. . . .

3. Fußballweltmeisterschaft in Frankreich 1938
Weltmeister: Italien

Neunzehnhundertfünfzig

Zum ersten Mal in diesen zwanzig Jahren,
schon schimmert schön des Zuckerhutes Spitze
in Rio de Janeiros feuchter Hitze,
kommt übers Meer auch England angefahren.

Man war gekommen, um der Welt zu zeigen,
was Fußball ist; zum Beispiel Billy Wright:
er war vielleicht der Beste seinerzeit,
aus Wolverhampton; doch was folgt ist Schweigen.

Es war ein ganz verdammt und zugenähter
Moment für Großbritannien und für ihn.
Er speiste später im Palast der Queen.
Doch das war wirklich eine Weile später.

In Rio war man schlaff und ausgewrungen.
Selbst Stanley Matthews konnte nichts mehr retten.
Die Briten gingen schweigend in die Betten.
Ihr Ruhm war von der heißen Luft verschlungen.

Und lächelnd aus den wilden Wäldern schweben
auf weichen Füßen, rauschend, Ademir,
zart wie im Schlaf, ein braunes sanftes Tier,
und raschelnd und dem Spiel ganz hingegeben

Bigode glücklich schwirrend auf den Seiten
Friaca zaubernd Chico wandelnd sacht,
und fliegend wie in einer milden Nacht
sieht man Brasilien vorübergleiten,

in einem Bogen, einem atemlosen,
leicht durch die Luft im Abendsonnenschein,
ganz unbesorgt – und plötzlich wie ein Stein
herabgestürzt, eiskalt hinabgestoßen.

Die Götter ausgelöscht, zerstampft, zermahlen.
Vor Gram drückt man die Köpfe in den Rasen.
Die Trauer goß sich aus auf Rios Straßen,
in Wind und Weh in Schmerz in Qualm in Qualen.

Es ist sehr still. Man hört nur noch das Prallen
des schweren Balles beim Herunterfallen.

. . . .

4. Fußballweltmeisterschaft in Brasilien 1950
Weltmeister: Uruguay

Neunzehnhundertvierundfünfzig

Das war der Anfang. Und so geht es weiter:
Von Deutschland und dem großen Geist von Spiez
nahm man zunächst nicht allzu viel Notiz.
Ungarn ist Meister. Deutschland Außenseiter.

Man werde diese Herrn in Bern schon klöpfen,
die Herrn aus Deutschland: Morlock, Schäfer, Rahn.
Die Ungarn sind unschlagbar momentan.
Das hörte man aus sehr geschätzten Köpfen.

Der Chef jedoch, um alles aufzuschreiben,
schickt seine Späher aus, geduckt und schnell,
nach Solothurn, hinein in das Hotel,
um dort zu sehen, was die Ungarn treiben.

Salami, Gulasch, mächtige Portionen,
Champagner knallend und gewaltig große
Zigarren, ach, ein Leben lax und lose,
in dem Hotel in dem die Ungarn wohnen.

Die Späher mit den falschen Hüten schleichen
davon, vermummt – dagegen unverblümt
sieht man die Ungarn, singend, weltberühmt,
die Korken ziehen und die Damen streichen.

Sepp Herberger hat alles eingetragen
in sein Notizbuch und darauf die Welt
an einem Tage auf den Kopf gestellt;
und das geschah nach seinen Unterlagen.

Die Ungarn greifen anfangs an, sie kommen
mit Puskas, Czibor, Hidegkuti, Toth.
Doch Toni Turek ist ein Fußballgott
und hat das Leder aus der Luft genommen.

Boß Rahn, im Fallen jubelnd, hat getroffen,
mit seinem linken Fuß, das sieht man gern,
an einem schiefergrauen Tag in Bern.
Für Deutschland ist der ganze Himmel offen.

Der Chef: man sieht, wie er in Bern verschmitzt
hoch auf den Schultern seiner Männer sitzt.

. . . .

5. Fußballweltmeisterschaft in der Schweiz 1954
Weltmeister: Deutschland

Neunzehnhundertachtundfünfzig

Der Zeit von Bern folgt eine andre Zeit.
Und diesmal sieht es nicht so aus als ob.
Das sei einmal gesagt, und zwar ganz grob,
bei einer anderen Gelegenheit.

Wir werfen einen Blick hinauf nach Schweden.
In Schweden, Achtundfünfzig, ist es kalt.
Die deutsche Elf, nach ihrem Aufenthalt,
fährt fort im Zorn, noch vor den Abschiedsreden.

Zweimal inzwischen abgedankt: Fritz Walter
und doch dabei; es richten sich die Blicke
auf einen jungen Mann, genannt: der Dicke,
auf Uwe Seeler, einen Sturmentfalter.

In Göteburg, mit großen Megaphonen:
die Schweden blau und gelb und eisenfest.
Juskowiaks Tritt gibt diesem Fall den Rest.
Es gibt natürlich andere Versionen.

Die Deutschen haben Schweden rasch verlassen.
Doch halten wir uns gar nicht dabei auf.
Brasilien hat im weiteren Verlauf
die Schweden wie Papier davongeblasen.

Der Regen tropfte hart vom Stadiondache.
Garrincha hatte Beine wie geknickt.
Er hat die Bälle aus der Luft gepickt.
Es tropfte. Aber kommen wir zur Sache:

Pelé: er war einmal ein Schuhputzjunge.
Er machte, was man nie gesehen hat,
an diesem Tag in Schweden, naß und glatt.
Er leckt die Bälle weg wie mit der Zunge.

Leonidas war groß und ist versunken.
Und Ademir war größer und verschwand.
Der Allergrößte aber, vorderhand,
ist nun Pelé. Man hat ihm zugewunken.

Sein Ruhm ist heller als der frische Schnee,
und darauf dunkel zaubernd tanzt Pelé.

. . . .

6. Fußballweltmeisterschaft in Schweden 1958
Weltmeister: Brasilien

Neunzehnhundertzweiundsechzig

In Chile hat sich wenig zugetragen.
Die Cordillere war vom Schnee bedeckt.
Und was passiert ist, hat uns nicht geschmeckt.
Es ist darüber nicht sehr viel zu sagen.

Es gab zum Beispiel achtmannstarke Mauern,
und beinah alle Stürme waren flau,
sie fingen sich im Abwehrdrahtverhau
von Haxenklopfern und von Knochenhauern.

Die Dinge, die sich auf dem Rasen taten,
die waren alle nicht der Rede wert.
Italien wird und Spanien weggekehrt.
Und nicht viel später geht auch England baden.

Boß Rahn, nach wundervollen Kneipenszenen,
tritt nicht mehr auf, dafür – genannt: das Hemd –
der junge Haller, später aufgeschwemmt.
Das andre muß man gar nicht erst erwähnen.

Tilkowski will vor Wut das Land verlassen.
Cabrera schickte nieder mit der Faust
den Jugoslawen Popowic. Es braust
der große Jubel nicht. Das ist zu fassen.

Die Pfiffe pfeifen kalt. Die Trainer setzen
die falschen Leute ein in das Gewühl.
Kein Stehvermögen und kein Ballgefühl.
Es fließen Tränen und es fliegen Fetzen.

Auf Bahren fortgeschleppt. Davon auf Krücken.
Es spritzt das Fleisch. Die Beine sind zerbrochen.
Die Hitze schwillt. Es waren schwarze Wochen.
Kein Zungenschnalzen mehr und kein Entzücken.

Den Kopf gesenkt, den Rücken ganz gebogen,
mit einer Zerrung geht vom Platz: Pelé,
im zweiten Spiel. Das ist der Schluß. Adé.
Die Deutschen sind dann auch davongeflogen.

Es waren keine allzu schönen Spiele
in Santiago, Zweiundsechzig, Chile.

. . . .

7. Fußballweltmeisterschaft in Chile 1962
Weltmeister: Brasilien

Neunzehnhundertsechsundsechzig

Ein Mann, am Anfang, trug die FIFA-Fahne.
Er hieß Stan Matthews und war ein Idol.
An dieser Stelle geht es um das Wohl
der Insel im gewellten Ozeane.

Es geht um England und um seinen Rasen.
Und um die Namen, die wir alle kennen.
Wir können hier nicht alle Namen nennen.
Wir müssen diesen Fall zusammenfassen.

Italiens Namen klangen wie Sonaten.
Jedoch der Koreaner Pak Doo Ik,
der pickte ihnen spitz in das Genick.
Und in der Heimat flogen die Tomaten.

Ein Mann, kein Reißer und kein Eisenbeißer;
er spielte hinter Seeler Haller Held;
erschien wie Fantômas im Mittelfeld
und strahlte auf, man nannte ihn: den Kaiser.

Ein Mann mit ganz zerschlissenem Trikot,
genannt Pelé: er schloß jetzt die Gardinen.
Inzwischen war ein andrer Mann erschienen,
aus Portugal, er hieß Eusebio.

Ein Mann kam an mit Namen Bachramov,
er kam aus Rußland, und ein andrer Mann,
mit Namen Dienst, er kam aus Basel an.
Nun war gesorgt für Unterhaltungsstoff.

Ein Mann mit Namen Hurst schoß auf gut Glück.
Es riß die Arme hoch ein Mister Hunt.
Kein Mensch hat diesen Fall genau erkannt;
denn von der Latte tropft der Ball zurück.

Ein Mann mit Namen Dienst, wie schon gesagt,
sah auf die Linie und auf seine Beine.
Er gab das Tor. Beweise gibt es keine.
Er lebt. Man hat ihn nicht davongejagt.

Bei England platzten nun die letzten Knoten.
Und Deutschland warf sich fassungslos zu Boden.

· ·

8. Fußballweltmeisterschaft in England 1966
Weltmeister: England

Neunzehnhundertsiebzig

Zwölf Uhr in Mexico, in einer heißen
zerpfiffnen Schüssel: Celsius sechzig Grad.
Es kochte furchtbar, doch das Resultat
gilt als Bonbon in den Expertenkreisen.

Alf Ramsey hat schon in den Hosen stecken:
die Hände, und er lächelt leicht dabei.
Einsnull Zweinull – Zweieins Zweizwei Zweidrei.
Auf seiner Miene bricht jetzt aus: der Schrecken.

Der Lange, Helmut Schön, macht keinen Fehler.
Man sieht die beiden wundervollen Dicken
erfolgreich aus der Luft heruntemicken:
Gerd Müller ebenso wie Uwe Seeler.

Grabowski zeigt mit seinen Hexentänzen,
er war ein großer König auf der Bank,
das hört er zwar nicht gern, das macht ihn krank,
Herrn Bobby Moore energisch alle Grenzen.

Ein schlimmer Himmel liegt drei Tage später
auch auf dem größten Spiel in der Geschichte.
Der Rasen grün, das schreiben die Berichte,
ein leichter Wind, es sinkt das Thermometer.

Es war ein Kampf wie aus den Heldensagen.
Gerd Müller stampft und Riva dampft vor Kraft.
Facchetti knüppelt völlig ungestraft.
Der Boden bebt. Es geht um Kopf und Kragen.

Der Catenaccio knirscht. Die Riesen wanken.
Mazzola fällt vor lauter Elend um.
Als Seeler blutet bleibt die Pfeife stumm.
Das hat man Yamasaki zu verdanken.

Dann kommt der Schlag. Rivera ist der Schütze.
Sepp Maier schluckt und Vogts wird leichenblaß.
Und Willi Schulz sinkt lappenschlapp ins Gras.
Und Schön kratzt sich verlassen an der Mütze.

Das war ein Drama allererster Sorte.
Hier schweige ich. Es fehlen mir die Worte.

. . . .

9. Fußballweltmeisterschaft in Mexico 1970
Weltmeister: Brasilien

Neunzehnhundertvierundsiebzig

Ein schöner Tag. Die Hymnen sind verklungen.
Am Anfang bläst zunächst die Blasmusik.
Das ist ein feierlicher Augenblick.
Und in uns glühen die Erinnerungen.

Am Anfang Sonne. Später plötzlich Regen.
Die Blasmusik marschiert jetzt auf dem Rasen.
Die Becken klatschen. Die Posaunen blasen.
Es pfeift. Am Wetter hat es nicht gelegen.

Man sieht sich Hoeneß in die Lücken drücken.
Und Overath behält den Überblick.
Und um das Feld marschiert die Blasmusik.
Der Regen schwach und etwas Wind im Rücken.

Das Wetter angenehm. Nun folgt ein Knick.
Für etwas Ärger sorgt ein schneller Herr
kurz aus der sogenannten DDR.
Doch nun Musik und keine Politik.

Auf einer Tuba sieht man Regentropfen.
Die ganze Fußballwelt liegt in Aspik.
Und in der Pause bläst die Blasmusik,
wobei die Tropfen auf die Schirme klopfen.

Der Regen schwillt, und in den schwarzen Sümpfen,
im schweren Schlamm, im Matsch, im dunklen Schlick,
da hört man schmetternd hell die Blasmusik.
Gerd Müller steht sehr stramm in seinen Strümpfen.

Der Regen fließt hinein in alle Schuhe.
Und über alles bläst die Blasmusik:
Paul Breitners Schwung, Grabowskis Hackentrick,
auch über Beckenbauers Riesenruhe.

Doch nun sieht man die Blasmusik verschwinden
und auch Bernd Hölzenbein, den ganz geschlitzten,
und Katsche Schwarzenbeck, den holzgeschnitzten.
Man sieht am Schluß die Blasmusik von hinten.

Am Ende dann mit wehenden Gewändern:
die Fischer-Chöre. Das ist nicht zu ändern.

. . . .

10. Fußballweltmeisterschaft in Deutschland 1974
Weltmeister: Deutschland

Neunzehnhundertachtundsiebzig

Kein Frost kein Schnee kein Schlamm kein Wind kein Regen.
In Argentinien steht mit dem Gewehr
bei Fuß dabei das ganze Militär.
Der Fußball-Bund sagt: bitte – meinetwegen.

Die Deutschen reisen an mit eignen Töpfen,
mit eignem Fleisch und Brot und außerdem
hat jeder noch sein eigenes Problem
in seinen Füßen und in seinen Köpfen.

An einem Tag so wunderschön wie heute:
die Deutschen, sie sind kühl bis an den Zeh
und wollen Östreich schlürfen im Café.
Da tritt in Schmerz und Jammer Lust und Freude

Herr Finger auf: verzweifelt und verzückt
und zärtlich rasend trostlos schmelzend wund,
das ganze Herz springt ihm aus seinem Mund,
die Seele fährt ihm aus der Haut, zerdrückt,

von Kummer angenagt, von Angst gebrochen,
von Leid gebeugt, zerfallen mit der Welt,
weil Pezzey stürzt und Krankl niederfällt,
zart händeringend und im Gram verkrochen,

erschüttert schmachtend unverstanden bleich.
Doch Achtung Achtung: plötzlich brennt der Hut.
Herr Edi Finger fliegt nun resolut
und brausend rotweißrot ins Himmelreich.

Man muß nur Östreichs Fußballoperette,
um angenehm ins Endspiel zu spazieren,
vom Rasen blasen oder abrasieren.
Das sagte jemand auf der Toilette.

Wie es nun aussieht, können wir ja sehen.
Wir werden sehen, wie es weitergeht.
Die Deutschen sind zwar ganz diskret verweht.
Doch irgendwie wird es schon weitergehen.

Bernd Hölzenbein sagt: nein, ich sage nichts.
Das ist zunächst das Ende des Berichts.

. . . .

11. Fußballweltmeisterschaft in Argentinien 1978
Weltmeister: Argentinien

Neunzehnhundertzweiundachtzig

Im Juni rascheln plötzlich die Kastanien.
Der Wind ist weich gebogen: wie gemalt.
Die Männer auf dem Rasen, angestrahlt,
in Barcelona, Katalonien, Spanien.

Valencia. Es wehen die Zypressen.
In La Coruña rutscht man und zerbricht.
Vielleicht versinkt Peru, vielleicht auch nicht.
In Oviédo klatscht man angemessen.

Valladolid. Es biegen sich die Pinien.
Und die Platanen knarren in Gijón,
vom Meer umspült. Honduras schwimmt davon.
England verbrennt. Es zittert Argentinien.

Die Schotten pfeifen in Bilbáo. Leider
schleppt Borchers sich vom Feld. Das Meer ist leer.
Ein Fall für Deuser, aber nicht so sehr.
In Málaga der Himmel undsoweiter.

In Saragossa wird es dumpf und duster.
In Elche sind die Palmen abgebrochen.
Das Meer dampft dick und rot, wie aufgestochen.
Auf der Tribüne lächelt nett: Bernd Schuster.

Fern in Sevilla, in der Abendröte:
ein Tropfentritt. In Vigo mühelos:
ein Doppelpaß, der Himmel dünn und bloß,
ein Scherenschlag wie ein Gedicht von Goethe.

Horst Hrubesch fliegt vorbei. In Alicante
zerplatzt Italiens Pracht. Von rechts kommt Kaltz,
Klaus Fischer aus der Mitte: und schon knallts.
Bleich auf der Bank gestreift der elegante

Menotti. Ach – wir sitzen im Gemüse.
Paul Breitner fauchte, Briegel rauchte schwer.
Jupp Derwall nimmt nun keine Rücksicht mehr.
Es geht um Magaths Kopf und Försters Füße.

Das letzte Tor fällt schließlich in Madrid.
Bis dahin, Leser, machen wir was mit.

. . . .

12. Fußballweltmeisterschaft in Spanien 1982
Weltmeister: Italien

Neunzehnhundertsechsundachtzig

Ein Herr mit etwa zweiundzwanzig Beinen,
ein Phänomen, ein Schatten, ein famoser,
ein allenfalls einssechsundsechzig großer
geschätzter netter Herr wird nun erscheinen.

In großer Höhe und in großer Hitze,
da schwirrt er wie der Traum, der wundervolle
Herr Maradona, in der Heldenrolle:
er tanzt furios auf seiner Stiefelspitze.

Herr Oh, Herr Cho, Herr Choi, Herr Chang, Herr Cha,
sie kamen aus Korea – und Herr Huh
tritt M ans Kinn mit seinem harten Schuh.
Da liegt er – mitten in Amerika.

Dann steht er auf, er steht ganz still, er steigt,
er fliegt davon, er stößt wie ein Gedanke
in eine flache butterweiche Flanke.
Herr Maradona sagt kein Wort, er schweigt.

Herr M, man sieht ihn in die Lüfte wehen;
er schwingt und dreht sich und er fließt gelassen
ins Überirdische hinein – nicht mehr zu fassen.
Und das ist, hört man, außerdem geschehen:

Herr Butcher legt Herrn Boniek an die Kette.
Herr Sanchez nagelt Sadkov an die Wand.
Camacho spielt mit einem Kopfverband
und Lineker mit einer Gipsmanschette.

Zubizarreta springt aus seinem Kasten.
Herr Raz nimmt Maß, er läßt sich sehr viel Zeit.
Herr Bats liegt machtlos vor dem Tor, er schreit.
Herr Olsen beugt sich über den erblaßten

Herrn Rolff. Man sieht Herrn Altobelli gähnen.
Vom Jubel wird verschluckt Herr Platini.
Am Rand behandelt wird Herrn Försters Knie.
Und jetzt beginnt der Augenblick der Tränen. –

Die Herren Völler und Matthäus saßen
am Ende ganz verloren auf dem Rasen.

. . . .

13. Fußballweltmeisterschaft in Mexiko 1986
Weltmeister: Argentinien

Überleitende Worte und Bilder aus DER FUSSBALL 1914

Nur weiter so, es wird gleich wieder hell.

Zuschauer beim Endspiel 1922 zwischen dem 1. FC Nürnberg und dem Hamburger Sportverein, das nach 3 Stunden und 5 Minuten gegen 9 Uhr wegen Erschöpfung und heraufziehender Dunkelheit abgebrochen wurde.

Fußball,

Du wohlgeordnetes Durcheinander auf der weiten Wiese, Du kraftvolles kluges Jagen, Du planvolles Gedränge, Du roheitsfreier Kampf, Dir ist es ergangen wie dem Leder: hin und her getreten, belächelt, verachtet, beschimpft, bis Dich Deine Getreuen mit einem glorreichen Schuß ins Tor gebracht haben. Fußball, Du erscheinst nur dem Mann mit der blassen Ahnung als ein wildes rohes Spiel. In Deinen Knäueln junger Menschenleiber, wo Schulter an Schulter und Schenkel an Schenkel sich trotzig drängt, und in dem Gewirr verschränkter Beine liegt strengste Selbstbeherrschung, die nur der Nörgler und Zweifler nicht entdecken will. Die bunten Jacken der Stürmer werden noch über den Rasen fliegen, wenn mancher andere Sport schon lange vergessen ist, und das Vaterland wird Dir dankbar sein, daß Du von allen Spielen am meisten die Muskeln und Sehnen seiner Söhne zu Eisen und Stahl hast werden lassen.

Warum aber gerade mit Beinen und Füßen? wirft jemand ein. Mein lieber Herr, die Behauptung, daß die meisten tatsächlichen Tätlichkeiten zu allen Zeiten nicht mit den Füßen, sondern vielmehr mit den Händen begangen werden, dürfte nirgends auf Widerspruch stoßen. Tatsache ist, daß die völlige Streichung der Hände eine allmähliche Beruhigung der aggressiven Tendenzen des Oberkörpers zur Folge hat. Die Hände, die immer am liebsten zugreifen wollen, sind zum Nichtsein verurteilt. Das bedeutet aber eine Erziehung zur Bändigung der allen gesunden Menschen im Blut liegenden Rauflust, wie man sie sich radikaler gar nicht denken kann. Die so oft getadelte Verwendung der Füße als Waffe und Triebmittel mit Ausschluß der Hände ist eine Folge der reinen Ängstlichkeit. Es liegt aber in dieser Verbannung der oberen Gliedmaßen noch ein weiterer tieferer Sinn; es ist nämlich gar kein Zweifel daran möglich, daß durch den Gang des Kulturmenschen, der seine Beine nur zur gemächlichen Fortbewegung benützt, eine gewisse Rückbildung des Fußes eingetreten ist. Zum Teil liegt das auch an unserem falschen Schuhwerk. Andererseits steht aber fest, daß der Mensch natürliche Lustgefühle empfindet, wenn vernachlässigte Organe wieder Gelegenheit zu ihrer natürlichen Bewegung erhalten. Und die Lust, mit klugen energischen Fußbewegungen den Ball zu beherrschen, ihn, mit der inneren Fußfläche stoßend, dribbelnd vor sich herzurollen, über die eigene Schulter zu befördern, durch eine Kette von Feinden hindurch einem Kameraden zuzuspielen, oder ihn aus elf Metern wie ein Blitz ins feindliche Tor zu schießen, diese Lust weiß nur der zu schätzen, der sie kennt.

Schon die Aufstellung der elf Spieler in Keilform, mit ihren einander gegenüberliegenden Breitseiten ist eines der schönsten Bilder des sportlichen Lebens, im hellen Sonnenschein auf grüner Wiese in verschiedenfarbigem Dreß, es gehört zu den schönsten Genüssen für das menschliche Auge. Zuvorderst die fünf tüchtigen Stürmer, dann die drei Läufer und hinter ihnen die zwei Verteidiger und ganz hinten, vor dem von Drahtgeflecht eingerahmten Tor, der wichtigste Mann des ganzen Spiels: der Tormann.

Auf ein Signal des Schiedsrichters tritt der Mittelmann der Stürmer an den in der Mitte des Spielfeldes liegenden Ball und bringt ihn durch einen gewaltigen Stoß ins Spiel. Im Nu lösen sich die Reihen der schönen geometrischen Figuren, die mit farbigen Menschenkörpern auf dem grünen Teppich gezeichnet waren, auf, und alles jagt in Richtung des Balles. Mehr sieht der zuschauende Neuling nicht, bis ihn der in entgegengesetzter Richtung fliegende Ball aus seiner Verwirrung weckt. Denn nicht nur das Fußballspielen ist eine Kunst, sondern auch das Zuschauen beim Fußballspiel.

Viele Leute sehen beim ersten Mal überhaupt nichts; und zwar aus dem einfachen Grund, weil sie aus jahrzehntelanger alter Gewohnheit ihre Augen in mittlerer Manneshöhe halten, anstatt sie am Boden dahinschweifen zu lassen, wo die flinken Füße der Spieler am Werk sind. Viele gehen dann wieder enttäuscht davon, anstatt die Gelegenheit zur Beobachtung der reizvollsten Variationen im Spiel zu benützen. Denn was dem Zuschauer oft als heller Unsinn erscheint, ist hier von einem tiefen Sinn erfüllt. Diese dramatische Wucht, dieser packende, an die Massenszenen großer Theater erinnernde und immer wechselnde Verlauf des Spiels mit seinen hitzigen Endkämpfen vor dem Tor und seinen wie aus heiterem Himmel hereinplatzenden Überraschungen wirkt so aufrüttelnd auf die Zuschauer, daß sie von den Bänken aus oder hinter den Zäunen stehend den Segen dieser ungestümen in den Banden strenger Spielregeln gefesselter Kraftentwicklung mitgenießen. Aber es kommt doch auch manches vor, wirft jemand ein. Gewiß, mein Herr; es kommt schon vor, daß die, die ohne feste Fußballstiefel und ohne dicke Wadenstutzen spielen, immer einmal mit einem klaffenden Riß am Schienbein oder einem ausgetretenen Knöchel nach Hause kommen; es kann sogar zu noch gefährlicheren Verletzungen kommen, wenn einer mit vorgehaltenem Schädel den Bällen entgegengeht und sie kunstgerecht einem der Seinen zuspielt, was in Ordnung ist; aber wenn er dabei, was nicht in Ordnung ist, mit tiefgebeugtem Knie am Boden herumläuft, um auch die ganz niederen Bälle zu köpfen, so kann es ihm schon passieren, daß ihm der Gegner den Ball vor dem Kopf wegtreten will und daß er mit einem schweren Riß in der Schädelschwarte vom Platz getragen wird. Das ist ein zwar seltener, aber schon dagewesener Fall. Allerdings: in einer Zeit, wo der einfachste Spaziergänger auf der Straße sich vorsehen muß, nicht unter ein Rad zu geraten, kann es kaum mehr erlaubt sein, einem Sport Gefahr vorzuwerfen, die in weit höherem Maße im alltäglichen Leben zum Normalen gehört.

Es steht also fest: rote Backen, harte Muskeln, ein frischer Schritt und helle Augen, alles das stellt sich nach und nach bei dem ein, der Fußball spielt. Der Vater lächelt und die Mutter triumphiert. Weiter steht fest: Fußball ist heute schon mehr als ein Spiel, das Freude und Lust weckt; es beginnt, ein Teil deutscher Volkskultur zu werden. Diese Angaben sprechen für sich.

10 Expertenleben

1

Vier Herren am Riederwald

Herr A, 71 Jahre
Herr B, 72 Jahre
Herr C, 68 Jahre
Herr D, 69 Jahre

Herr A Wissen Sie, es ist so, ich weiß nicht, ob Ihnen das schon mal aufgefallen ist, beim Fußball ist es meistens so: wenn einer noch so Großes geleistet hat, dann dauert es gar nicht allzu lange, und dann ist der Name vergessen und auch die Leistung; der geht schnell in Vergessenheit, innerhalb kurzer Zeit ist der Name vollkommen verschwunden, da kommt kaum nochn Dings; allerdings, es gibt Fußballer, ich erinnere da an Heiner Stuhlfauth undsoweiter, das waren schon Denkmäler im Fußball

und wissen Sie, was mir beim Seeler vor allen Dingen gefallen hat, war das: es hat bei ihm keine Sensationen gegeben oder irgendwie; und was dem Seeler auch im Ausland, in Fußballkreisen im Ausland so viele Sympathien eingebracht hat, war lediglich, daß er niemals seinen Verein gewechselt hat; er wußte immer wieder, und wenn er seine größten Triumphe gefeiert hat, wem ers in erster Linie zu verdanken hat, nämlich seinem Verein, seinem Stammverein, das hat er nie vergessen, und das hat ihm auch die große Sympathie eingebracht. Genauso wars, möchte ich behaupten, auch bei Fritz Walter, und damals war die Verführung vom Ausland sehr groß; aber der Fritz Walter, der hat sich gesagt: wenn ich nur soviel habe, soviel Geld, wie es sich für einen Menschen gehört, der sich für eine Nation, eine Fußballnation, verdient gemacht hat – und das Geld hat ihm schon genügt nicht wahr

aber na ja, also die Zeiten haben sich wesentlich geändert, erstens mal: früher konnte man sagen, wenn sich ein Spieler irgendwie einem Verein angeschlossen hat, da war, wolln mal sagen, mehr das Persönliche da; die Spieler haben nur einen gewissen Spesensatz bekommen, und da nehm ich an, daß sie aus Idealismus der Mannschaft gegenüber sich gesteigert haben, ohne daß ein materieller Wert dabei herausgesprungen ist. Aber ich meine, wir konnten ja, wenn wir international mitmischen wollten, dann mußten wir unbedingt das Spielsystem ändern, zum Beispiel früher, da hats gegeben den Tormann, die zwei Verteidiger, die drei Läufer und die fünf Stürmer. Ich denk noch zurück an Sepp Herberger, wie der die ersten Mannen, hauptsächlich was die Verteidiger und die Läufer waren, wie der die rangezüchtet hat, auch einem Dribbelkünstler die Bälle wegzunehmen; da hat er das Neinschliddern in den Ball, das Neingrätschen newahr . . . also der konnte nicht anders, der Ball mußte dann

Herr B der Sieloff war so eener

Herr A und selbst wenn die Beine leicht mitgegangen sind undsoweiter

Herr B der Sieloff war so eener, und der, wie hieß er denn jetzt, der Ehrhard

Herr A aber heute hat das die deutsche Mannschaft ja nicht mehr nötig, weil sie selbst technisch hochvollendete Spieler hat

Herr B und wenn einer schnelle . . . da heißts immer schnelle Stürmer, aber wenn einer schnelle Verteidcher hat, der is ganz schlecht zu schlagen.

Herr A　　　　　Aber um auf das Länderspiel noch mal zurückzukommen, also meiner Auffassung nach ist das so: was glauben Sie, wenn der Müller das Tor nicht geschossen hätte, dann wär er als der schlechteste Stürmer bezeichnet worden, stimmts oder stimmts net?

Herr C das war er sowieso

Herr A ja aber er braucht nur ein Tor zu schießen, dann heißts: er ist für ein Tor gut, newahr und

Herr C da ist immer viel Zufall dabei, aber trotzdem, er schießtse

Herr D er schießtse

Herr C er hat auch wieder zwei geschossen, gell

Herr A aber das eine, das eine, ich als Schiedsrichter hätte das eine nicht gegeben

Herr B Vorhin hat hier einer gesagt: na der Grabowski, der hat doch keine Bälle gekricht; hat hier einer gesagt. Is doch alles Käse. Das sin zusammengewürfelte Leute, wo andersch her, un die Sympathie, die is doch da nich da

Herr A ja ja

Herr B guck doch mal den Breitner an, was is bei dem Breitner, der is doch so schnell, der Mann, so schnell is e Verteidcher, so schnell wie der sich hochgearbeitet hat durch seine Schnelligkeit

Herr A ja ja

34

Herr B da kann doch gar keener mit

Herr A ja ja

Herr B so schnell wie der is, wer hatn das gesehn? das hab ich gesehn; hammse das gesehn?

Herr A ja ja

wissen Sie, es gibt zwei Möglichkeiten; es gibt Amateure und Profis, und meiner Auffassung nach, meiner Auffassung nach, das hab ich schon immer betont, ist die Bundesliga ein Unternehmen geworden, und zwar ein Unternehmen, das man vergleichen kann mit jedem Großindustriebetrieb, und dementsprechend müssen dann auch wolln mal sagen – das ganze System . . . vor allen Dingen Bezahlung undsoweiter, newahr

Herr D ja ja

Herr B un wenn die Kameradschaft da wäre, grade bei den großen Spielern, dann täten die ein viel bessern Fußball zeichen; aber so is der Neid da, der eine kricht soviel, der andre kricht soviel, un die andern, die machen hintendran, da is doch immer keine richtche Lust. Was früher da war, die warn kameradschaftlich

Herr A Ihr dürft das nicht mißverstehn, in den heutigen Zeiten, wo wir sind – es gibt ja auch ein Leistungsprinzip in der Industrie. Warum soll der Bessere nicht etwas mehr haben, wie der andre das hat, das ist ja ganz klar, das ist selbstverständlich, nur muß das gefühlsmäßig gemacht werden . . . aber wenn man so auf die Plätze geht und man hört sich so die Gespräche an, das ist eigentümlich, also die tun direkt den Sport in die Politik mit reinziehen, so tun die Menschen das hinstellen newahr gelle, und dementsprechend sind dann auch die Sympathien, das hab ich festgestellt, aber dabei brauch ich nicht den Verein in den Schmutz zu ziehen, das ist nicht unbedingt nötig.

Herr B un das is viel; ich hab damals die Schalker das erschte Mal gesehn, da hatten die den Verteidcher mit, der hier von Darmstadt oder wo er her war, der war dann beim Hamburcher Sportverein, na das war damals wo alles anfing; da ham die Schalker zweinull geführt, da ham die Zuschauer den Mann soo fertichgemacht, weil er nich hiergeblieben is; das war doch Quatsch. Dann hamse noch zweizwei gespielt, da guck ich doch kein Fußballspiel an bei sowas; das war genau wie Hertha hier war, da hamse den Varga den hamse gleich zusammengetroten, das is doch kein Fußball, ich weiß nich wers war, ich glaub das war – der Lutz wars glaub ich

Herr A ja es hat sich natürlich

Herr B un da hab ich hier auch schon auf den Bänken gehört: die müssen nur den Netzer ausschalten, den Netzer zusammentreten; un was war dann? dann hattense drei Elfmeter; und das sin alte Leute, die die Spieler noch aufhetzen, das is doch Käse sowas, das is doch kein Sport. Ich will da ruhig zugucken un mich freuen, wenn einer was kann, un genau wenn ich das hier sehe: die rennen hier rum, dann setzen se sich auf den Rasen, die Leute wern doch kaputt, was denken Sie, was das ausmacht, ha, un genau jetzt bei der Wärme, das müssense abends machen, den Laufschritt un das Trainieren, aber nich in der Hitze jetz. Machense das mal mit e Pferd, mit e Reitpferd, treimse das mal in der Hitze rum, ob das noch springt

Herr A na ja ich meine also der Ribbeck der ist

Herr B da sagen die Kondition, das is doch Käse

Herr A also der Ribbeck, da wolln wir uns mal nix weismachen, der muß das ja wissen, und ich bin meiner felsenfesten Überzeugung, er weiß es auch. Aber er kann doch nicht wie so ne Kindergärtnerin hinter jedem hergehn, wenn der sich mal hinlegt, der Mann, zuletzt da hat er mehr Feinde wie Freunde, das ist alles nicht so einfach . . . aber wissen Sie, ich will Ihnen mal was sagen, zum Beispiel angenommen der Ribbeck, der Mann kann sich direkt in die Spieler reindenken, der kann zum Beispiel dem einen – dem kann er ein paar gute Worte und da kommt er mit weiter, dem andern kann er auch mal ein paar Brocken an den Kopf schleudern, und Sie wissen ja, mit welcher Kategorie Mensch so ein Trainer zusammenkommt, da sind Menschen dabei, die sind hochintelligent, es sind welche dabei, die sind wieder schwieriger, und die zu behandeln und auszurichten und zu formen zu einer Mannschaft, da gehört schon was dazu

Herr B is doch alles Käse – guckense doch mal den Schön an; das kann doch beim Schön keiner machen, was die in ihrm Verein machen können. Wenn der sagt: Du machst das, un der macht das nich, is ers nächste Mal nich dabei

Herr D is er net dabei

Herr B is er nich dabei

Herr D is doch emal klar

Herr B aber hier könn die das machen

Herr A also das ist doch so, ich meine eine Ländermannschaft, die repräsentiert doch etwas, zum Beispiel die deutsche hier, die muß Deutschland repräsentieren, und wenn der Trainer sich da nicht durchsetzen kann, newahr, wo solln wirn da hinkommen

Herr B die könn sich alle nich durchsetzen; guckense mal den Lattek an, meinen Sie vielleicht, daß der was sagen kann? nischt

Herr A also: ein Vereinstrainer ist ein bißchen was anders als ein Bundestrainer

Herr B e Scheff is auch was andersch wie e Direktor, e Scheff is was
andersch – was will denn der Direktor machen, wenn der
Scheff sagt: hier, hau ab – das is ja, also grade wie im Osten, da
gibts ja nur Amateure; da is doch viel größerer Schwindel wie
hier, das hat mer doch gesehn, wo der hier war, der – wie hat er
geheißen? der Länderspieler von drüben, wie hieß denn der nur
– Rappsilber. Ja. Der hat e ganzes Haus gekricht un noch mehr
un is trotzdem noch abgerückt. Hier soll erscht emal einer e
Haus kaufen, ja . . . un dann isses ja schließlich so, wenn heute
einer dreißich Länderspiele gemacht hat, un es kommt e
Trainer, der überhaupt noch keins gemacht hat, das paßt doch
garnich. Was will denn der machen, wenn der sagt: ja was
kannst denn Du? zeich mir erscht emal was. Der kann den doch
garnich nauswerfen, der muß ruhich sein . . . das is ja genau,
wenn mers so nimmt, wie im Krieg; wenn da der Offizier sagt: Du
gehst jetzt da vor, newahr, un mer macht das nich – bums weg.
Alles dasselbe. Un leider sin ja die Menschen alle andersch;
jeder denkt er hat recht, aber Sympathie besitzen wenige. Da is
hier einer, der hat jetzt glaube ich hier mal was gesagt, er war
erschtens also einer hat gesagt, er war bei der Reichs-
wehr, der andre hat gesagt, er war freiwillig, jedenfalls war er
Ausbilder bei den Einundachzigern, vielleicht nie im Krieg. Jetzt
sagt der – und da hab ich gesagt, weil er gesagt hat: die Ostverträge, die Ostverträge. Ja solche Leute sin bei mir garnix, die
einmal so sin un einmal so. Ich muß doch wissen wer ich bin;
nich bloß, daß ich von fuffzich Jahren an nischt mehr mache un
steck das Geld ein, was? – Da lassen se sich pangsionieren, da
tunse als wennse e kranker Mann sin un krichen e Haufen Geld
– das is doch keine Sympathie, das sin doch keine Männer, das sin Hanswürschte bei mir. Und dann wollnse e alten
Mann, der schon sounso viel gekämpft hat un zeitlebens gear-
beitet hat, dem wollnse noch was erzähln. Die sin doch dumm!

Herr A also Ihr könnt bestimmt glauben, das sind – das sind Vermutun-
gen, es ist aber nicht sicher, ob sich das bestätigt, nichwahr das
Is nich denn ich meine man muß newahr gelle – aber wissen Sie
was, was ich schon immer gesagt habe, auf welchem Standpunkt ich gestanden hab von vorneweg; das war damals Ende
der Spiele, also ungefähr Ende Mai, und da hab ich gesagt

das
hab ich gesagt – und stellen Sie sich mal vor: Ende Mai, also ein

Vierteljahr Zeit, da sind schon die größten Prozesse, ganz gleich welcher Art und wenn sichs um Mord oder sonstwas gedreht hat, und da hätten eben die Herren mal auf ihren Urlaub verzichten müssen, denn sie sind ja freiwillig hingegangen zum Deutschen Fußballbund, und wenn ich das ehrenamtlich mache, dann muß ich schon mal damit rechnen; auf dem Standpunkt steh ich, und dann wären all diese Dinger nicht passiert, also wir wolln mal sagen: dann wäre das, was ich vorhin gesagt habe, nicht passiert, mags jetzt sein wies will, das kann man tatsächlich sagen

Herr B wegen mir, wegen mir. Ich sag garnischt, weil ich nischt weiß

Herr A also ich muß Ihnen sagen: mir tut der Mann leid; das ist die größte Schweinerei aller Zeiten; der eine oder andre, der für diese Schweinerei nicht ist, der hat eine gewisse Genugtuung gehabt und hat gesagt: Hut ab vor dem Mann. Mir tut der Mann, der Kindermann, leid; ein Mann, der sich in den Dienst der Sache gestellt hat und so viele Unannehmlichkeiten auf sich genommen hat, in erster Linie die Drohungen; der Mann hat ja fast kein Familienleben und nix mehr, nur um den Sport sauber-zuhalten, was soll denn das jetzt noch geben? Jedenfalls: wir stecken in einer ganz großen Sauerei drin. – Aber na ja, wir dür-fen eins nicht vergessen, bei diesen zigtausend Zuschauern schätz ich immer noch mindestens zwei Drittel, die sich aus Freude am Fußball die Spiele betrachten. Es gibt natür-lich das letzte Drittel, das setzt sich dann so zusammen: der eine, der kann sein Ventil aufmachen newahr, der andere hat die Gelegenheit na ja: also Mutter ich geh jetzt mal auf den Sportplatz; da kann er ungehindert sein Fläschchen trinken, aber wie sich das auswirkt, newahr, da hammer ja schon die schlimmsten Dinge erlebt

Herr B das ist alles Käse, das dreht sich doch hierum

Herr C na freilich, und früher is das genauso gewesen wies heute noch is, es darf ja keiner was sagen heute

Herr B un dann isses so: wenn einer nich aufsteigt, dann haun alle ab, die Besten haun ab, die wolln doch nur Geld sehn, Mann. Un dann schimpfen die, die Kommunisten und die – die Ro-ten, die schimpfen auf die Kapitalisten, da muß mer doch lachen

Herr D ja ja

Herr B aber andersch wird das sowieso nich. Das wird nich andersch, das is halt das Traurige, weil überall Schwindel is, überall Schwindel

Herr C ja aber das mit Saarbrücken un Alsenborn das war der größte Schwindel, die hawwes verdient

Herr D die hawwes doch erkämpft, ihr liebe Leut

Herr B das war doch schon immer so, schon immer, un das ändern die auch nich; die wolln doch nur Geld sehn. Bonzenwirtschaft ham die nachm Weltkrieg gesagt – guck, jetzt baun dien Bonzenstaat auf, in der Weimarer Republik. Das hammer heute noch – beim Hitler un heute auch noch, un heute am meisten. Aber das Volk is dumm; die schmeißen sich vor: Du warscht Hitler – Du warscht Hitler. Daderbei warnse alle dumm, es war doch doch so

Herr A so ungefähr, und ich hab ja gesagt, wenn das nicht so klappt, wie die Zuschauer wolln, dann geht das Gepfeife los, daß mer meint, man wär am Rangierbahnhof; wir habens ja hier nichwahr, wir haben die Sorgen und Nöte mitgemacht, hauptsächlich im Abstiegskampf damals soweiter na ja da hammer hier gestanden morgens beim Dings und ham dann gesagt: wie wird das ausgehn – na und dann eben samstags im Stadion ist dann das Zittern losgegangen.

Herr D das geht an die Nerven

Herr C da war schon was los, das kammer tatsächlich sagen

Herr A undsoweiter undsoweiter undsoweiter, das hat alles keinen Wert, da ist schwer was zu sagen, aber wissen Sie was, die Experten haben gesagt: na ja spielerisch gesehn ja, aber vom Kampfgeist her war nix drin, so ungefähr: es fehlt eben noch das gewisse Etwas; die haben wörtlich gesagt: scheinbar wäre das so, daß den Leuten die Ländermannschaft näher stehn würde als der Verein; es ging ja schließlich um etwas, es ging um den fünften Platz. – Und jetzt? also ich möchte jetzt gleich behaupten: es ist irgendwas, da ist nix dran zu machen, man steht da vorm Rätsel, mit einem Schlag – und jetzt ist mit einem Schlag – also selbst die größten Optimisten sind jetzt mit einem Schlag abgefallen und haben gesagt – ich hab Stimmen gehört zum Beispiel: man soll sich jetzt überhaupt garnicht mehr unter diesen Umständen um den Fußball bekümmern, man sollte sie ihrem Schicksal überlassen, die sollen jetzt sehen was dabei rauskommt. – So Unrecht hawwe se net.

2

Bemerkungen zur Lage

Training:
Trainer Ribbeck mit der Mannschaft von Eintracht Frankfurt

Experten:
A Hesse mit Hut (71)
B Kleiner Hesse (69)
C Mittelgroßer Hesse (58)
D Großer Hesse (63)
E Dicker Hesse (28)
F Dünner Hesse (65)
G Strenger Hesse (66)
H Starker Hesse (31)
I Erster Sachse (52)
K Zweiter Sachse (72)
L Junger Mann (28)
M Erster älterer Mann (66)
N Zweiter älterer Mann (69)
O Vorbeigehender Fremder (65–70)

Training. Trainer Erich Ribbeck und die Mannschaft von Eintracht Frankfurt
. . . Hussa nochmal – und mit Rückenwind jetzt. Hussa nochmal. Und kommen noch mal bis hierher, aber wirklich voll durch die paar Meter, fünfzig Meter, das muß unter sieben sein. Haaa! und auf! und dranbleiben Nackel! und hoch! und auslaufen – auslaufen **Mann ich hab noch nich gefrühstückt heute morgen Mensch.** Aber jetzt nochmal bis hierhin kommen, und kommen wer ist Erster. Und Mittellinie stehen, stehen auf der Mittellinie . . .

Experten
Morgen –
Morgen Herr Emmert –
Morjn –
Guten Morgen –
C Also wenn wir am Samstag gechen Dings verliern würden gechen Hamburg, das wär die größte Blamasch, Kerl, die Hamburger sin doch nix.
I Un wenn Du gewinnst un gegen Gladbach gewinnst, wen hammer dann? wo fahrmer dann hin?

C nach München.

I Wen hammer dann derheeme das nächste Mal?

C nach München müßmer,

D nee, erst müßmer nach München – also wir ham jetzt – jetzt Sonntag gechen Hamburg, dann hammer acht Tage Pause, dann hammer . . .

C Samstag spieln wir in Straßburg –

I dann hammer zwei Heimspiele,

B wen hammern dann nach Gladbach?

D nach Gladbach, da müssmer – nach München!

I nach München, und dann?

D und dann kommt hier son Kleiner vom Westen wieder, ich weiß nich, wer is das? – Samstag in München un Sonntag in Augsburg, ja.

I Oh oh oh, das is hart.

B Das is sehr hart.

Training

. . . und voll drauf auf den Ball, drücken, Dieter, drücken! da könn ne ganze Reihe im Zirkus auftreten, aber nich als Artisten, sondern als eh wie nennt man die, die so angemalt sind – **Clowns?** ja, Clowns. – Und Grabi steht. Ja. Und Jürgen. Ja. Jawoll . . .

I Das is hart.

B Sehr hart

E Jedenfalls macht die Eintracht kein Deutschen Meister.

I Das weest Du doch garnich.

C Ach komm –

E Gladbach, Gladbach.

I Ach Gladbach, wenn ich das schon höre, Ihr habt nur Bayern un Gladbach Mensch.

D Also jetzt mal langsam mit Deim Gladbach, da braucht nur jetz Samstag Gladbach zu verliern, die müssen auswärts, net, die brauchen nur zu verliern Samstag –

C wo müssen die hin?

D nach Schalke –

I die Bayern stolpern –

D Bremen?

C nee, nach Bremen müssense,

D nach Bremen, gut, also brauchense nur zu verliern, Samstag druff kommse zu uns –

O wenn die Wuppertaler nurn bißchen hier gehabt hätten, und hätten uffjepaßt, die hättn ein Punkt mitjebracht –

B Ja ja –

D aber nur jetzt mal annehmen hier Gladbach verliert Samstag, Samstag druff bei uns verliernse auch – wo sinsen dann?

I wer?

D wo sin denn die Gladbacher, wenn die jetz bei uns verliern und jetz Samstag in Bremen, da sinse doch schon unne.

I So is das nich, Gladbach. –

Training
. . . Olé und kommen nochmal – und auf! (Laufgeräusche nähern sich und verschwinden) . . .

C Un trotzdem, also: Gladbach is e Mannschaft;

B is e Mannschaft, Gladbach is e geschlossne Mannschaft, da gibts nix Du.

C Ich hab das Gefühl, daß –

B das sin kei körperlich starke Leut, Du, aber –

C ich hab das Gefühl, daß die dies Jahr die Deutsche Meisterschaft machen,

A ja ja – ja ja –

C aber ehrlich gesagt, an sich wolln mal sagen: n Fummelfritz is der Rupp, also –

B na der hats Ding uffm Schlappe gehabt,

C ja e paarmal hatters gehabt.

D Na das is doch unmöglich, was der gemacht hat,

G weilse klein klein gespielt hawwe, immer in die Mitt nein,

C ja, das muß ich saache, aber sonst nix. –

Training
. . . aber jetzt nochmal bis hierhin kommen! Und kommen wer is Erster – (Laufgeräusche, Keuchen, Ausschnaufen) – weitergehn – und Mittellinie stehn, stehn auf der Mittellinie . . .

F Siehst doch die Bayern, warum mache se denn in der Mitte durch, immer in der Mitte durch mitm Kopp –

C ja klar. Aber der Ding hat auch wieder ein mords Fehler gemacht, der Maier, Kerl, in Hannover, das zweite Tor, ach das war doch, Kerl. Also es kann einer sagen was er will –

... decken nochmal gelb! das gibts überhaupt nich! ...

D   das sin doch Krüppel, die könn doch net spiele,

F   unbegreiflich, das is unbegreiflich

D   der bleibt, wenn ern Ball verliert bleibter stehn, nich wahr, ich möcht wissen warum?

B   im Spiel, wenn ern Ball verliert, da steht er da, er muß dann nachsetze.

D   Ach, jetzt hört doch uff, das sin doch Krücke sin das da drüwwe, da gibts doch nix.

A   Un habter mal am Samstag gemerkt, was das ausmacht, was ich schon immer gesagt hab: ein Fußballer darfs net nur in de Füß hawwe, der musses auch im Koppe hawwe, newahr –

B   ja ja

A   der Mann, das is überlecht, was der macht, newahr gelle, der läuft net nur da narrisch eraus un un un oder um dem Publikum da was zu –

B   der geht ab wie die Post Du;

A   der is wie der – der macht wie son –

B   ja ja –

A   wie son Tänzer macht der uff dem Ding, so leichtfüßich un alles, ne, der hat des – das is direkt angeborn was der Mann hat.

B   Un die Ballbehandlung wo der schon mal vorneweg in sich hat is schon ganz groß.

G   Nee ne ne ne ne nee, gar nicht; als Verteidicher issern Kopp zu klaa, er kriegt kein Kopfstoß.

E   Aber der Tormann war Klasse.

B   Der Tormann war gut. Der Tormann war gut.

H   Der Tormann war erste Klasse gewese.

D   Der war gut.

H   Das hab ich noch net erlebt, was der gehalte hat.

D   Ja gut, das spielt aber keine Rolle.

B   Ja ja.

D   Der war gut, ja – der war der älteste Mann drin, un der hat den ganzen Sturm lahmgelegt von dene.

B   Der hat dem Trimhold aufm Fuß gestanne, mein lieber Mann.

D   Der Tormann war ja – also der Tormann war ja Klasse, der war ja, der war –

B   der war fertisch.

G   Der war hier schon Klasse, wiese hier gespielt hawwe.

D Der war prima.

G Der Tormann war doch Klasse hier von dene.

I Der Linksaußen?

G Nee der Tormann.

I Der Tormann. Ja.
(Vogelzwitschern.
In der Ferne Trainingsabläufe.)

C Hörnse mal, die Eintracht hatte mal in den dreißiger Jahrn, da war ich noch Bub, n Spieler gehabt, der Möbs, der war in der Vereinsmannschaft *der* Spieler, in der Nationalmannschaft is der auch nie was gewese.

D Dem sei Frau is auch gestern gestorbn, nebenbei.

C Wem?

D Dem Möbs.

C Ja? ach.

D Ja ja, der Möbs der is ja im Krieg gefalln.

C Nee, der is hier beim Bombenangriff umgekomm.

D Ach der is hier umgekomm, ja, der is Friedberger gewesen.

C Ja ja, der war von Friedberg.

D Un jetz is sei Frau gestorbn.

Training

. . . **ran!** – siebennull und decken mal hier wer spielt denn da Roland und kommen nochmal **Haaa!** acht – Peter Reichel kommen decken – neun – neunnull – und lösen – zehn – und spielen – zwölf – zwölf – zwölf – weiter!! . . .

B Ich zweifle dran, daß die Eintracht den fünften Platz macht.

K Ja wer soll den machen?

B Wer solls machen! da hängere doch noch dazwische.

K Wie vieln?

B Berlin un Kaiserslautern hänge aach noch dazwische,

K ach Kaiserslautern,

A Kaiserslautern is ein Punkt zurück,

B zurück newahr –

A naa – zwei Punkte hinner Eintracht, un die Hertha is ein Punkt hinner Eintracht newahr.

K Ja jetzt kommts drauf an, ob die noch recht viel auswärts spielen müssen.

B Wer?

K die Hertha; na die Hertha is e bißchen schwach geworden –

45

A die Hertha is net schwach geworde, die Hertha is – meiner Auffassung nach hat die Hertha den Schlaach noch net überwunde, den se da bekomme hawwe, aber in Wirklichkeit, jetzt –

B da kann ich nix drüber sache, aber im Kampf vorm Tor, da muß dazwischegange wern, da gibts nix, Du, wenn emal der Ball da im Strafraum is, kammer nemehr – da muß schon was gezeicht wern –

D is ja ganz klar da gibts garnix, aber er kann nich koppen, ne? im Koppen is er nich gut. Er hat wohln Ball, aber er kann nix mit anfangen.

B Wer?

D Der Kliemann, vorne, der Kliemann, vorm Tor, ne? aber hinne is er natürlich großartich newahr da gibts nix.

F Er hat aber e schöö Tor geschosse,

D er hat e schöö Tor geschosse, ja ja,

F e schönes Tor,

D er is e bissel steif unne,

F e prima Tor,

D unne is er e bissel steif, aber das kricht er hier noch gelernt, wasm noch fehlt, das kricht er hier noch. – Aber so machts der genauso, der Kerle.

C Wer?

D Unser Parits, der läuft immer statt er nach inne mal läuft, innerum – macht er immer außenrum.

C na jetzt hörnse mal.

Training

... **Mensch das sin Bäll Du** und der nächste schon hier, komm Grabi – und der nächste schon, Horst, das dauert zu lange, die friern ja, die Torleute – und der nächste schon ...

C Übrigens Mittwoch hat auch der Ding n Spieler mitgebracht, der Pfaff.

D Was der Pfaff.

C Der Pfaff war am Mittwoch hier.

D Der war hier?

C Der hatn Spieler mitgebracht von Amorbach.

D Ah, jetzt kommt der Reichel.

C Der war garnet mal schlecht von Amorbach, den er da mitgebracht hat.

D Der hat ein mit hergebracht?

C Ja, von Amorbach.

B Der hat doch aan hier, der hat ein mitgebracht.

D Ach was, haha.

C Der war garnet mal schlecht. – Der war wirklich net schlecht gewese.

Training
... Komm schlaf doch nich ein, Karl, komm und kommen – Thomas jetzt mal – guck doch die Rundschläge an, wie auf der Kirmes – *(Ballgeräusche)* – und weiter und weiter, jawoll Nackel – und kommen – und langsam laufen – ja ...

A Also ich muß Dir offen sagen: ich sehn garnet gern, waaßte warum? der is überfanatisch der Mann, der is giftich, der kennt garnix annerster, newahr gelle, mer meint, newahr, es gäb im Leben nix mehr annerster wie den Fußball, un da setzt der alle enei, newahr, un wenn er wenn er wenn er dabei zusammenbricht, ne. Un das hab ich net gern.

D Jeden Angriff hat der unterbunden mit hier mit so mit halten.

A Man darf nicht vergessen: selbstverständlich soll e Mannschaft des gewwe, oder des bringe, wasse kann, aber man derf auf der anneren Seit nich vergesse, daß Fußball e Spiel is – morje Herr Emmert – er is a braver anständicher Mensch in jeder Beziehung, aber beim Fußball kennt er keine Grenze, da isser fanatisch bis zum Äußerste – und ich hab vorhin gesagt: Fußball is e Spiel, newahr, un wenns hunnert mal ewe annerster vom Publikum hingestellt wird, aber es is net so. Und so solls auch bleiwe.

Training
... jawoll, so siehts aus – und der nächste schon hier, komm Grabi – un der nächste schon Horst das dauert zu lange – und drücken den Ball – aus dem Lauf raus – ja noch mehr drücken – den Spann richtig durchdrücken – jawoll – und – ja – und kommen – und kommen – und kommen – und weiter – und weiter – und weiter ...

G Aber der war – also dem sein Lebenswandel, der hat gelebt wien richtiche Arbeiter lebt un is gegange, sei Training, un schaffe gegange un weiter nix. Un hier die, die flitze hier schon zu viel rum mit de Autos un mit de Weiber. – Das is der wunde Punkt. Die kriege zu viel Geld, das isses, – net allaa die hier, sondern unser ganze Jugend kriegt zuviel Geld, das is der Fehler. Un da fängt die Lebensweise an. Un wer net hart is, der geht unner.

H Dann fehlt auch vielen die innere Einstellung.

A Selbstverständlich – un das sogenannte Heimatempfinden, das Heimatgefühl –

H un dann fangense an zu wandern –

G aber die ham auch annerst gelebt. Und heut? is nichts mehr. Die hawwe früher – wie hawwe die alle gelebt, Höfer, Bechthold, Eigenbrodt, all die Genosse, die früher da warn –

B ja ja ja – das warn auch mords Fußballer,

G unser Meistermannschaft von Neununfuffzich is mir liewer, wie die heut,

B ach, das is emal klar,

G zu jeder Zeit; spielerisch, kämpferisch, un alles. Die ham auch annerst gelebt, da darf einer spreche wasser will.

A Ja aber wissense, wissense was mich bei dieser Angelechenheit – wo ich gespannt bin, wie das enden tut. Also man hat doch damals gewissermaßen – und eh – jetzt angenommen, sie schaffens nicht, sie schaffens nicht – da bin ich emal gespannt, wie das ausgeht.

B Da gibts etwas,

A wissense –

Training

. . . und Torschuß – von der Stange aus Anlauf im Spurt und Torschuß – nicht zu nahe, nicht näher als die Stange – und der nächste – und kommen und hinternander weg – und kommen – und Tor treffen – Tor treffen und Nackel mit rechts ja und Holz komm und drei vier fünf sechs und weiter . . .

L Dann müßte man doch noch mal zum Beispiel eins abschaffen: den ganzen DFB-Vorstand, denn da sind nur noch Leute da, die über 70 sin, die ham doch gar keine Ahnung vom heutigen Fußball, die sin noch bei Andreas Hofers Zeiten, un die Zeiten sind vorbei – heute is Fußball ne Fabrik und kein Sport mehr.

Training

. . . ja Langer komm komm komm komm – un der nächste schon hier, komm Grabi – erste Revanche – **das war wie in Chicago – Blindenhaus gegen . . . haste gesehn?** Achtung – läuft – hoch ja hoch! die ersten fünf sind tot – drei – vier – fünf – zählt! eins – zu kurz – zwei drei – vier – weiter – fünfnull und decken! . . .

M Und wenn die noch mehr, also noch mehr Gehalt krieche, un die schlaache mit dene Eintrittspreise uff, dann hawwe se ihr Publikum gesehn. Es kann nich jeder siwwe acht Mark hinleche un wo er drei vier Kinner hat un hat unter der Woch die Frau garnix mehr da zum Esse un zum Trinke, weiß ja garnet wasse wasse koche soll.

Training
... hier hier hier – siemundzwanzich – siemundzwanzich beide – acht-unzwanzich neunundzwanzich dreißich – halt – Kräfte sparen, kommt nochn Durchgang ...

N Aber die Herrn, die wolln auch nix opfern, die wolln auch nur raus-holn –
M die wo an der Quell sitze, die wolln alle kassiern –
N freilich, die wolln nur –
L is doch ganz normal, oder nich? würden Sies nich tun?
N Wie?
L Würden Sies nich tun?
N Ich täts aach.
L Na also bitte – umsonst is das Leben.
M Desweche streiten sich alle als um die Vorsitzendepöstche.

Training
... komm komm komm komm komm ...

A Das is – nach meiner Ansicht nach is das eins der Haupt eh Punkte, es is nämlich nich gesagt –

Training
... sechs – und helfen Dieter! Geh hin! ...

A Da mußmer schon saache –

Training
... sieben ...

A sonst – das geht emal ins Auge – und da geht der eine undsoweiter undsoweiter – des hat alles kein Wert net.

Training
... **Dieter** – Heese **Ja** Horst, kommse doch hier rüber – **ja ich spiel doch hier** – da treffense sich doch mal nachmittags, da könnse sich doch

unterhalten stundenlang . . . ja Sie spieln aber hier, das is ja grade der Unterschied, daß Sie hier spielen . . .

A   Also ich betrachte das so: wer das nicht macht, wer das vernachlässigt, der geht eines schönen Tages geht der vor die Hunde. Das war schon immer so gewese, da is garnix dran zu mache. –

Training
. . . weiter – komm Thomas, das isn Dauerlauf, kein Spurt, Haaaa!! – so siehts aus, jawohl Dieter – halt halt halt halt halt . . .

A   Mer schaffe des, newahr gelle – aber dann is der Teufel los, dann geht das Gepfeif los, un da könnt mer meinen, mer wär aufm Rangierbahnhof. Und des spielt auch ne große Rolle.

B   Ja ja.

A   Aber kaaner von Euch hätt vermutet, daß der noch mal in der letzte in der letzte in der letzte Minute, also im am Anfang vom Spiel die Mannschaft noch mal umkrempelt, nimmt den Weidle rein – nun? was war das ein Schachzug mein lieber Freund.

B   Ja.

A   Darfs jetzt sein wies will newahr, morje
    morjn
    guten Morgen Herr Emmert
    morjn

D   warn Sie am Samstag draußen?

A   Ja. – Na ja, sie hawwe gesacht: spielerisch gesehen, hauptsächlich, was die Experte sin: spielerisch gesehen is die Mannschaft eine Klasse besser gewesen, aber vom Kampfgeist war nix drin.

C   Ja die schreiben: die sind bedeutend besser, wie letztes Jahr, sogar sehr gut, aber um die Gefährlichkeit fehlt ihnen ein Mittelstürmer. Das stimmt.

B   Das stimmt. Das stimmt.

C   Das stimmt, die hawwe kein Mittelstürmer, weiter nix.

I   Wenn die wolln, könn die, die passen nur nich auf, das haste wieder gesehn gechen Stuttgart, die passen nich auf.

B   Das stimmt. Das is schon e bißje was. Das geht an die Nerve. Ja ja.

A   Denn es ging ja schließlich um was, zum Beispiel bei einem Unentschieden, gestern, oder ganz und gar n Siech am Samstag, wo drin war, da war der fünfte Platz so gut wie sicher.

M   Die lasse die lasse die lasse die Leut aber auch hinne schalte un walte un gucke nur nachm Ball aber net nach ihrm Gechner.

D Da is schon was los. Da is schon was los.

A So wars auch am Freitag mitm Dings, ne? –

D a ja –

M hier, was hier unser Kreis da unne is, da is alles verflucht un verwunsche, bei dene in der in der in der –

G jaja, das is also, das is ein Schlaach, das is ein Schlaach dem Fußball ins Gesicht gewese. –

B Des is des – na ja.
(Ballgeräusche)

I Fertich.

D So. Und jetz – jetz gehts fort.

Training

... weiter!! – weiter – sechs – und helfen Dieter – geh hin – **Mensch sin das Bäll Du** – ehrlich das sin wirklich Bälle – **och is das e Ball** – gibts garnich – **wollmer net lieber de andere Ball nemme** – und ab – voll – gut Grabi – und ab jetzt – **schön Karl** – jetzt halt mal Deine Klappe un geh mal richtig hin da, alter Faulpelz – spielnse hier Fußball da und weiter – komm da, weiter weiter weiter weiter weiter, komm Horst – ja Langer komm komm komm komm – und weiter, und weiter, und weiter ...

3

Heinz, wie ist deine Ansicht

Was? was willste?

Red du mal –

Was? ich soll reden? ich hab vor Jahren gesprochen, am Steinweg, zehn vor zwei kannste mir zuhörn. Da kommen drei Herrn, zwei kennen mich: Heinz – wie ist deine Ansicht? Packen mir das Ding? Tausend-prozentig, ich war ja abgebildet, kannste dich noch entsinnen? – Ja, ich versteh Sie; die kamen vor vier Jahren, un da hab ich gesagt: tau-sendprozentig, na ja, ich bin e bißchen nervös, jetzt bin ich seinerzeit operiert worden. Ich hatte tausendprozentig recht; hunderttausend haben dagegengetippt – ich bin ja kein Bettler. Die kamen zu mir mit drei Mann, zwei kennen mich, gell, da hab ich gedacht, na, hintennach, aber da gibts nix, gell, oder? da gibts nix. Im voraus, entschuldigen Sie, im voraus gibts keine Propheten – un da hammse gefragt, ob mir drin-bleiben; tausendprozentig, hab ich gesagt. Ich war der einzige, von hunderttausend, am Steinweg, wir packens. Verstehn Sie? Aber das hat jetzt nachträglich keinen Sinn mehr, also nix, zwecklos, gell, zweck-los; Sie verstehn mich doch? - Nein, Sie sind verkehrt, Sie verstehn mich nicht. Vor drei Jahren, wo wir so unten waren, un das entschei-dende Ding – da kamen die samstags zehn vor zwei zu mir, mitm Appa-rat, vorn am Steinweg. Heinz, was is deine Ansicht. Da sag ich: wir blei-ben drin, das Ding gewinnen wir in Offenbach. Ich war ja drin, gell, da ham mich vielleicht e paar hundert angehalten: Heinz, du hast recht gehabt; aber für das recht gehabt is druff gepfiffe; da gibts nix dafür, gell? oder? da gibts nix. – Das warn drei Mann. Wenn ich mal nuff-gehe, geh ich mal hin un frag mal intressenhalber, gell, da geh ich mal nuff bei Gelegenheit. Fragen kost ja nix, oder? – Hunderttausende – ach, hab ich gesagt: Ihr seid dumm, mir packes. Mir hawwes auch gepackt. – Da war der Kunter der Held des Tages. Kunter, Lutz, warn alle gut, Lutz und Lindner, die alten Haudegen, verstehn Sie? – Ja, ich ver-steh Sie. Jetzt hab ichs kapiert. – Was noch?

... hopp und auf – komm Langer komm – komm Trinklein, auf – auf auf auf – hoch weg – zupp – und bis zur Mitte – und hoch Horst – hoch! – auslaufen – auslaufen **Pffff – ich hab noch nich gefrühstückt heut morgen Mensch ...**

Etwas nach der Weltmeisterschaft, ich weiß nich genau, nach der Weltmeisterschaft, da hat man diese sieben Vereine vom Südwest, die hat man, weil Alsenborn garnix wußte, hörnse genau mit zu: der Platz, noch keine Hand angelegt, verstehnse mich? die hunderttausend Mark warn nich da, und da hammse nich so un nich so gesprochen, die Herrn. Da hat man gesagt: Saarbrücken hat die Anlage mit fünfundvierzigtausend; die hunderttausend Mark sind da; wenn Alsenborn sich nich so un so – hammse eine Karenzzeit gekriegt – vierzehn Tage, so ungefähr, wenn Alsenborn sich nich muckst, nicht äußert, hörnse zu, dann kommt Saarbrücken mit rein. – Jetzt passen Sie auf: Alsenborn, e paar Wochen druff: ach wir baun doch aus, wir kriegen das Geld durch Schmerzen zusammen. Bitte so war das; das kleine Schiedsgericht, das hat Alsenborn rein. Un Saarbrücken, hörnse gut zu, weil alle Voraussetzungen da warn, hat Einspruch erhoben, nich wahr. Und jetzt wos zu spät war, da ham die für eine Million oder wieviel Spieler gekauft, Saarbrücken. Also da hammse bei allen zwein, die Herrn, Fehlers gemacht. So war das Motiv. Verstehn Sie? So war die Lage. – Und dann kamense mit dem Ding: ach, mir machens doch, mir baue den Platz auf, un mir kaufe Spieler ein. – Gleich melden, gell, das is meine Ansicht. Und so war die Lage. Tausende vergessen das, aber ich weiß das noch. Verstehn Sie? ja.

... weiter – siebennull und decken mal hier, wer spielt denn da? – komm Roland komm nochmal **Haaaa** Peter Reichel, komm decken – neun – neunnull – und lösen – zehn – und spielen – zwölf – zwölf – zwölf – und weiter! –

Und dann kamense mit dem andern Ding; ja das war dann für mich zu spät; die mußten sich gleich melden. So etwa: wir lassen den Platz sofort ausbaun, wir nehmens in Angriff binnen acht Tagen, die hunderttausend Mark beschaffen wir uns, un dann war das klar. Aber sie ham sich nicht geäußert am Anfang un hams auf der langen Bank gelassen, un hinnenach kamense. Die Herren haben gesagt: wie? – Hinnenach kommt man nicht, verstehn Sie? – Ja. Alles klar. Bitteschön, so wars. –

... eins – zu kurz – zwei – drei – vier – fünf – **Jürgen jetzt hier** – sechs – **Lothar** – noch mal decken hier – sieben – acht – neun – zehn – dreizehnzehn – weiter! da bleibt der wieder stehn! ...

Ah, die Hälfte von der Mannschaft, Volkert, Winkler, Kaltz: wir fahrn diesmal nach Monaco, wir gewinnen zweieins; die Eintracht is ne gute Mannschaft, aber es gibt nur ein Unterliegen, so ungefähr, nich: wir fahren nach – nach Monaco, wir packen die Eintracht. So ungefähr, in dieser Form. Wenn man vorher immer so trommelt, schon vor zich Jahren, solche Spalten warn da drin; von der Eintracht soo klein. Verstehn Sie? weil das kluge intelligente Menschen sin, die haben das immer rankommen lassen, und da ham die meistens eine – ham die meistens eine vorn Mund gekriegt, verstehnse? wenn man vorher so trommelt. Das war schon immer neunundneunzig Prozent grads Gegenteil, verstehn Sie? stimmt das? un so isses auch in andern Sachen. Man darf nie so den Mund voll nehmen; denn es sin ja keine elf, nich, sin ja zweiundzwanzig Spieler. Bitte stimmt das?

. . . elf – gut so war der Paß – und Friedel kommt – und lösen Jürgen **Jaaaa** zwölf – und weiter – hier hier hier hier rot – sechzehn zwölf – sechzehn zwölf für gelb – immer noch – dreizehn – vierzehn – Lothar steht – fünfzehn – und ran Horst – sechzehn **ran Karl** sechzehn alle – siebzehn – und weiter . . .

Nein Sie ham mich nich verstanden; zweiundzwanzig laufen in die Arena ein, hörnse zu: wie kammer dann die andre Mannschaft so – so nach der – nach der Außenwand drücken? Un da sagen jetzt die Herren wo intelligent sin, die lassmer mal rankommen, verstehn Sie? sin wir garnichts? un das hammse ja dann bewiesen: da is dann ne andre Taktik eingelegt worden, verstehn Sie? zwei mal zwei is vier, nich, un da hammse etwas gestottert, der HSV, so fünfzig, sechzig Minuten, un da war der Klötzer mit seinem komischen Kopf, nich, der kommt ja vom Erzgebirge, er schreibt auch plötzlich, er wär da von Düsseldorf, der war drei- viermal in Düsseldorf, stammt aber vom Erzgebirge, ich hab nix gegen den Mann, das is sonst n friedlicher Mensch, gell, aber er durfte sich doch da nicht hinreißen lassen. Man muß sowas immer erst rankommen lassen, nich, zweiundzwanzig spielen, bitte stimmt das? na also. Un die Intelligenz, ich bild mir nix ein, liegt immer bei der Eintracht, wenn Sie mich fragen. Und da sagt dann der Klötzer: Was? Wie? Na wir wollen mal sehn, wo denen ihre große Intelligenz is, nich. – Weil die gegen Barcelona gewonnen ham? da hammer schon vor Jahren gewonnen, fünfeins, siebenzwei, sin ja auch keine Herrgötter, nich, der Ball is ja nich eckich, der is ja rund, verstehn Sie, der Ball is nich eckich, der is rund . . .

... hussa nochmal – und mit Rückenwind jetzt – Nackel, Friedel, Grabi – und weitergehn, weitergehn – hussa nochmal und kommen nochmal bis hierher – und vorne Roland und Peter Reichel ...

... der Ball is nich eckich, der is ja rund. Man darf nich so trommeln, das war schon vor langen Jahren so, ich bin siebzig Lenze, das heißt siebzig Jahre, ich bin ja heut nix mehr, einmal muß Sense sein, verstehnse, aber ich kenn diese ganzen Tricks im Fußball, nix Ungrades, verstehnse mich nich verkehrt, kommt ja alles mit nein, aber was ich sag is die Wahrheit: man muß sie erst rankommen lassen, verstehnse, die andern sind auch da. – Da hat der Weise n klugen Schachzug gemacht; er vielleicht nich allein, mitm Berger vielleicht, den Ernst, den kenn ich ja schon fast vierzig Jahre, da ham die ein andres System eingelegt, un da hat der Klötzer gesagt, dem sein Kopp der is immer dicker geworden auf der Reservebank, da hat der Klötzer gesagt: Was spieln denn die da? Verstehn Sie? Na ja, un mit der Geheimniskrämerei bis kurz vor Schluß, das war ja in sämtlichen Pressen, nich, die Geheimniskrämerei: er hat noch was aufm petto. – Was kannern groß auf petto ham. Ich hab wunder gedacht, vielleicht bringt ern Indier rein, wo pfeilschnell is, gell, wo keiner halten kann, weil er da schreibt, nich, un trommelt mit der Geheimniskrämerei. Das will ich alles nich hörn. Unsre ham garnichts gesprochen, verstehn Sie, un alles rankommen lassen. Und dann, bei dem Einseins, da bin ich ehrlich, verstehnse, die letzten achtzehn zwanzig Minuten, bei dem Einseins ...

... aber jetzt wirklich voll durch die paar Meter – fünfzig Meter, das muß unter sieben sein – haaa!! – und auf – und dranbleiben – komm Roland, weiter weiter weiter weiter ...

... na ja, das nimmt man an, das nimmt man an, schon richtich; un dann hammse noch mal gezeicht, nich, daß se noch, verstehnse? hammse nochmal n bißchen Luft geholt, nich? an sich die Intelligenz, und die Cleverness. Nickel un Co ...

... ja – und Jürgen komm komm – jawoll – und kommen ...

... am Steinweg, kurz vor zwei, drei Herren, die kamen da an: Heinz – wie ist deine Ansicht. Eintracht bleibt drin un Kickers steigt ab. Das war ne gute Prognose, was? damals vor vier fünf Jahren. Da hab ich aber nix davon, da gibts nix dafür. – Ja und? Was wollensen hörn? – Ja ja, ich weiß, ich weiß das schon lange, aber ich bin ja n Kleiner, verstehnse, ich hab nix zu melden – oder? – Ja und, was noch? – Ich weiß nix, aber ich nehms an, verstehn Sie, ich hab e bißchen was drin. – Guten Tag.

... elf – und decken gelb – wer deckt den Horst – zwölf – komm Grabi – dreizehn – vierzehn zu kurz – weiter weiter – fünfzehn – und weiter!! ...

... das is sone Sache, verstehn Sie, wie das so geht. Na ja, die Meinungen sin verschieden, das hab ich gesagt, das is meine Ansicht, das stimmt doch? oder? ja bitte das stimmt ...

4

Unsere schwarzblauen Freunde
vom Bornheimer Hang

Sechs Bier.
Sechs Stück?
Ja, sechs Stück.

Ich weiß nichts, also Moment, ich persönlich hab ja fast dreißig Jahre gespielt, das ist eine gewisse Zeit, dreißig Jahre, ganz original, Verletzungen mitgezählt undsoweiter, und dann, durch mein Temperament, wie gesagt, war ich auch mehrmals gesperrt, das ist klar, das ist Temperamentssache, und manchem würde es gut tun, mal zu pausieren, vier acht Wochen direkt abschalten vom Fußball, das tut weh, wie gesagt, wenn einer mit Herz und Seele dabei ist, aber – *ganz langsam Kinners.. . rechts naus, ganz links . . . zu steil Hermann, geh! . . . jawoll und das wars schon* – der hat jetzt den Schnurrbart ab, und schon hat er wieder sein Goal gemacht; wir tun ja Donnerstag abends Bowling machen, nicht wahr, der Trimhold Horst sowie der Klaus und der Klebs Hermann, wir vier, und dann ist noch einer namens eh Wagner zu uns gestoßen, und von Wacker München kommt jetzt ein guter Mann, insofern es der Sportverein versteht, diesen Mann hier an den Main zu holen, ein sehr guter Mann, sehr bekannter Mann sogar, simmer mal drauf gespannt, Namen kann ich nicht nennen und darf es leider auch nicht und würde es auch nicht tun, ich meine, ich habe einige Namen auf der Zunge, aber Namen kann ich nicht nennen und darf es auch nicht, Sie müssen mich schon verstehen, ich glaube aber, das wird hier nach Ende des Spieles bekanntgegeben, also zumindest in dieser Woche wirds in der Zeitung stehen – *was macht denn der Klaus da . . . das muß er doch pfeifen . . . ja vollkommen richtig . . . jetzt Ruhe und flach ab –* dann bin ich trotzdem enttäuscht jetzt, daß heute so wenig Leute gekommen sind, grad bei dem Wetter, sehr warm, wenns geregnet hätte, dann hätt ich gesagt: gut, wettermäßig gesehen; aber sonst muß ich sagen: trotzdem noch gut besucht, wenn man sich umguckt, die Tribüne fast voll, ich hätte aber mit etwas mehr Leuten gerechnet, das ist ganz normal, na die Meisterschaft ist entschieden, es geht ja um nix – *los abziehen, Hermann . . . und raus jetzt, jawohl –* er hat mir gesagt, vor dem Spiel, er hat Schmerzen im rechten Fuß – *und schauen, Hermann . . . und gucken links gucken . . . und abziehen Klaus . . . und flach ab jawoll –* also für dreitausend Zuschauer ist das bißchen wenig besetzt heute, trotzdem, ich bin überrascht, daß noch so viele Leute da sind, denn die Meisterschaft ist doch entschieden, die Kickers, na ja, die versuchen hier irgendwie, aber wie ich gesagt habe, ich meine, es läuft wies normal ist, es geht um nix mehr, man kann auch nicht sagen: Sommerfußball, denn die kämpfen, die Männer, das sieht man – *leg auf, Hermann, richtig* – da sehnse was los ist – *und spielen, Herbert, und gucken* – die Meisterschaft ist ja entschieden – *un Ruhe Klaus Ruhe* – die Meisterschaft ist unter Dach und Fach, da stehn noch vier Mann, nein, fünf Mann stehen da, da ist nix zu machen, jetzt lacht er schon wieder, haha, der Herbert, das ist halt der größte Kämpfer vom Hang.

Wer?

der Wagner Herbert, der Wagner, das ist ja der größte Kämpfer aller Zeiten, bestimmt nach der Kriegszeit hier; bring mal fünf Stück mit, eins zwei drei vier, bring gleich sechs, alles klar, sechs Bier. Sechs Stück? Ja, sechs Stück – *jetzt auf gehts ah langsam . . . und gucken Horst gukken . . . er sieht aber nix* – er muß mit dem Körper hingehen, gell, mit dem Körper, ich meine, es ist halt ein Heimspiel, gell, momentan, und genau das isses, und sehnse: der Wagner wieder, der alte Kämpfer, der Wagner, jetzt greift er sich an den Kopf – *Abseits, meine Herren, meines Erachtens* – es geht ja um nix mehr, und trotzdem wars Abseits, dort sitzt auch der Nuber, das ist schon ein alter Mann, auf deutsch gesagt, der Nuber, ganz rechts: Hermann Nuber, da sitzt er, auf der Reservebank beziehungsweise Betreuerbank, sagt man, auf der Betreuerbank, wir sind gute Bekannte, nicht nur im Fußball, auch familiär sind wir alte Bekannte, schon dadurch, daß ich mit ihm mal gespielt hab, vor zwanzig Jahren, und dadurch hab ich den Hermann kennengelernt, auch als Mensch, nicht nur als Sportler, auch als Mensch: einwandfrei, und ich erinnere mich an manche schöne Stunde – *jetzt schieß doch mal druff Horst . . . los rein mit dem Ding da* – da sehnse, das isses, das war jetzt der Kesper, der uns verläßt, der Kesper Jürgen, ein feiner Sportsmann, fair undsoweiter, aber zu weich, er geht fort, leider, möchte ich sagen, aber als letzter Mann isser etwas zu langsam, sehnse, jetzt isses passiert, grad im Moment, da hält er den Kopf hin, der Kesper, dann zieht er den Kopf wieder weg, das darf einer nicht als Fußballer, er ist viel zu weich, gell, als Fußballer muß man auch mal die Birne hinhalten als Abwehrspieler – *jawoll jetzt und spielen . . . und gucken Klaus gucken . . . war schön gemacht, Heiko . . . und etwas verzogen* – das kann man schon sagen, daß unser Racky

Wer?

der Racky, daß unser Racky – *ja spielen Heiko . . . und gucken Heiko . . . und laufen lassen den Ball* – der Racky Heiko, der hat bei Heilbronn gespielt, und ist dann über Rot-Weiß, soviel ich weiß, über Rot-Weiß, wie ich gesagt habe, zu uns gestoßen, hier an den Hang gekommen, und jetzt, wie gesagt, nach der Sperre gegen Bad Homburg, wo der Sportverein zweizueins in einem ganz wunderbaren Spiel eh verloren hat, weil sich der Racky hat hinreißen lassen, bei einem Spieler, der älter ist und erfahrener als er, das war ein Herr Waida, gell, und jetzt bin ich doch überrascht undsoweiter – *schön Heiko un gucken* – ich hab ja noch nicht viel gesehen von ihm, aber jetzt bin ich doch überrascht – *Herbert gucken . . . er sieht aber nix* – ich hab mich gewundert, daß so viele Leute gekommen sind, weil ich meine, es geht doch um nix, die Kickers, die können nich absteigen, gell, und wir ham ja die Meisterschaft in der Tasche – *ach Klaus, da liegt Schnee druff: Schneee! da liegt Schnee drauf . . . war aber schön gemacht, bravo* – sehnse, so is das, da links da, da is nich der Hammer so drin, so wie rechts, gell, das muß ich als Trainer doch wissen, da gibts bei mir nur: an die Mauer, als gegen die Mauer; da sieht man doch wieder; ein Trainer, der kein Material hat, der kann nich viel machen, un ein Trainer, das gibts auch wiederum, daß er Material hat un kann auch nicht viel machen, das is ja ganz klar – *jetzt geh doch mal, Wenzel, komm geh mal . . . der kommt doch nicht ran da, der Krautkopf* – nichtwahr, das ist so: wenn man Meister wird, muß man schon bißchen was bringen, die Leute wolln Tore sehn, aber die Kickers, die stelln sich da hin und mauern, die ham doch nur hintengestanden mit acht neun Mann und ham alles nausgebläut rechts und links, was gekommen is, weil: wenn die mitspielen, kriegen sie doch nur die Hosen voll, dann geschehn auch die Dinge – *nich flanken, Stahl, gucken . . . ja gucken und gehen* – ein schöner Spieler, der Zehner, gibts gar nix, ein wunderbarer – *flachhalten den Ball und stören Klaus stören und abziehen jetzt Kerl leg doch mal auf und gukken jawoll geh hin du, du Blumenkohl* – ein prima Spieler, Klaus Stahl is der Name, wie lange isses denn noch?

Fünf Minuten,

noch fünf Minuten, da legt der dicke Fritz die Bratwürschte uff, damit se schön warm wern; am Ball Klebs Hermann, schade, es geht ja um nix.

Fünf Bier. Sechs hab ich gesagt. Sechs Stück? Ja, sechs Stück; na also, man merkt doch, daß wir nicht mehr in diese Klasse gehören, man merkt doch den Unterschied, dadrum drehts sichs doch, hab ich da recht oder nich?

was?

da hab ich doch recht, oder nich? aber jetzt erst mal Ruhe un net so laut uffm Sportplatz, verflucht nochmal hier . . .

5

Tribünengespräche

Personen	A Berliner Zuschauer, 36
	B Erster hessischer Zuschauer, 26
	C Zweiter hessischer Zuschauer, 51
Schauplatz	Waldstadion, Frankfurt am Main
Zeit	8. September 1973,
	vor dem Spiel Eintracht Frankfurt
	gegen den Hamburger Sportverein

Stimmen vor dem Spiel: **Diesmal werden wir schweigend unsere Arbeit verrichten.**
Horst Heese, Mittelstürmer
Hamburger Sportverein

Wenn Heese zum Tor will, muß er an mir vorbei. Er kann kommen.
Uwe Kliemann, Vorstopper
Eintracht Frankfurt

A Also ich glaube, der Lorant, der hat doch den richtigen Trick gehabt; das wär alles, ging der Ton, das wär alles für die Katz, hab ich hier gehört. Das war garnicht für die Katz, denn jetzt hat er sie doch da, wo er sie braucht, und die andern, die sind alle verheizt.

B Ja das hamse gesehn, wie das war, die ham ausgesehn, die andern, das war furchtbar.

A Dieses langsame Verschleppen, dieses – nich?

B Und vor allen Dingen zieht doch alles in die Mitte rein, alles mittendrin, ohne Flügel.

A Na genau.

B Alles stochert in der Mitte rum, ich hätt alle rausgetan, alle rausgeschmissen; und da könnse schreiben, was sie wollen, denn der Netzer, der fehlt hinten und vorne.

A Na ja, er hat die – er hat die ordnende Hand.

B Der Mann hat doch richtig gehandelt, daß er nach Spanien geht, er is Geschäftsmann.

A Wolln wir doch ehrlich sein, der konnte das Tempo nicht mehr mitgehn in Gladbach, das war der Trick, deshalb ging er nach Spanien.

B Und dann isser Geschäftsmann.

A Das auch, aber trotzdem.

B Und auf jeden Fall isses ja so, was das Länderspiel betrifft, der Herr Beckenbauer, bitte, was hat denn der Mann geleistet nach der Weltmeisterschaft? Nix. In keinem Spiel. Vor allen Dingen – vor allen Dingen wennse dem beim Spiel mal zugucken, der spielt nie so, daß er schlecht aussieht, der geht nie direkt gegen den Mann, der setzt sich immer ab, damit er nie ausgespielt wird, damit er immer gut aussieht.

A Das is auchn Trick, denn der Liberoposten is dochn Faulenzerposten, im Mittelfeld muß er doch ackern, das is der Trick.

B Der will nur die Ballerina spielen. Und der Müller? Wir ham so viele Mittelstürmer, gell, die zwei Klassen besser spieln als der Müller, aber der macht halt sein Tor und drum kommt er rein.

A Der Erfolg gibt dem Mann aber recht.

B Na wir ham auch – in Deutschland hammer genausoviel gute Vorstopper, gell, und der Schwarzenbeck, also der kann für mich keinen Ball gradeauskicken, und der spielt – bei jedem Spiel spielt der.

A Ja der Schön hats begründet, der Cullmann is ihm zu offensiv, und in Rußland – in Rußland mußten sie defensiv spielen, deshalb hat er den Cullmann gebracht, so hatters begründet. Aber wir bringen den Kliemann da auch noch hin, wo er hingehört. – Is das kein Vorstopper, der Kliemann? das Spiel gegen Stuttgart hatter doch ganz

A alleine entschieden; für mich hatter die ganze Mannschaft hochgepeitscht, das is das Entscheidende, das is der Trick.

B Ja ja.

A Und der Weise hat auch gesagt – der Weise der sagt, daß wir auswärts auch schon mal eingepackt werden, also daß wir mal vier fünf Stück kriegen, ja? Aber trotzdem, ich mein der Erfolg gibt doch recht.

B Wenn der Ribbeck mit Lautern nich bald mal siegt, seh ich schwarz für den Ribbeck.

A Na wer weiß, ob er die Saison überlebt. Laß sie heute wieder verlieren in Düsseldorf, un wie die Sache aussieht, wernse dort nix kaputtmachen, die Lauterer.

B Ja.

A Die Eintracht die hat doch unter dem Ribbeck zwei Gesichter gehabt. Zu Hause stark, fast unschlagbar, un auswärts? Auswärts hamse gespielt, als wennse einschlafen.

C *(Ankunft eines neuen Zuschauers)*
Vierte Reihe?

A Ja das is hier, wir sin bißchen verschoben, wir müssen mal bißchen aufrücken, so kommen wir aber hin, nich?

B Auf jeden Fall hat sich der Fall rausgestellt, daß du mit Spielern, so Spieler, die hundert- zweihundert- fünfhunderttausend Mark kosten, noch lang nicht gewinnst. Die Mannschaft die muß zusammenhalten, da muß jeder für jeden spielen; die müssen zusammen gewinnen und müssen zusammen verlieren können, und wennse das können, dann kannste auch Siege machen mit einer Mannschaft. Aber wenn Spieler drin sind, die meinen, sie wärn die Größten und alle andern wärn nix – zum Beispiel der Dings war das beste Beispiel, der Dings vor zwei Jahren, der Lippens; die sind doch nur abgestiegen in Essen, weil der Dings dort, der Lippens der Große war.

A Das is psychologisch bedingt; eine Mannschaft läßt einen Mann nicht gut aussehn, der das dreifache Geld verdient; aber wiederum, gucken Sie mal den Ostblock an, der Ostblock – da gibts keine Stars, aber die spielen na ja – sagen Sie mal eine starke Mannschaft vom Ostblock.

B Ich würde sagen: die Russen, am Mittwoch, die Russen ham optisch schöner gespielt als die Deutschen.

A Ja optisch, optisch, aber sie ham doch gar keinen Abschluß. Gut, die ham mal den Pfosten getroffen, na ja, ein Tor in fünf Spielen, eins gegen England, Elfmeter, ein Tor in fünf Spielen.

B Na ja, die machen – wenn die spielen, dann denken die nich: so jetzt mach ich ein Spielchen, mein Geld hab ich sowieso in der Tasche, die denken nich so, die spielen, um was zu erreichen, so is das.

A Aber das is genau Ihre Theorie von der Mannschaft, wo keiner – wo jeder praktisch gleichgeschaltet is, die Theorie is verkehrt. Im Ostblock könnte doch nie einer kommen, wie der Netzer, weil sie da die Freiheiten nich besitzen.

B Das is aber wieder politisch bedingt.

A Unbedingt, das System, das is klar.

C Der Ostblock hat aber auch solche Spieler gehabt.

A Wen?

C Siehe Puskas.

A Ja aber –

C Hidegkuti, Puskas, das warn doch Persönlichkeiten.

A Ja das is richtig, das is widerlegt, das geb ich zu, Puskas, Hidegkuti – aber im Schnitt, im Schnitt doch nich.

B Aber noch mal zum Schön; der Schön, also meiner Meinung nach spielt der Schön so: der will nix riskieren, der will keinen Dämpfer kriegen, und mit dem, was er macht, kriegt er einen Dämpfer nach dem andern. Die ganze Zeit isses schiefgegangen, und was sagt er da? nachdem er immer dieselbe Mannschaft nimmt? Der kann doch nich sagen, der Schön, wie er gesagt hat am Ende von der Saison: ja die Spieler sind ausgelaugt. Was solln wir denn da sagen? Wir arbeiten das ganze Jahr, am Anfang genauso wie am Ende.

A Hier, sie kommen: hier – hoffentlich macht der uns nich den Kliemann kaputt, gefährlich, der Heese, hoffentlich hackt der den Kliemann hier nich zusammen.

B Ach wo.

A Na dem Heese is alles zuzutrauen, erinnern Sie sich mal, was er hier mit dem Höttges gemacht hat, der Höttges war nach ner halben Stunde da war der Mann –

B Der macht das nich mutwillig, der is halt so ehrgeizig, der will jeden Ball ham, der is sonst nich so, der is persönlich also privat is das n ganz normaler Mensch. Wenn am Beckenbauer ein Ball zwei Meter vorbeiläuft, dann winkt er ab und bleibt stehn. Der hier, der Heese, der dreht sich um und dann gehts weiter.

A Warum verkauft die Eintracht son Mann.

B Das is ne Schraube ohne Ende.

A Na ja, nun.

B Na es wird auch viel geschrieben.

A Das auch. Das is doch der Trick.

6

Busfahrt mit Gesang

A, 21 Jahre
B, 23 Jahre

... das ist nämlich das, was ich vorhin gesagt hab zum Beispiel, also ich möchte jetzt gleich behaupten, daß der Heese, das ist meine persönliche Meinung, daß der Heese Hamburg gerettet hat, hundertprozentig, da kann einer sagen was er will, und wissen Sie was? was ich schon immer gesagt hab, auf welchem Standpunkt ich gestanden hab von Anfang an: der Heese, mags jetzt sein wies will, das ist der Nachfolger vom Seeler da oben. Auf dem Standpunkt steh ich.

halt mich fest
halt mich fest
halt mich fest Marie
bei der Eintracht spielt ein Mann
das ist der Grabowskiii

wer spielt wie der Blitz?
macht mit dem Gegner seinen Witz?
und wer spielt die ganze Hintermannschaft aus?
und wem geht auf keinen Fall die Puste einmal aus?
wer kann das nur sein?
unsre Eintracht aus Frankfurt am Main!

AUWE AUWE AUWAU
WIR MACHEN HEUT NE SCHAU
WIR SCHLAGEN HEUTE SCHALKE
UND AUCH DEN HSV

A also dann simmer rausgekommen aus Schalke, da hammse die Autos von uns die Autos angehalten un draufgetrommelt und drangetreten, un nachher simmer gelaufen, den ganzen Weg bis zum Bahnhof, auf einmal sinse gekommen und hammer die Fahne abgenommen, dann hammse die Tücher verbrannt für hundertundzwanzig Mark, da simmer weitergelaufen, un ich hab gesagt: da kannste ja sowieso nix machen, das sin vielzuviele, dann simmer zum Bahnhof gelaufen, da sin so zwei Typen gekommen *hier habter die*

Stange, da hab ich gesagt: *die brauch ich jetzt auch nich mehr, hier habter se* und hab ihm eine ins Kreuz gehaun mit der Stange.

B un weißte noch, was er gesagt hat? wieviel Mann warmern? vier Mann?

A der Lothar, du, der Schickser un ich

B also vier Mann, *entweder auf die Fresse*, hatter gesagt *oder die Fahne*, da geb ich doch lieber die Fahne. Mit zwei Mann sinse gekommen und die ganze Meute hat hinten gestanden,

A da hammse die Tücher abgerissen und hammse verbrannt, für einhundertzwanzig Mark,

B das warn ganz schöner Lappen gewesen,

A das war die größte, die hier war im Stadion,

B na also die größte wars nich,

A doch doch,

B ach was, da is son Kleiner gewesen, der hat die größte gehabt.

A niemals.

B doch.

A wieso denn,

B na zu *der* Zeit vielleicht, aber die gibts doch nich mehr,

A zur Zeit, das weiß ich genau, zur Zeit wars die größte.

B das warn ganz schöner Lappen gewesen,

A das warn mindestens zwanzig Quadratmeter,

B zwanzig – du spinnst wohl,

A dem Siggi seine hat schon zehn gehabt, und die war kleiner, wir wolln uns doch hier nich rumstreiten deswegen, jedenfalls wars Scheiße.

---

weine nicht wenn ein Törchen fällt

Nigbur einen Elfmeter hält

daun daun
daun daun
daun daun
daun daun

Wuppertal und Schalke bricht
aber unsre Eintracht nicht
alles alles geht vorbei
doch wir sind ihr treu

Die Eintracht die wird Meister
Bayern wird nur zweiter
für Schalke wirds schon knapp
und Offenbach steigt ab!

B weißte noch die Rückfahrt, wie wir am Bahnhof angekommen sin, da simmer aus Gladbach gekommen . . .

A wo ich durch die Scheibe geflogen bin in warte mal – Köln, das war Köln . . .

B ich weiß nich mehr, wo das war, ich weiß nur noch in der Straßenbahn, mit dem Mann mit dem Bullen da: *gib mal zwei Mark her, sonst haumer dir auf die Fresse* . . .

A ja mit dem Typ da, dem Polizisten, da hammer kein Geld mehr gehabt: *gib mal zwei Mark her, sonst haumer dir über die Ohrn* das war Polizei, der hat uns zwei Mark gegeben, das war noch besser, wie auf der Davidswache, wir ham gesagt: *los, weg von dem Fenster, jetzt setzen wir uns erst mal richtig hin, marsch marsch,* wir sin zweimal in Köln gewesen mit der Bahn, da is uns der Bus vor der Nase weggefahrn, zweimal hintereinander . . .

B zwei Uhr simmer, wann simmer gekommen? drei Uhr gell? . . .

A wo ich mir die ganze Seite aufgeschnitten habe, wo ich ins Fenster gefallen bin damals, das war in Hamburg . . .

B ich bin dann noch heimgelaufen vom Bahnhof, das war nich in Hamburg . . .

A wo der Lothar mit war, der Nudel-Lothar . . .

B der Lothar un ich, das war nich in Hamburg . . .

A du bist, nein, du bist nich mit zurück, du hast damals den Zug nich gekrigt, un ich hab mir die ganze Seite von hier bis hier, das war in Hamburg . . .

B was weiß ich, wo das war, ich weiß nich . . .

A wo ich in Hamburg im Bahnhof ins Fenster geflogen bin. Das war in Hamburg. –

---

was nützt uns die Panzerfaust
wenn dem Grabi die Muffe saust
wir haben die Schnauze voll und wir wollen nach Haus
denn das Schauspiel ist aus
und wir wollen nach Haus
wir haben die Schnauze voll und wir wollen nach Haus

hell die Gläser klingen
die Eintracht wird gewinnen
Nickel hau ihn rein
es lebe der Verein
OFC ade-e-e-

wir saufen nur aus Tonnen
die Eintracht hat gewonnen
auf gehts, Hölzenbein
es lebe der Verein
OFC ade

A womer in Hamburg, womer – wie hoch hammer verlorn?

B fünfeins . . .

A fünfeins verlorn, da warmer am Bahnhof gewesen, da is son Schwuler gekommen, son Freund is gekommen, der hat da rumgemacht un will mein Ding rausholen, un ich bin außen rum ins Fenster un bin direkt reingeflogen ins Fenster, dann bin ich, in Hamburg, bin ich die Treppe ziemlich steil runter, wo die mich aufgehoben ham, wo ich die Treppe runtergeflogen bin, damals in Hamburg, da bin ich die ganze Treppe runtergerutscht, mindestens hundert Stufen, da warst du nich mit . . .

B mit war ich schon, aber ich hab mit dem Schickser draußen gestanden un auf den Lothar gewartet . . .

A un womer die Frikadelle geklaut ham . . .

B das weiß ich noch, der Lothar un ich, der Nudel-Lothar, wir ham keine Rückfahrkarten gehabt . . .

A ich weiß doch . . .

B da simmer mit zehn Mark, hammer noch gehabt, zusammen, zehn Mark, gell, simmer rein ins Malteser gegangen, dann simmer um zwölf noch zurückgefahren, unter den Tischen, abends um zwölf unter den Scheißtischen . . .

A ich weiß doch, ich bin doch dabeigewesen . . .

B bis Hanau, unter den Tischen, wir ham vielleicht ausgesehn . . .

A weiß ich, ich bin doch mitgefahrn, un dann hab ich gesagt: mir isses so schlecht, weil ich laufend gekotzt hab . . .

B was weiß ich . . .

A genau wie in Stuttgart, nein, das war Bielefeld, wo wir zweieins verlorn ham in der letzten Minute . . .

B wieso denn zweieins, einsnull! durchn Roggensack . . .

A einsnull, ja, Verzeihung, einsnull . . .

B in der 86. Minute, da war ich dabei . . .

A da simmer gefahrn, im Zug, un ham trotzdem gefeiert, Konfetti gemacht, so im Zug hoch, Konfetti, also Papierschnipsel, na dann hammse gesagt, wir solln aufräumen, also gut, also hammer aufn ganzen Bahnhof die Scheiße rausgeschmissen, das ganze Konfetti, da sinse gekommen un wollten uns rausschmeißen, un damals

72

war einer dabei, der war so besoffen, der Lothar, der hat sich die
Suppe, die Nudeln, mit Handschuhen rausgeholt, un vorher war ich
noch ausgerutscht un in die Scheibe gefallen, da war schon was
los, weißte das noch?

B was weiß ich.

---

eins und zwei und drei und vier
so viel Tore schießen wir
lustig lustig trallallallalla
heut ist die Eintracht mit dem Hammer wieder da

und so schlagen wir nach altem Brauch
FC Schalke mit dem Hammer auf den Bauch
lustig lustig trallallallalla
heut ist die Eintracht mit dem Hammer wieder da

7

Peter L. (21) stellt einige Fragen
an sieben Freunde

Peter L.   Also, was hälste von der Eintracht?

1. Freund Sehr viel, sonst wär ich net hier.

Peter L.   Weiter weiter!

1. Freund Weiter nix.

Peter L.   Was hälst Du von der Eintracht?

2. Freund Klasse is die, basta; Klasse, weil se Klasse is.

Peter L.   Un warum fährste mit der Eintracht?

2. Freund Weil ich Frankfurter bin, klar.

Peter L.   Nur weil de Frankfurter bist? Un wenn Du jetz woanders hinziehen würdst?

2. Freund Na wenn ich nach Hamburch ziehe tät, tät ich net mehr zur Eintracht gehe.

Peter L.   Warum nich?

2. Freund Na horche mal, von Hamburch nach Frankfurt.

Peter L.   Aber Du würdst trotzdem noch zur Eintracht halte, oder?

2. Freund Ja. Immer.

Peter L.   Was hälst Du von der Eintracht?

3. Freund He?

Peter L.   Ich frag Dich, was de von der Eintracht hälst?

3. Freund Ich würd jetz lieber e Bier trinke.

Peter L.   Sag doch mal!

3. Freund Ja Mann, guck Dir doch mal die Situation an.

Peter L.   Was hälsten Du von der Eintracht?

4. Freund Eintracht is eine gute Mannschaft, sie kann weit mehr, als ihr derzeitiger Tabellenplatz es aussagt. Mit ein zwei Verstärkungen im nächsten Jahr können wir unter die ersten drei kommen. *(Beifall)*

Peter L.   Was machsten, wenn die Eintracht absteigt?

4. Freund Eintracht steigt nie ab.

Peter L.   Un wennse absteigt?

4. Freund Da fahr ich genauso nach Villingen, wie jetz nach Schalke.

Peter L.   Auch wennse in der Hessenliga kicken tät?

4. Freund Jawoll, alles, ich bin immer dabei.

Peter L.   Was hälst Du von der Eintracht?

5. Freund Gut.

Peter L.   Un weiter?

5. Freund Weiter? was denn weiter?

Peter L.   Was würdst Du machen, wenn die Eintracht absteigen würd?

5. Freund   Mitfahrn – mitfahrn.

Peter L.   Auch wennse in der Hessenliga kicken würd?

5. Freund   Mitfahrn.

Peter L.   Was hälst Du von der Eintracht?

6. Freund   Könnte besser sein.

Peter L.   Besser? was denn besser?!

6. Freund   Na weilse hinten nich dicht is.

Peter L.   Was würdste machen, wenn die Eintracht absteigen würd?

6. Freund   Garnix, was soll ichn machen?

Peter L.   Na hingehn, mitfahrn. – Was würdst Du machen?

7. Freund   Wer?

Peter L.   Na Du! wenn die Eintracht absteigt?

7. Freund   Das kann ich mir zwar nich richtich vorstelln, aber solange ich noch zwei Füße hab, weiß ich was ich am Wochenende mach. –

8

Gladbach wir kommen

> Zwei Tore ham wir geschossen
> Zwei ham wir reingekricht
> Ein Punkt ham wir gerettet
> Verloren ham wir nicht
>
> *Chor der Bochumer abends nach*
> *dem Spiel in der Gaststätte Freigericht.*

Begrüßung durch den Präsidenten des OFC Fan Clubs Hanau und Bundesvorsitzenden der Arbeitsgemeinschaft der deutschen Fußball-Fan-Clubs, Herrn Konrad Prager:
Ein herzliches Dankeschön, daß Ihr heute zu uns gekommen seid in die Gaststätte Freigericht, und wir hoffen, daß diese Freundschaft, die wir damals in Bochum geknüpft haben, auch weiterhin ewig bestehen bleibt. Deshalb uns allen und vor allen Dingen unseren Vereinen ein dreifach kräftiges

> HIPP HIPP HURRA
> HIPP HIPP HURRA
> HIPP HIPP HURRA

ein herzliches Dankeschön auch für den ersten Stiefel, es wird nicht der letzte sein, deswegen ein Prost . . .

Chor der *Bochumer*	Keiner wird es wagen Den VfL zu schlagen Jedes Jahr das gleiche Walitza stellt die Weiche Kling Glöckchen klingelingeling Kling Glöckchen kling
Chor der *Offenbacher*	Kling Glöckchen klingelingeling Kling Glöckchen kling Offenbach wird Meister Bochum wird nur zweiter Mit Schalke wirds schon knapp Und Frankfurt steigt nun ab
Alle *zusammen*	VfL und OFC VfL und OFC VfL und OFC zwo drei vier

VfL und OFC
VfL und OFC
VfL und OFC

Fan-Club Mitglied (22) aus Bochum
... sicher, da muß ich meinem Kollegen zustimmen, wir steigen nich ab,
wir holn noch zwei Punkte in Köln und zwei gegen Hertha, dann ham wir
achtundzwanzich, das müßte ...

neunundzwanzich ...

... das müßte eigentlich reichen – achtundzwanzich, wir ham jetzt vier-
undzwanzich und vier gibt achtundzwanzich, das müßte eigentlich reichen, und da sind die Niederlagen gegen Bayern und Gladbach schon
einkalkuliert, achtundzwanzich, das reicht, drei Punkte würden ja auch
genügen, mit siebenundzwanzich Punkten steigen wir niemals ab, auf
keinen Fall. Auf jeden Fall grüße ich die ganzen Fans, die heute leider
nich mitkommen konnten, und hoffe, daß sie sich über den einen Punkt
freuen, wenn wir morgen früh zurückkommen, und daß sie uns zahl-
reich am Bahnhof in Empfang nehmen; wir amüsieren uns hier oben
ganz gut, uns gefällts hier, wir sind herzlich aufgenommen worden, und
mehr kann man eigentlich nach einem Spiel nich verlangen; bloß bin
ich etwas enttäuscht von den Bochumern, daß sie uns im Stich gelassen ham und mitm Zug gefahren sind, und vor allen Dingen, daß sie nich
mit hier reingekommen sind, obwohl sie wissen, daß wir mit den Offen-
bachern so gute Freundschaft geschlossen haben, deswegen bin ich
etwas enttäuscht, muß ich ehrlich sagen. Unsere Tute, wir ham ne Tute
mit sechzehn Hörnern ...

fünfundzwanzich ...

sechzehn und die neun andern, klar, wenns klappt fünfundzwanzich,
die konnten wir deshalb nich mitnehmen, weil wir die anne Autobatterie
angeschlossen ham, und einer bei uns ausm Fan-Club hatte sich be-
reiterklärt, die zur Tankstelle zu bringen, und da hat er sie scheinbar vergessen; auf jeden Fall standen wir gestern abend ohne Tute da, deswegen konnten wir das Horn nicht mitnehmen. Vor allen Dingen – wir ham
die ganze Nacht durchgezuppt, von gestern auf heute nacht, wir sind in
den Zug eingestiegen um sechs Uhr vier und dann hier hoch gefahren
und wir sind immer noch so lustich wie vorher; vor allen Dingen die Auf-
nahme hier war unwahrscheinlich, das hätt ich nie gedacht, wir sind am
Bahnhof mitm Bus abgeholt worden, die Jungs ham gesungen, das

kann man sich garnich vorstelln. Wenn ich dran denke, was da gegen Düsseldorf los war, da bin ich hier angenehm überrascht, obwohl ich damit gerechnet habe, ja also, und warum das so ist, das versteh ich an und für sich auch nich. Wir warn zum Beispiel letztes Jahr in Hannover, da sind zwei Mädchen von uns zusammengeschlagen worden mit dikken Eisenrohrknüppels von den Hannoveranern, wir hatten einsnull geführt, dann fiel das Zweinull, da ham wir natürlich ziemlich gesungen und gefeiert, ja und – ob die sich darüber geärgert ham oder was, das kann ich nich sagen, auf jeden Fall sinse hinter uns rumgekommen und ham die Wiese gestürmt, über den Zaun rüber und ham sofort einfach drauflosgeschlagen, ohne daß wir überhaupt was gemacht ham, gell. Ein Mädchen von uns, das heißt Anne, die hat drei oder vier Wochen im Krankenhaus gelegen da in Hannover da oben, und ebenso isses, wenn die nach uns runterkommen, sie könns nich lassen, und daß wir uns das gefallen lassen, das seh ich nich ein, ich meine, wenn wir zusammengeknüppelt werden, da müssen wir uns ja schließlich wehren, ja? dasselbe gilt auch für Duisburg und Düsseldorf. Als die Düsseldorfer vor vierzehn Tagen bei uns warn, die sind mit Messern gekommen, Pistolen und Schlachketten, alles wat se bei sich hatten, die gehn nich aufn Sportplatz, um sich ein Spiel anzukucken, sondern um ne Schlägerei anzuzetteln. Letzte Saison in Duisburg, da simmer schon am Bahnhof erwartet worden mit Schlachketten und Schlachringen, praktisch nur auf Schlägerei warnse aus; in Duisburg is das so schlimm gewesen, das is jetzt schon glaube ich drei Jahre her, da warn wir mit Fahnen da und Trikots, da simmer direkt am Eingang erwartet worden damals am Flingerbroich, das war unwahrscheinlich in Duisburg, und auch in Hannover; die andern Vereine sind eigentlich friedlich; früher war Schalke noch, aber heute nich mehr, jetzt kommen wir astrein mit denen aus, wir könn da mit Fahnen hinfahrn und alles, die machen uns wirklich nichts, dasselbe gilt auch für Gladbach, und letztesmal, als wir in Hamburg gespielt ham, hinterher im Vereinslokal, also sagenhaft. – Aber in Düsseldorf, da is alles so ziemlich gemischt, und was hat man davon, wenn man sich schlägt, da geht man nachher in Gefängnis oder sonstwas, da kann wer weiß was passieren, wochenlang liegen welche im Krankenhaus, der andre der kann für immer dumm bleiben, ich erinnre bloß mal an das Spiel in Bochum, da hamse bei uns aufm Platz gegen Frankfurt ein totgeschlagen, is das der Sinn der Sache? versteh ich nich, und das bleibt ja nich aus bei sowat; aber daß wir uns das gefallen lassen, dat seh ich nich ein, ja, das wär alles.

Was ham Sie für einen Namen?

Ich heiße Schmidt.

Nein, ich meine: wie heißt der Fan-Club.

VfL-Fan-Club, ja, die Spieler von uns könn sich wirklich nicht beklagen, wir sind eben halt der Fanclub von Bochum, wir reisen überall mit hin. Manchmal, bei uns aufm Stadion vor allem, da kann man von unserm Anhang enttäuscht sein; die stehn nich hinter der Mannschaft, die stehn nur da. – Aber wenn dann mal richtige Stimmung aufkommt, dann sorgen wir dafür, daß wirklich das ganze Stadion tobt; nur wir alleine, wenn wir mal zugange sind, dat dauert ungefähr zehn Minuten, dann hammer wirklich das ganze Stadion dabei, und dann wirklich nur ein Schlachtruf – aber wie ich schon sagte: immer isses nich so, manchmal sind alle am Pfeifen und das is falsch, auch wennse mal zweinull hinten liegen, da muß ich immer noch zu meiner Mannschaft halten, ich meine das ist doch der ganze Sinn der Sache überhaupt, daß die Leute ihren Verein nich im Stich lassen. Aber ich will noch was anderes sagen: in Bochum ist das manchmal so schlimm, daß wenn wir im Trikot mit Fahne aufm Platz stehn und schrein, zwischen älteren Herren, daß die dann hinter unserem Rücken sagen: der is wohl bekloppt da, der schleppt hier ne Fahne mit rum und schreit – die Leute verstehen das nich, in Schalke ist das was andres, da muß ich Schalke loben, obwohl ich für Schalke wirklich nich bin; aber bei uns is das nich so, warum, weiß ich selbst nich, vielleicht die sieben sieglosen Spiele, und dann ausgerechnet gegen den HSV die ersten zwei Punkte wieder, da war natürlich die Stimmung riesengroß, wir ham einen Zauber gemacht bei uns im Vereinslokal, auf die Tische getanzt und alles, und heute – was is? fünfzich Bochumer in Offenbach, das is doch ein Witz, das sind zweieinhalb Stunden höchstens über die Autobahn und dann fünfzich Stück, na ja, is egal, was solls, wir wollen nur hoffen, daß unser VfL drinbleibt, was anderes können wir uns nich wünschen; ich bin eben Bochumer Fan, und das bleibt auch so, ob wir absteigen oder nich. Tja was soll man dazu noch sagen – ich weiß nur eins: wir kommen wirklich astrein aus mit der Mannschaft, auswärts vor allen Dingen sind wir am Spielerbus, da kriegen wir was zu trinken, da sagen sie: eß dich satt und so – und Sie sehn ja selbst hier die Autogramme, die hamse einfach so draufgeschrieben – das is von Scholz, das is der Eggert, das is der Köper, hinten aufm Trikot hab ich den Walitza drauf, so Is das. – Dagegen die Düsseldorfer, die kriegen ihre Fans nich unter einen Hut, das sind zu viele verschiedene Gruppen, die werden zu schnell aggressiv; wenn die schon mal ne Flasche Bier in der Hand ham, dann is der Ofen schon aus, das hammer bei uns in Bochum gesehn, wie die hochgegangen sind zum Bahnhof, wir sind hinterhergegangen, aber was die gelaufen sind, da kann ich wirklich nur drüber lachen, vorher son großes Maul: wir schlagen euch jetzt die Fresse ein un wat nich alles, mit Ketten un Aufspringmessern – und dann dann sinse gelaufen, da mußte die Polizei sie schützen am Bahnhof. Ich meine, wenn einer vorher son großes Maul hat, dann soll er auch dazu stehen, nichwahr und nich einfach verschwinden. Das war so schlimm da, daß einer inn falschen Zug eingestiegen is aus Angst daß einer von uns ihm nichwahr was vorn Kopp haun würde auf deutsch gesagt. Wir sind wirklich nich so, wir sind ja in letzter Zeit ziemlich stark durch den Dreck gezogen worden, ganz ehrlich: ich meine: wenn wir eben sportlich bleiben wollen, dann wolln wir auch sportlich bleiben, das is meine Meinung dazu. Wir sollten zusammenhalten und zusammensingen, daß jemand im Krankenhaus is, is doch Tinnef; sollten doch diese Leute lieber zu Hause bleiben, das is keine Art, man muß auch verlieren können, wir ham oft genug verloren – und manchmal unglückliche Spiele, wirklich unglückliche Spiele, die wir in letzter Minute verloren ham; aber wenn der Gegner stärker war, dann war er eben stärker gewesen, da kammer nichts dran machen. – Das is ja das Beispiel gewesen, das ich gegeben hab vorhin von Hannover, wo sie die beiden Mädchen von uns zusammengeknüppelt ham, und das is nun wirklich keine Art, also mit solchen dicken Eisenrohren da auf dat Mädchen da rauf und praktisch nur, weil der Walitza das Eins-null für Bochum gemacht hat, und kurz danach, ich selber war ja nich da, kurz danach soll das dann geschehen sein, das find ich ne große Schweinerei. – Aber es gibt auch schöne Beispiele: der Wosab unten in Kassel; seine Frau hatte kurz eine Woche zuvor das zweite Baby bekommen, da ham wir gesungen: Reinhold wir gratulieren, im Stadion; plötzlich kam er dann raus, also nach dem Spiel kam er raus und hat uns gesehn, da hat er uns Geld gegeben, damit wir was trinken konnten, zwanzich dreißich Personen: also nich ausfallend werden, meint er dabei; und wir ham dann noch Glück gehabt, daß wir ne Wirtschaft gefunden ham, der Wirt, der lief in der Lederhose rum, wir konnten da gut über die Runden kommen, also es gibt auch schöne Beispiele, das braucht ja nich alles mit Schlägerei auszuarten, ja; wir verstehn uns mit allen: München Stuttgart Hannover – also Hannover nich – Stuttgart Frankfurt Düsseldorf nich Hamburg Berlin, die Berliner Frösche, Frankfurt Offenbach dann auch hier Köln einigermaßen, da sind welche da, Duisburg teils teils, einige sind dabei, mit den verstehn wir uns gut, andere also schon wieder weniger – ja. Wenn ich davon ausgehe, dann können wir Düsseldorf Duisburg Hannover nur dadurch nich leiden, weil wir eben wenn wir dahinkommen immer Schläge kriegen, das war auch schon früher so hier im Westen, ich hab mir berichten lassen von denen, die damals dabeigewesen sind, von den Alten also, daß die da zum Beispiel im Duisburger Hafen – daß die mit ner großen Glocke durchgezogen sein sollen, ich weiß jetzt nich, ob das wahr ist, das will ich jetzt nich behaupten, aber ich kann ja nur sagen, was mir die andern berichtet haben. Ich glaube: damals die Schlägereien, die sind wenigstens ausgegangen: Faust gegen Faust – na Sie sehn ja, wies heute ist, mit Ketten und Totschlägern und teilweise auch mit Pistolen. – Also auf Wiedersehen – entweder in Bochum oder in Offenbach, is ja wohl gleich.

9

Zwanzig Anweisungen zum Verhalten

Satzungen des Fan-Clubs Die Adler

1 Diese Satzungen gelten für jedes Mitglied des Eintracht-Fan-Clubs Die Adler. Jedem Mitglied wird auferlegt, das Rowdytum in den Bundesligastadien zu vermeiden, z. B. Schlägereien anfangen, Fahnen verbrennen oder entwenden. Zuwiderhandlung wird mit einer Geldbuße bestraft. Die Entscheidung trifft das Präsidium. **10 DM**

2 Mitglieder des Clubs Die Adler sind Anhänger der Eintracht Frankfurt und dürfen keine Eintrachtfahne verbrennen. Zuwiderhandlung kann Ausschluß des Fan-Clubs bedeuten.

3 Kein Bild im Ausweis der Adler, Geldbuße in die Clubkasse: **0,50 DM**

4 Mitgliedsausweis nicht dabei, Geldbuße in die Clubkasse: **1,50 DM**

5 Bei Heim- und Auswärtsspielen immer etwas Erkenntliches von der Eintracht tragen, in Form einer Anstecknadel.

6 Fußball- und Turnierspiel der Adler. Der Trainer stellt die Mannschaft. Jeder Anordnung des Trainers oder dessen Beauftragten ist zu folgen, dies gilt vor allem für das Auswechseln der Spieler.

7 Trikots waschen, pro Spiel und Spieler: **1 DM**

8 Nichtmitglieder haben zusätzlich eine Leihgebühr zu zahlen. **1 DM**

9 Die Platzmiete für den Fußballplatz wird nicht von der Clubkasse bezahlt, sondern von den Teilnehmern des Spieles.

10 Die Clubkasse wird benutzt für den Kauf der Trikots, einer Fahrt mit allen Mitgliedern bei besonderen Anlässen, z. B. Rheinfahrt, oder einen bunten Abend, darüber wird dann abgestimmt.

11 Zwei Bundeswehrmitglieder fahren bei jeweils zehn Mann kostenlos zu den Auswärtsspielen in Autos der Clubmitglieder mit. Die Fahrtkosten tragen die zehn Mann.

12 Allmonatliche Diskussion mit Trainer und Spieler usw. der Eintracht Frankfurt, soweit es von Seiten des Vereins möglich ist.

13 Treffpunkt bis auf weiteres die Gaststätte: Zur Waldbahn, in Schwanheim, Straßenbahnendstation samstags nach jedem Heimspiel ab 20 Uhr.

14 Folgende Personen sind berechtigt, die Stammtischglocke zu

betätigen: 1. Präsident, 2. Vize-Präsident, 3. Clubsprecher. Verstoß wird bestraft mit: **3 DM**

15 Beim Ertönen der Glocke hat jedes Mitglied ruhig zu sein, da das Präsidium etwas mitzuteilen hat, Zuwiderhandeln wird mit Strafe geahndet. **0,50 DM**

16 Bei einer Debatte oder Besprechung wird jedes Mitglied gebeten, jeweils nur eine Frage zu stellen, und nicht durcheinander zu reden, da sonst keine Verständigung möglich ist.

17 Während den Spielpausen der Fan-Club-Spiele ist Alkohol nicht gestattet. Verstöße werden mit Spielverbot und Geldbuße bestraft: **1 DM**

18 Das Verlassen des Stammtisches vor 10 Uhr, soweit es nicht vor 20 Uhr bekanntgegeben wird, wird mit einer Clubkassenbuße bestraft: **5 DM**

19 Jedes Mitglied hat keine Ansprüche auf die gezahlten Beiträge, auch nicht bei Austritt und Ausschluß. Beitragszahlungen, die ein halbes Jahr zurückliegen, sind nachzuzahlen oder es wird Ausschluß aus dem Fan-Club beantragt.

20 Bei keinem Zusammentreffen der Mitglieder ist der Beitrag an den Präsidenten zu senden oder im voraus zu zahlen.

Fünfzig Jahre im Gelände

Was soll ich Ihnen da viel erzählen, da is ja schon allerhand erzählt worden, ich bin jetz in einem Alter, wos nich mehr so geht mit dem Sprechen, das Herz is auch nich von Stahl, die Pumpe, verstehnse, geh ich ums Eck rum, kommt die Zunge raus: fort biste, gell, un die Hektik, die gabs früher auch nich so sehr wie heute, das Motiv is immer das Money, der Mammong, wir saache hier Mammong, das Geld gell, un wie lange soll das noch laufe? weiß keiner, denn wenn die Haltestelle kommt, un die soll garnich so gut sein, hört man, dann isses halt Sense; aber ich leb noch, verstehnse, ich hab viel gemacht, ich kenn doch die Leut hier, ich bin doch nich fremd, ich bin fuffzich Jahr im Gelände. Kennse den Geerling? vom Oederwech vorne, kurz nachm Umsturz in der Taubenstraße bei seiner Mutter, die is schon lang tot, im ersten Stock war die erste Geschäftstelle, in der Wohnung beim Geerling. Un den Lindemann hawwe se an die Wand gedrückt, der Hermann, der is heut in Meidrich, ich bin gut befreundet mit ihm; die hawwe die Eintracht seinerzeit nachm Umsturz ins Leben gerufen; der Hermann, der hat gewohnt in der Brunnenstraße, ich hab am Südbahnhof gewohnt un hab mitm Fahrrad organisiert, Worscht un Fleisch, zentnerweise, für die Spieler, damals hats ja kei Autos gegewwe; aber das wolln die heut net mehr wisse, das sin ja Jünglinge, die hawwe kei Ahnung; aber die Alten wissens. Ich hab mich zurückgezogen, weil das für mich eine Pleite war; zu mir warnse nich so hold, ich habs ewwe getan als Fanatist, ich hab an der Fahne gehange, aber die warn nich so hold zu mir, Turek un Baas unsoweiter, die konnten alles gebrauchen bei mir auf der Mansard, ich hatte mein Wandergewerbe, so Kleider un Schmuck, den Talmischmuck, aber die hawwes geholt; ein Fußballspieler, wo früher was konnte, der hat alles genommen, der hat nich mal danke gesagt, jetz wissen Sie Bescheid, noch nich emal danke, das hab ich erlebt; das is jetz schon paar Jahre her, das geht ja schnell rum: kein danke un nix, von niemand; un den Adamkiewicz, den Edmund, der hat ihne die letzte Kippe vom Mund gegewwe, den hawwe se krumm gemacht: der wär ein Säufer un tät mit de Weiber rummachen, wie üblich, das war für mich so ein Kerl, genau wie der Scheppe Kraus; krumm gemacht is einer schnell, aber nie wieder gut, verstehnse; ich bin bedient im großen un ganzen, ich will meine Ruh, in zwei Jahrn bin ich achtzich, da muß mer ja bremse. Beim Maurer vorn in der Gutleutstraße is unne im Keller geschlachtet worden: Kühe; im Spessart hammer die Worscht geholt, im Spessart: alles für die Herrn für die Spieler, noch net emal Danke-

schön; ich hab allerdings auch mitgegesse, gell, das hat mir ja zuge-
standen; un damals war ich auch noch stabil, beim Maurer, beim
Schorsch; un der Willi Balles, kenne Sie den Name? der war seinerzeit
Spielausschußvorsitzender, der hat ein Komiker angebracht un getanzt
worden is mit Damen, wo mir Süddeutscher Meister warn, das warn Zeiten, ich hab was erlebt mit dem Haufen, das hat mich ein kleines Ver-
möchen gekostet; ich saachs Ihne ja: noch net emal danke. Ich hab mit
dem Fahrrad die Sachen ins Coupé gebracht, un der Zugführer war
Adolf Wohlleben, der is heut pengsioniert, der lebt noch, der hat in der
Moselstraße gewohnt seinerzeit, heut ja net mehr, weeche dem lauten
Verkehr, der Adolf; ich bin mitm Fahrrad als durch, mit hinne zwei Kof-
fern un vorn an der Lenkstange drei, das Herz, verstehnse, die Nerven,
ich wußt zwar, daß nix passieren konnte, weil die Großen hinner mir
stande: aber kein danke un nix, keine Karte von keim Baas un keim
Turek, von keim Mensch, vergesse war ich, die ham nur geholt; ein Fuß-
baller, wo was gekonnt hat zu meiner Zeit, der hat alles genomme außer
Schmierseife; Schmierseife is so glatt, gell, da wärnse auf die
Schnauze gefalln; also mit mir da dürfen die net zusammekomme, da
kriegense Feuer, das wissen die aach, die wissen Bescheid, ich hab
noch ganz annere Sache, verstehnse; zum Beispiel: mir hawwe kein
Platz gehabt nachm Umsturz, da hammer am Bornheimer Hang gespielt, passense auf: da kommt Schweinfurth; die Woche davor hat
Schweinfurth am Hang gewonnen geche den Sportverein, sechszu-
drei, un nun geche uns: Helmut Ehmich, dahinte wohnter, in der Motz-
straß, Moppel Nees, kennese Moppel Nees? Adam Schmitt, Adolf Wirsching, Heini Gärtner, das war *die* Truppe; ich habse dahaam aufm Bild.
Da kommt ein Herr, es warn eigentlich zwei, also: nachher trifft der Bus
ein, da stehn meine Freunde drin: Anderl Kupfer, der Bernard, un der
Albin, der Kitzinger; tu mirn Gefallen, fahr mitm Fahrrad hin, du kriegst
auch was un sei behilflich beim Kofferausladen. Das war nochn alter
Bus, da sinse eingestieche, un da saacht der Bernard: komm, mir gehn
durchn Ostpark. Un der Kupfer saacht: renn doch net so; saacht der
Kupfer. Doch, saacht der Bernard: damit mir bißche müd sin, damit
die Eintracht heute gewinnt. Mir hawwe zweinull gewonne am Hang.
Der Kitzinger, neun Meter vorm Strafraum, der hat englisch gekreiselt,
der Dosenthal krigtn auf die Stirn: drin warer; das war das erste – oder
wars das zweite seinerzeit? der Merz is verkehrt geflogen, der Bertie, *so*
ungefähr, da hammer zweinull gewonne, sonst wärn mir abgesteche;
un geche Sechzich is auch mal sowas gelaufen; un in Mannheim an der
Brauerei: Unentschieden; da hammer noch ein Pünktchen gebraucht,
das war goldwert, sonst wärnse den Bach nunner, drei oder zweimal
wärnse nunner; aber weil wir an der Fahne gehange ham, ham wir uns

eingesetzt, verstehnse, un hawwe das in die Reih gebracht, wir warn Jungs, gell, die am Verein gehange ham, Sie hams ja erlebt; aber vom Fanatische kann ich mir garnix kaufe. So wars; aber sonst war alles in Ordnung. Der Gramlich: in Ordnung; der Schöler war auch in Ordnung un die Frau Meyer, in der Klingerstraße, das wars Vereinslokal, nachher kam der Ackermann, den hawwese net gekannt, gell? der Ackermann: alles in Ordnung, vorn aufm alten Platz, un die Kantine hat geheißen: *Meyer*; die sin schon lang tot, die Leut: warn alle in Ordnung. Von dene jetz will ich garnet viel wissen, die sin mir so reingeschneit; ich sprech von den Alten, gell; wies war wo nix da war. Ich weiß auch noch früher: der Möbs kam von Friedberch, der August, Möbs August, na was denn, der is gestorm, Moment, wo is der ums Lebe gekomme? unten am Bahnhof, glaub ich, bei Vilbel, da hab ich auch mal gewohnt, da komm ich schon lange her; das warn harter Linker, der Möbs, mitm linken Fuß, so ungefähr wie der Richard Hofmann, im Strafraum, aber net in die Wolke, da hats gedeppert; wissen Sie wie der ungefähr war? ich nenn Ihnen jetz einen Namen, mit dem bin ich gut bekannt: Willi Dietzel von der Rotweiß, der hat denselben Schlag gehabt wie der Möbs, nur links, den konnte auch keiner abdrücken, da war was dahaam, gell, da hats geknallt; un der Kellerhof, ach, der Bernhard, is auch gestorm; der hat zuletzt e klaa Häusche gehabt in Rodheim, zu dem warnse auch net sehr hold, den hawwese garnet so rosich behandelt, den Bernhard, das hatter auch ewich nachgetraache, ach, meine Herrn; wer fällt mir ein? der Stubb. Der Stubb kam von Ostend, wo der Moppel Nees herkam, da kam auch dem Alfred Pfaff sein Vater her, Jule Pfaff, von dem kleine Ostend, da kam der Stubb her; vom Moppel hab ich noch Bilder im Schrank, der war zäh, ein Kämpfer; das warn ja auch böse Zeiten; un wie mer unterwegs warn, nachm Umsturz, da hab ichn Zettel gekrigt da stand druff: sounsoviel Pfund Worscht, das un jenes, da bin ich hamstern gegangen, einkaufen nennt man das, in Fürth, in Augsburch, womer gespielt ham, in Regensburch am Strudel, da hat der Hermann gesaacht: komm schaff was bei, die ham Hunger die Jungs; na da hab ich was beigeschafft: Tasche voll; das war ein Zusammenhalt, das war ganz anners wie heut, da geht net der eine dahin der annere dorthin: Training zu Ende, schon rennese in ihrn Salonwagen un fort sinnse; früher da hamse gegessen, beim Meyer oder beim Ackermann, verstehnse mich, im Vereinslokal, da war Zusammenkunft, der Fritz Mommart hat mitm Akkordeon gespielt, dann is getanzt worden, da warnse alle beisammen; aber Gemeinschaft gibts heut net mehr; das war früher ganz anners; wenn ich dran denke, zum Beispiel an Kalb, der Hans, den hab ich gesehn im Jahr Fünfundzwanzich hier gechen Sportverein, da hamse den Meister gemacht, der Club, der Träg hat das Tor geschossen, nein: der Wieder, ich glaube einsnull seinerzeit, der Träg hats ihm glaube ich hingelegt; un der Lange im Goal, der Stuhlfauth, der hat immer so e verweichte Kapp aufgehabt, das is ja schon Jahre her, gell, der hat erstens mal, passense auf: der war groß, der Heiner, gut einmeterneunzich, erstens mal diese Länge, dann hatter den Strafraum beherrscht ausm effeff, der war fast nich schlechter wie der Zamorra, un an dritter Stelle seinerzeit kann man nennen: Planicka von Slavia Prag, un dann kam der Italiener, war auch gut, wie hießer? O – Oli – eh Oni – ich glaube Ommi, ich komm jetz net druff: Combi! jawoll, Italien; die Spieler warn anners wie heute, zum Beispiel der Kalb; wer noch? der Ludwig Leinberger, Fürth; der Tibulski, der Edi, der hat gestande wie eine Drehscheibe, der is net viel gelaufe, der stand, gell; un wenn so ein Neuling kam, der hat kein Leder gesehn, der hat sich gedacht: nanu, hier knallts ja hinne un vorne; der Bub hat gemeint: is da ein Magnet oder was? ich komm garnich hoch? die hawwe den einfach gehalte, verstehnse, hat kein Mensch gemerkt, auch der Schiedsrichter nich; die hawwe den Schiedsrichter eingekreist, die hawwe den eingerahmt, der wußte garnet, wo er dahaam war am Schluß; das warn alles Künstler; genau wie der Willibald Kreß, das war ein Tribünentorwart: Galerie, schöner Kerl, von Beruf Schuster; hat an der Friesengasse gelernt, heut wohnter in Gießen, ein alter Mann, zwei Jahre jünger wie ich, im Fangen einmalich, un dann die Frauen wo auf der Tribüne saßen, gell: Kappe uff, graues Trikot, un immer gelacht, ein Goldzahn hatter glaub ich gehabt, links oder rechts, un wenn er gefange hat, isser hoch wien Hecht. Die ham damals gespielt auf dem Schlackeplatz; ach was Kämpfe, der Dietzel un der – wie hatter geheißen, von Stuttgart, der Rutz, der Stäuble von Pforzheim, un hinten Kornrum un Kraushaar, un der rote Winkler, der kam von Friesenheim, der is nach Amerika später; der Stroh in der Mitte, der hat ein Lokal gehabt in der Altstadt, un der Bubi Theis, der is gefallen im Krieg; das warn Künstler; genau wie die Schalker, da war einer namens Urban, is auch gefallen, das war der beste Linksaußen für mich, Kalwitzki Rechtsaußen, un dann kam der Szepan, der Fritz, das war einer ungefähr wie der Gramlich, der Fritz is gestorm vor Jahren, un hinne stand Bornemann, eisenhart: soo ein paar Dinger, die Leute sin weggerollt, zehn Meter weit, da war schon was dran an den Jungs, das hab ich im Lebe noch nie erlebt, einmalich; oder der Lindemann, mir hawwe immer gesaacht: der eiserne Hermann, mit seine scheppe Baa, gell, der Gärtner, der Wirsching, der Adam Schmitt, wie se alle geheißen ham; was wollt ich noch saache: das warn harte Zeite, un ich war der Matador mit der Futterage im Koffer, mit fuffzich Pfund Worscht direkt ins Coupé, ich hab was getan für den Haufen, verstehnse, das war um die Zeit nachm Umsturz, da gabs nix zu fressen; passense auf: ich wollt grad was anners saachen: der Gärtner, der hat Elfmeter geschosse, den Ball hingesetzt, kein Anlauf genomme un nix, höchstens ein zwei Meter, da hats soon Schlaach getan: drin warer, rechts oder links, mer braucht nur zu saache, womern hinwollte, in die Wolken gabs selten, verstehnse newahr; auch der Pfaff, der hat sich die Kugel, der Alfred, einmalich in Europa, der hat außen rumgeschossen, an der Mauer vorbei; der Zimmermann, der Torwart von Offebach, der is enei wien Ochse, hat immer sei Knie vorgezoche, der konnte machen was er wollte, da hattm der Kraus, der Scheppe, zugerufen: wo willsten hinhawwe? der Zimmermann saacht: du klaane Maus, du bringst mir nie ein nein; der hat noch net ausgesproche gehabt, da warer schon drin, verstehnse, die alte Tricks mit seim Gummibaa, der Scheppe, der war von Beruf Glaser, ich war früher in Eckenheim fuffzich mal in der Wohnung, da stamme die ab, von Eckenheim, un was wollt ich noch saache: dort auf dem Platz geche Stuttgart da drüwwe: Gummischmid, Schlienz, Barufka, die drei, wose Meister geworden sin mitm Läpple, der is ab wien Maschinengewehr auf der rechten Seite, links Blessing, der Retter Verteidcher, un Ledl, sein Schwager, war in der Mitte; ich sprech jetz von Stuttgart, der Gummischmid hier: dort drüwwe hatter vier Dinger gekrigt von uns, eins schöner wies annre: vier Stück; das bringe die heut garnet fertich, das warn große Zeite, un passense uff: mir spieln in Offebach; bei dene da war der Müller im Goal, bei uns wars der Loy, oder wars der Hönig? gut – also der Hönig, nee: Rücker im Tor, Hansi Rücker, wohnt heute in Essen, stammt aber von Bockenheim, vergess ich auch nie meines Lebens, der hat eine Faust gehabt wien klaane Amboß: *so* eine Faust; plötzlich geht der Schallmeier durch, un der Rücker geht raus un erwischtn hinnerm Ohr, un da lag er da wien Scheintoter, der Schallmeier; un in Offebach war nur ein Ausgang, mir hawwe immer gesaacht: das Schießhaus, verstehnse, da warn zwei dreitausend von dene Rodgaubauern uffm Gelände, das Karlche Stilcher hat soo gezittert, is Ihne der Name bekannt? der war von Hanau; die schlaache uns tot, hatter geschrien; die hawwe uns bald kaputtgetrete; die hawwe die Beinamputierte, was ich jetz saach is Wahrheit, von der Tribüne geschmisse, un seitdem is das für mich ziemlich erledicht da draußen, da geh ich schon lang net mehr hin; ich vergesse das nich, ich bin ein gemütlicher Mensch, das wissense ja, aber das werd ich nie vergessen: da warn drei vier fünftausend Leut aufm Platz, da hawwe mir Knüppel gekrigt bis vorne zum Schlachthof, lebensgefährlich newahr: Beinamputierte von der Tribüne runner nur wechm Fußball, die sin doch wahnsinnich, die tu ich meide, also ziemlich, gell, die sin erledicht für mich; un da owwe die sin auch net viel besser: vollgesoffe mittags halb drei un die Haarn in die Augen, Schnaps unsoweiter, die Raben.

Un heute inzwische? die Spieler von heute? ich hab geche keinen was, jeder Mensch is verschieden, ich saachs Ihne ehrlich: der Neuberger: gut, der Körbel: in Ordnung, der Holz is fort nach Amerika, der Nickel in Ordnung, der Borchers, der Lorant: alle in Ordnung, der Pahl is in Ordnung, der Nachtweih hats immer eilich, den müßtmer anbinde glaub ich, der Karger, der Mann tut mir leid, der Schädel-Harry, der Funk tut mir auch leid, is auch in Ordnung, auf fremden Plätzen isser in Ordnung, das hatter bewiesen, in Düsseldorf hawwesen bombardiert: die zwei Allofs gell un der Wenzel, der beidseitiche Wenzel, der giftiche; der war mal so patzich zu mir, ich habn gefragt ob er net mal zwei Fotos hätt: Ich hab keine Karten, schreit er; schrei nich so, saach ich, ich bin ein alter Herr, schrei mich nich an, mein lieber Junge, du könntst mein Sohn sein; nich so schrein, saach ich: weil du jetz hier bißche Fußball spielst? ich bin fuffzich Jahr im Gelände, ich hab viel erlebt, aber schrei mich nich an; da hatter sone Melone gekrigt; nur net schrein, ich schrei selber, wenns geht. Was sonst noch: der Grabowski war für mich Spitze newahr, un nun isser weg. Der Pezzey hat eine annere Art, der kommt von Östreich, von Beruf Zeichner, für mich geht er bald nach Italien, ich weiß nix Genaues, aber was mer so hört; wenn er mir folcht, bleibter im Lande, aber ich glaube, daß ihn die Ittaker holen; obwohl die sich ja net rieche könne, die Ittaker un die Östreicher, das war schon vor zweihundert Jahrn so, un im erste Weltkriech hamse kassiert, gell, der klaane Könich Emanuel, die Kuppe war größer wie der ganze Kerl, un sein Bub, gell, der Kronprinz, war zwei Meter lang; un wissense, wie mer zu dene gesaacht hat, zu dene Ittaker: Mausfalle hamse gesaacht, un zu den Östreichern hamse Zwockel gesaacht, der Ausruf besteht ja noch immer: Zwockel, im erste Weltkriech: Kamerad Schnürschuh, weils kein guter Infantrist war – aaber: der östreichische Mörser war besser wie unsrer, der war weltbekannt, der Mörser; ich sprech jetz vom ersten Weltkriech; un der Pezzey geht scheints nach Italien, aber sonst isser ganz in Ordnung, man kann mitm reden, gelassener Junge, der is an der schweizer Grenze dahaam, mein Vater is auch von der Ecke, da war der noch net uff der Welt, der Bruno, da war ich schon da unne im Gebirche; gewwe se acht: beim Pezzey gefällt mir eins: erstens mal isser groß, er geht vor wenns brennt, er hat Luft bis jetz, nach drei vier Jahren läßts nach, alle Jahre läßts nach, is ganz klar, gell, die Pumpe; er geht vor un drückt auch mal aans mitm Kopp enei: er isn Kerl momentan, der beste Libero im Reich, es gibt kein bessern, un der geht weg nächstes Jahr, wie ich im Bilde bin, ich weiß mehr als die all, hörnse mir zu: wir sind jetz im 18. Jahr der Bundesliga, wenns über Nacht kalt wird, un die komme mit diese Männeke, da verliernse die Löffel; wenn der Schnee kommt, wirds schwer; un keiner will absteiche, wer absteicht, den siehste die erste drei vier fünf Jahre net mehr: Schluß Feieramd fini lagé sagt der Franzose, es reicht, gell; un der Verein? vorher soo Schnauzen, un dann isses drüwwe, wenn die absteichen sollten, wie aufm Friedhof, da siehste kein Schwein mehr; aber ich: ich bleib bei der Fahne, un noch son paar einzelne; das is überall so, wenns nach unne geht: Sense, vergesse.

Wo ich bin, bleib ich.
Ich bin kein Umschwenker.

15 Deutsche Endspiel-Stanzen

**mit vorwiegend
männlichem Ausgang**

Deutsche Endspiele

Sechzig Jahre lang wurde der Deutsche Fußballmeister in einem Endspiel ermittelt. Der erste Titelträger hieß VfB Leipzig. Er schlug im Jahre 1903 den DFC Prag im Endspiel in Hamburg mit 7:2 – Das letzte Endspiel fand im Jahre 1963 statt. Borussia Dortmund wurde Deutscher Meister in Stuttgart durch einen Sieg über den 1. FC Köln. Seitdem ist Deutscher Meister, wer nach der Punktrunde der Bundesliga an erster Stelle der Tabelle steht.

1

Im warmen Jahre Neunzehnhundertdrei,
mit Bert und Schmidt und Doktor Raydt im Tor,
besiegte Leipzig Prag mit Siebenzwei.
In Prag behielt man trotzdem den Humor.
Im Jahre Vierzehn, etwa Ende Mai,
am Tag als Leipzig gegen Fürth verlor:

Kein Wind kein Regen keine Worte mehr.
Sechstausend Menschen, Hut an Hut, mein Herr.

| 1903 | VfB Leipzig – DFC Prag (7 : 2) |

| 1914 | Spielvereinigung Fürth – VfB Leipzig (3 : 2) |

2

Mein Herr, im Jahre Zwanzig, Fürth verging
im Juni so wie Butter im August.
Auf Nürnberg gab man keinen Pfifferling.
Doch Stuhlfauth hielt fast alles mit der Brust.
Nur Staub. Kein Regen der herunterhing.
Im Tor stand Lohrmann ganz geknickt im Dust.

Und Seiderer und Resi Franz und Hagen:
im Jahre Zwanzig, in den alten Tagen.

| 1920 | 1. FC Nürnberg – Spielvereinigung Fürth (2 : 0) |

3

Popp, Riegel, Kugler, Kalb, Träg, Hochgesang,
mein Herr, betrachten Sie jetzt dieses Bild:
Hans Sutor hält in seinem Überschwang,
Sie sehen es, die Hand ans Mützenschild,
mein Herr, nach der Verlängerung am Hang
in Bornheim, Fünfundzwanzig, Wetter mild.

Am Schluß war Ludwig Wieder der Erlöser.
Der Sportverein war groß. Der Club war größer.

| 1925 | 1. FC Nürnberg – FSV Frankfurt (1 : 0) |

4

Im Juli Achtundzwanzig, wie gesagt:
im Sturm Tull Harder, Kolzen, Ziegenspeck.
Der HSV hat Hertha totgejagt.
Selbst Hanne Sobek blieb die Puste weg.
Geschlachtet, aufgegessen, abgenagt:
Berlin versank mit Fünfzuzwei im Dreck.

Hans Ruch, so liest man, fiel am Ende nieder.
Die Hertha ging. Doch später kam sie wieder.

1928   Hamburger Sport-Verein – Hertha BSC Berlin (5 : 2)

5

Die Bayern Zweiunddreißig, liebe Zeit;
die Eintracht damals ziemlich gut besetzt.
Ich weiß, mein Herr, da wissen Sie Bescheid:
Stubb, Gramlich, Mantel – Kellerhoff verletzt,
Möbs war dabei. Nur eine Kleinigkeit
ging schief: zwei Stück direkt ins Netz gefetzt.

Das erste Tor schoß Rohr, Franz Krumm war Zweiter.
Gut war auch Nagelschmitz. Ach, gehn wir weiter.

1932   FC Bayern München – Eintracht Frankfurt (2 : 0)

6

Wir werden sehen, wie es weitergeht,
mein lieber Herr, im deutschen Fußballsport:
Kalwitzki; Stuttgart wird davongeweht.
Tibulski, Gellesch, Urban undsofort,
der Schalker Kreisel schwirrt wie aufgedreht,
auch Bornemann, da haben Sie mein Wort.

An diesem Tag war selbst Ernst Pörtgen fleißig.
Das war in Köln, im Jahre Fünfunddreißig.

1935   FC Schalke 04 – VfB Stuttgart (6 : 4)

7

Mit Wilhelm Hahnemann, Admira Wien,
und Platzer, weich wie Sahne im Kaffee:
da fehlt die Kraft, da fehlt die Disziplin.
Kuzorra, Szepan hatten ihren Dreh.
Man sah sie lächelnd ihre Kreise ziehn.
Fünfmal Kalwitzki. Servus und Ade.

Neunnull, mein Herr, hier können Sie es lesen.
Und Hunderttausend sind dabeigewesen.

1939	FC Schalke 04 – Admira Wien (9:0)

8

Nun kommt die Viertelstunde von RAPID,
mit Schors und Fitz und Pesser. Königsblau:
es starb auf diesem Rasen, es verschied.
Fritz Szepan war bekannt wie Kohlenklau.
Doch Bimbo Binder, der sich niederkniet,
er bindet seinen Schuh: und trifft genau.

Die Burschen gingen später noch ins Beisl.
Das war schon nach der Zeit von Hugo Meisl.

1941	Rapid Wien – FC Schalke 04 (4:3)

9

Dreinull, mein Herr, ich sage wie es ist,
im Juni Dreiundvierzig, Sonnenschein,
Schiedsrichter Raspel. SC Dresden frißt
Saarbrücken auf, den Fußballsportverein.
Ich glaube Kugler mit dem Außenrist
und Schubert mit dem harten rechten Bein.

Hier Helmut Schön, der Lange, ohne Kappe
und Richard Hofmann mit der Ohrenklappe.

1943	Dresdner Sport-Club – FV Saarbrücken (3:0)

10

Vom Zabo kam der Club mit Kennemann,
der immer lächelnd auf den Rasen trat.
Er hatte seine große Hose an,
im Jahre Achtundvierzig, im Salat,
am Achten Achten, als das Spiel begann.
Hans Kalb war tot; er spielte sehr gut Skat.

Vom Betzenberg herab mit leerem Magen,
da kam Fritz Walter. Mehr ist nicht zu sagen.

1948   1. FC Nürnberg – 1. FC Kaiserslautern (2 : 1)

11

Horst Eckel, die Gebrüder Walter und
ich glaube Hölz, jawohl: in diesem Stück,
auch Werner Liebrich steht im Hintergrund
auf diesem Foto. Stuttgart hat kein Glück:
Schlienz hält die Hand vor Schreck an seinen Mund,
Barufka schleicht, den Kopf gesenkt, zurück.

Fritz Walter war, mein Herr, ein zarter Riese.
Hier steht er, Dreiundfünfzig, auf der Wiese.

1953   1. FC Kaiserslautern – VfB Stuttgart (4 : 1)

12

Da sehen Sie in seiner Metzgerei
den Hermann Nuber, einen Samstagsgott.
Es war ein Tag, mein Herr, wie heißer Brei,
mit Kraus und Gast. Die Eintracht in Schwarz-Rot:
Kreß, Pfaff, und Feigenspan war auch dabei.
Zwei Tore gab es später zum Kompott.

Der Berg tat seinen Mund auf und er brüllte,
bis man in Offenbach das Haupt verhüllte.

1959   Eintracht Frankfurt – Kickers Offenbach (5 : 3)

13

Rund siebzigtausend haben zugeschaut,
als Hamburg Köln im Jahre Sechzig schlug.
In Köln hat man das lange nicht verdaut.
Bei Hamburg lief es wie am Gummizug.
Am Schluß war Seeler naß bis auf die Haut.
Im Tor stand Schnoor und in der Abwehr Krug.

Es gab natürlich stille Augenblicke.
Doch keiner konnte fliegen wie der Dicke.

1960   Hamburger Sport-Verein – 1. FC Köln (3:2)

14

Die Männer von der Roten Erde: Schmidt
und Wosab und Borussenstopper Paul,
Timo Konietzka, Kurrat, Bracht – im Schnitt:
kein grober Schnitzer und kein böses Foul.
Die Geißbockelf, die in die Tiefe glitt,
sie war am schwarzen Ende nur ein Knaul.

Die Müngersdorfer wurden sanft verfüttert.
Ganz Köln war damals bis ins Herz erschüttert.

1963   Borussia Dortmund – 1. FC Köln (3:1)

15

Es war der Ball, der weich vorüberrollte,
mein lieber Herr, im großen und im ganzen.
Das war schon alles, was ich sagen wollte.
Der Ball, man sah ihn auf dem Rasen tanzen,
und mancher machte mit ihm, was er wollte,
in diesen Stanzen und in andren Stanzen.

Er steigt und schwebt und gleitet wie gewohnt:
dort fliegt er, oben, schöner als der Mond.

Ende

3 Radio-Collagen

So habe ich mir das immer vorgestellt.
Helmut Kronsbein, Trainer

Fragen Sie mich nicht, mir hat es die Sprache verschlagen.
Helmut Johannsen, Trainer

Ja was soll man alles sagen, viel gibts nicht zu sagen.
Max Merkel, Trainer

So, das hätten wir.
Rudi Gutendorf, Trainer

1

Weiter mit Musik

Der springende Punkt ist der Ball.
Detmar Cramer, Trainer

Mittelstürmer Georg Davidson vom FC Southampton trat den Ball bis Australien. Im Spiel gegen Bolton Wanderers hob er den Ball weit über das Tor. Der Ball schwebte über die Stehränge hinweg, flog hinaus und landete auf einem vorbeifahrenden Lastwagen, dessen Ladung gerade auf ein Schiff gebracht wurde. Von der englischen Hafenstadt Southampton schaukelte der Ball leicht nach Australien, Afrika entlang, um das Kap der guten Hoffnung herum, zwanzigtausend Kilometer weit. In Melbourne wurde die Ladung gelöscht. Man staunte nicht schlecht, als man zwischen den Kisten den englischen Fußball fand.
nach: SOCCER WORLD

Ball Ball Ball Ball Ball Ball Ball Ball Ball Ball
Ball Ball   Ball Ball Ball Ball Ball Ball Ball
Ball   Ball Ball   Ball Ball Ball
      Ball   Ball Ball
               Ball

Ja meine Damen und Herren, das ist das Geräusch, das Sie alle lieben, es geht gleich los, es beginnt, wir werden wohl beginnen, wieder einmal herzlich willkommen zu unserer aktuellen Nachmittagssendung. Ich darf Sie sehr herzlich begrüßen. Es geht sofort los bei uns, und ich begrüße Sie. Es ist soweit. In diesem Augenblick ist es soweit. Und zwar jetzt, in jedem Augenblick: jetzt geht es los. Fertig. Und es geht ab. – Die Mannschaften haben das Spielfeld betreten, in blauen Jerseys und weißen Hosen. Sie tragen ein mittelblaues Trikot, eine weiße Hose und rote Stutzen, hellblau dunkelblau die Hose, in weißen Hemden und schwarzen Hosen, mit roten Hemden, weißen Hosen und roten Stutzen, ich hatte es angedeutet, im grünen Trikot, in den weißen Hosen, in den grünen Stutzen, mit den roten Stutzen und den roten Hemden und den weißen Hosen, und während die Musikkapelle hier das Stadion verläßt, kommen die Schweizer, die uns so oft die Hand gereicht haben, in ihren roten Hemden und den weißen Hosen – und roten Stutzen.

Nun warten wir ab, was heute daraus wird. Der Ball liegt bereit. Der Ball ist rund. Er stellt hier wahrlich das bisher gesehene gründlich auf den Kopf, aber was solls: der Ball ist rund, ganz gleich wie auch immer jedenfalls ja. Das mags gewesen sein, wir hören uns dann wieder. –

Was is?

Das Spiel hat noch nicht begonnen; das ist natürlich eine äußerst ungünstige Ausgangsposition. Ich kann Ihnen nicht sagen, warum es noch nicht beginnt – aber jetzt wird es gleich losgehen, wollen wir sehen, ob wir den Anpfiff noch mitbekommen hier. Aber es ist noch nicht soweit. Nun, wir werden uns ja dann gleich wieder melden, ich gebe erst einmal zurück ins Funkhaus. –

Nun warten wir ab, was heute daraus wird. Man zeigt hoffnungsfrohe Ansätze. Die Bälle werden jetzt, zumindest der Ball wird jetzt zurechtgelegt. Jetzt kommt Werder nach vorn mit Bracht, Bracht; mit Schmitz, Schmitz, ein kleiner schwarzhaariger Mann; mit dem gerade erwähnten Dubski, Sie wissen, eines Tages wird er zwar aufhören, aber man wird ihn dann vermissen; und als niemand ihn erwartete, stürzte aus der Tiefe, wirklich aus der Tiefe Deyna nach vorn: ja was der heute läuft, der rennt hinten vorn quer, wo er eben grade gebraucht wird, da isser, schnellfüßig auf dem nassen Boden, quer und etwas nach rückwärts, oder ein wenig weiter, davor oder dahinter, überlegt und gekonnt, eiskalt an ihm vorbei, unhaltbar halbhoch. Das wirkt rhythmisch, das wirkt wuchtig, das peitscht die Spieler nach vorn. Sie versuchen, durch die Mitte zu laufen, und wenn man durch die Mitte läuft, dann läuft man doch wie in einen Trichter hinein. Und dann schlendern sie ganz gemächlich durch den eigenen Raum, und das dauert, das dauert; sie sind manchmal so erstaunt, so als ob sie türkische Schnabelschuhe anhätten.

Sehr schön gemacht! aber schade, das ging schief, und wenn ich sage: schade, dann meine ich: das geht vorsichtig tastend, sehr schön. Und ich sehe soeben oder vielmehr ich höre, daß . . .

Was is?

. . . gemach gemach, liebe Freunde; ich sehe soeben, daß – oder vielmehr höre: Koitka tanzt wieder da hinten hin und her, mehr Rasse als

Klasse. Das sieht alles ganz nett aus, das kann sich auch wieder legen. Und Koitka, in die tiefstehende Sonne schauend, mit einer Mütze im Gesicht, weil er ja gegen die tiefstehende Sonne schauen muß, deshalb hat er sich also eine Mütze aufgezogen; Koitka, der wahrlich nicht mehr allzuviel zu tun hat, schaut sich jetzt die Situation in gebückter Haltung an; weit herunterhängend seine Strümpfe. Da greift er sich an den Kopf mit dem rechten Fuß, der Mann, der noch die sauberste Hose anhat, auf den Kopf, von da auf den Fuß und wieder auf den Kopf, nachdem die Herthaner ihm zentimeterhart auf den Füßen stehen. Doch damit genug, kehren wir in die Gegenwart zurück, wo inzwischen die Sonne hinter einem Dunstschleier verschwunden ist, so, als wenn das gar nichts gewesen wäre. Das habe ich in dieser konsequenten Form auch noch nicht gesehen. Man fragt sich tatsächlich, wie lange das eigentlich gut geht; auf jeden Fall heute noch. Ganz gleich was auch immer jedenfalls ja. –

Der Ball wandert heraus. Der Ball streicht. Der Ball rollt. Der Ball klatscht. Der Ball rutscht. Der Ball wird noch einmal abgetropft. Der Ball krachte gegen die Latte. Und der Ball läuft an ihm vorbei. Wie an der Schnur gezogen fliegend läuft der Ball. Und der Ball streicht vorüber. Und dann biegt sich förmlich Kargus hinein in den Ball, als ihm der Ball aus dem Ärmel herausrollte. Der Ball war ganz tückisch geworden. Und dann ist der Ball zu lang geworden. Der Ball ist zu kurz geworden. Der Ball, wie gesagt. Jetzt tanzt der Ball ein wenig. Der Ball tanzte nur, und über dieses Tanzen des Balles hörten sie nichts mehr im Freudentaumel. Und dann knallte der Ball. – Jetzt machen wir ein paar Takte Musik und dann geht es weiter.

Und ich sage Ihnen, es hat immer noch nicht begonnen, und das würde also bedeuten, daß man hier ziemlich spät anfängt. Nun ja, es wird gleich losgehen, die Spieler stehen inzwischen unten; noch stehen die Spieler teilweise, noch liegen oder noch sitzen sie; ja jetzt wissen wir also, weshalb es noch nicht begonnen hat. –

Im Flutlichtstrahl nimmt er den Ball herunter, von der Brust aufs Knie, und dann läßt er ihn herabtropfen auf den Fuß,

und was macht er mit dem Ball?

er schlägt den Ball, und er drückt den Ball, löffelt den Ball, zieht den Ball, faustet den Ball, jagt den Ball, nimmt den Ball aus der Luft, drischt jetzt den Ball, jetzt – was macht er?

er verliert den Ball, spitzelt den Ball, löffelt den Ball, treibt den Ball mit dem Fuß durch den tiefen Schnee, den heute orangefarbenen und mit schwarzen Tupfern versehenen Ball, na und da köpft er den Ball,

was macht er mit dem Ball?

schlägt den Ball, hebt den Ball, da, wo die Schatten der Tribüne schon auf dem Spielfeld liegen, rutscht der Ball dann ins Aus –

Was is?

Soo ist Fußball. Es ist etwas seltsam im Fußball, aber es ist so. So gehts im Fußball, der Ball ist rund, aber das ist eben ich möchte sagen das Schöne am Fußball. Ja so ist das im Fußball, bitte bei allen Einschränkungen, die es im Fußball gibt, aber so ist es im Fußball, und das ist meistens im Fußball ja so, aber so ist das nun einmal im Fußball, und das ist das, was den Fußball so interessant und immer so jung erhält, das ist nun mal so, aber das ist verständlich, und so isses nun einmal im Fußball, ja es ist im Fußball nun einmal so, aber wie es im Fußball ist, so ist es, so auch im Fußball. Für alle die, die es nicht verstanden haben: das ist nun mal so im Fußball, wie immer im Fußball, und was folgern Sie alle daraus? Erwähnen wir es der Vollständigkeit halber noch einmal: ja so ist das mit dem eh – mhh – und deshalb kann ich Ihnen noch einiges vom Fußball sagen.

Wie gehts weiter im Fußball? Was is?

___

Ich kann Ihnen sagen – das Spiel hat noch nicht begonnen. Ich weiß nicht, warum man noch nicht begonnen hat, so spät hat es eigentlich noch nie begonnen. Wenn ich Ihnen das sage, dann bitte, verstehen Sie mich nicht falsch, ich möchte keinesfalls irgendwie – aber im Moment sieht es nicht so aus als ob –

___

Hoch kommt der Ball nach innen – und? und der Ball prallte von der Querlatte zurück, nicht deshalb, weil der Ball von der Querlatte zurücksprang, na ja, irgendwo wird der Ball ja hingehen. Der Ball kommt fast zurückgedrückt vom Wind. Wie vom Lineal gezogen stieg der Ball. Und so geht der Ball schwebend über die Latte. Und wie eine Rakete so steigt der Ball hoch in den Himmel, in die Wolken. Nur weg mit dem Ball. –

Was is?

Große Ratlosigkeit. Eine Kerze senkt sich in den Sechzehnmeterraum, als Senker, dann ein ganz gefühlvoller Heber, der immer länger wird, und dann kam der Aufsetzer, zu schlapp und zu spät, das war ein Aufsetzer, ein Abpraller, ein Heber, ein böser Schnitzer. Das ist natürlich ein wenig wenig, aber noch ist ja nichts zu Ende.

Wir wandern jetzt rheinaufwärts, und ich höre irgendwo Unruhe, Jochen Hageleit, war das bei Ihnen? –
Nein, ich glaube das war in Bochum –
Ich höre jetzt Geräusche aus Duisburg, Jochen Hageleit, was passiert? –
Nein –
Und ich höre Jubel in Essen, Jochen Hageleit, schnell in die Hafenstraße –
Ich weiß nicht, ob ich gerufen wurde –
Da ist was passiert, Armin –
Ich rufe Dortmund –
Bitteschön –
Ist in Dortmund etwas passiert? ich höre Jubel, Heribert Faßbänder?
Bitteschön. Ja. Ja bitteschön –
Hallo Duisburg –
Ja bitte –
Hallo Dortmund –
Ja Jochen Hageleit in Duisburg. Ja bitte –
Hallo Braunschweig –
Bitte Schalke –
Hallo Braunschweig –
Bitte Jochen Hageleit –
Hallo Jochen Hageleit –
Schnell jetzt zu Armin Hauffe –
Ja schönen Dank, also: weiter so. Ich rufe Heinz Eil, bitte melden –
Gelegenheit für mich, zu Ihnen, Gerd Million zu geben. Gerd Million! –
Ja bitteschön –
Hallo Gerd Million –
Ja, ich bin hier –
Hallo Gerd Million –
Ja bitteschön, ja, ja bitte –

So, und damit sind wir bei unserer Konferenzreportage, bitte Oskar Klose –

Ja, genau im richtigen Augenblick – und ich gebe zurück zu Kurt Brumme nach Köln –

Meine Damen und Herren, es gibt Reporter, die lernen das nie, aber was sollen wir dagegen tun. –

Das wärs vom Bökelberg. Das wars, was wir inzwischen jetzt noch zu sagen haben. Da helfen keine Proteste. Genauso ist es, und das Maß ist voll. Und toremäßig hat sich nichts ereignet. Ja, wir haben geglaubt, es würde heute Tore geben am laufenden Band . . . **und Tor** . . . ja, das erste Tor ist gefallen, und wo wohl wo? **Tor. Und Tor. Und – Tor. Und Toor. Und Tor. Und Toor. Und Tor. Nein. Und Tor. Und Tooor. Und Tor. Na sag ichs doch, na sag ichs doch. Und Toor. Und Tor. Und Tor. Toor. Und Tor – nein, vorbei.** Oh das entschädigt für vieles. So, ich glaube das reicht mit den Toren. Ja das sind dramatische Schlußminuten hier, ja jetzt ist Jubel, jetzt ist Stimmung da, ja jetzt ist es doch ein Spiel. Die Freude ist groß, der Sieg verdient. Trainer Cramer schlägt ein um das andere Mal die Hände vors Gesicht. Und ich schaue in die Ehrentribüne und sehe, wie sich der Präsident die Haare rauft. Das Schicksal hat so entschieden, oder? ich muß lächeln.

Na wenns doch immer solche Spiele gäbe, dann gäbe es kein Schimpfen, dann müßte man sich nicht ärgern, dann gäbe es nicht den Ärger mit den anderen draußen, sondern weil dann der Fußball alles bestimmen würde und man dann wirklich, wenn man das berichtet, was man sieht, und das tut man nämlich als Reporter immer, Gutes berichten könnte. Und das ist heute der Fall gewesen. – Aber wenns mal nicht läuft, dann läuft es eben nicht. Und so sieht Fußball nämlich in Wirklichkeit aus. Und allen Akteuren ein Bravo und Gratulation zu einem Fußballhöhepunkt.

Im Grunde genommen spieln wir ja immer Fußball, aber mit dem falschen Fuß!

(ferner Gesang)
Zwei Tore ham wir geschossen
Zwei ham wir reingekricht
Ein Punkt ham wir gerettet
Verloren ham wir nicht.

Ich weiß nicht, warum man noch nicht begonnen hat hier. So spät hat es eigentlich noch nie begonnen. – Starker Nebel senkte sich hernieder, als das Spiel beginnen sollte. Das kann man sagen, und ich glaube nicht, daß es möglich ist, unter diesen Umständen hier ein Fußballspiel durchzuführen, denn es haben nicht nur die Zuschauer nichts davon, auch die Spieler auf dem Feld können ihre Mitspieler kaum erkennen, und das ist ja nun absolut sinnlos, dann ein Fußballspiel durchzuführen. – Aber wir haben gesehen, wie die Spieler sich zu bewegen begannen, und somit geht es also los. Nun, schade drum, muß man sagen, schade meine Damen und Herren, schade um Ihren Fußballabend, schade um unseren Fußballabend, aber es bleibt uns nichts anderes übrig, als uns zu verabschieden. – Lassen wir es, lassen wir das Spiel, weiter. –

2

Merkwürdige Entscheidungen

Die Beherrschung der über das Feld dahinjagenden Rudel durch die kleine Pfeife des Schiedsrichters, der mit einem kurzen Signal den Menschenwirbel zum widerspruchslosen Stillstand bringt: das hat etwas von dem lautlos arbeitenden Organismus eines großen Industriewerkes an sich. Die Strafen, die in Belohnung, das heißt in Freistößen für die geschädigte Partei bestehen, sind kleine Muster gesetzgeberischer Gerechtigkeit.
aus: Der FUSSBALL, 1914

Pfeifen begeistert und macht mich glücklich.
Hans-Joachim Weyland, Schiedsrichter

Diesem Schiedsrichter dürfte man keine Pfeife mehr in den Mund stecken.
Kuno Klötzer, Trainer

Dieser Mann soll die Pfeife wegwerfen und sich schämen.
Rudi Faßnacht, Trainer

Ich weiß nicht, was Basedow für eine Pfeife hatte.
Gyula Lorant, Trainer

Sie haben das Spiel ja wundervoll in der Hand.
Franz Josef Strauß zu Schiedsrichter Joos beim Spiel Augsburg gegen Karlsruhe am 5. 10. 1974

Drei Männer am Riederwald
1 . . . aber übrigens haben Sie die Übertragung von Bayern München gesehn?
2 das hab ich gesehn, wer hatn das gesehn?
1 ich meine, das war doch eine ganz bodenlose Gemeinheit . . .
3 das war . . . das war . . .
1 eine bodenlose Gemeinheit . . .
3 der hatn überhaupt nich berührt, also das . . .
1 erstens mal in der einundneunzigsten Minute, nich . . .
3 in der zweiundneunzigsten . . .

1 oder zweiundneunzigsten Minute, nich wahr, sowas machtmer doch nich, ne, da sinse um ihren Lohn betrogen worden . . .

2 na wer weiß, was der Schiedsrichter gekricht hat; das riecht doch . . .

3 Hamburg is betrogen worden, das war kein Elfmeter, der is *so* gefallen, nich wahr: *so* . . .

1 auf der einen Seite hört man, daß bei jedem Spiel, bei jedem Bundesligaspiel einer vom eh vom Vorstand abgestellt is, der das Spiel verfolgt. Ja was nützt denn das? in einem Ernstfall kann er doch nicht eingreifen, sondern es is einzig und allein ausschlaggebend, was der Schiedsrichter sagt . . .

3 gegen' Schiedsrichter kannste nix machen, du, da kann jeder sagen, was er will . . .

2 das war interessant da, wo se die zweie rausgestellt ham, haste das gesehn?

3 ja ja . . .

2 gleich zwei Mann nausgeschmissen, un trotzdem gewinnen die noch viernull . . .

Vier Stadion-Sprecher
. . . Schiedsrichter dieser Partie ist Herr Ohmsen aus . . . das Spiel wird geleitet von Schiedsrichter Gabor . . . das Spiel steht unter der Leitung von Herrn Schiedsrichter Aldinger aus Waiblingen . . . Schiedsrichter des Spiels ist Herr Rau aus Hallgarten. Wir wünschen dem Spiel einen fairen Verlauf . . .

Etwa 25 000 Zuschauer
Schieber Schieber Schieber Schieber Schieber Schieber Schieber
Schieber Schieber Schieber Schieber
Schieber Schieber Schiebe
Schieber   Schieber

Vierunddreißig Radio-Reporter
Dies ist sicherlich, verehrte Hörer, ein ganz bedeutsamer Moment. Der Schiedsrichter hebt die Hand. Er hebt den Arm. Der Schiedsrichter greift in seine Tasche. Ich glaube, liebe Fußballfreunde, ich habe eben den Mund nicht zu voll genommen. Und jetzt hebt der Schiedsrichter den Zeige- und den kleinen Finger. Nein, er tut es nicht. Und Schieds-

richter Meuser greift in die Tasche. Und Schiedsrichter Quindeau zeigt auf den Punkt. Und Schulenburg dreht sich zur Mitte und zeigt auf den Punkt in der Mitte. Aber der Schiedsrichter Zuchandke aus Berlin deutet auf die Eckfahne. Das ist keine Gerechtigkeit. Das ist eine klare Fehlentscheidung. Da wurde Hoeneß also festgehalten an der Hose, und Schiedsrichter Gabor hat das nicht gesehen. Und das war auch richtig so.

Einige Zuschauer
Laß die Fahne da unten Mensch Kerl
Na was soll denn der Unsinn verdammt
Setz dich hin Mensch du Rotznase du
Lieber Gott lieber Gott lieber Gott
Hör doch auf lieber Herrgott nochmal

Vierunddreißig Radio-Reporter
Und wieder eine Fehlentscheidung drüben auf der anderen Seite von Schiedsrichter Huster, und dafür können die Duisburger nichts, daß der Schiedsrichter so schwach ist, das ist einzig und allein seine Angelegenheit, und ich sagte Ihnen ja schon: schade, daß man so schwache Unparteiische hier auf dem Rasen sieht. Jetzt ist dem Schiedsrichter das Heft endgültig aus der Hand geglitten, er pfeift einmal so, einmal so, er weiß sich nicht mehr zu helfen, hat das Heft nicht in der Hand mehr, schade um dieses Spiel. Schiedsrichter Meuser greift in die Tasche. Schiedsrichter Meuser dürfte hier noch bekannt sein, denn er war es auch, der das sagenumwobene Spiel damals gegen Werder Bremen geleitet hat, als das Tor sich einfach weigerte, weiter mitzuspielen und zusammenbrach, das will Schiedsrichter Meuser jedenfalls gesehen haben, und das war auch richtig so. Aber Schiedsrichter Kindervater konnte das, glaube ich, nicht sehen. Schiedsrichter Kindervater wollte pfeifen, das gefiel auch dem Schiedsrichter Herrn Schröck sehr gut, aber von unserem Blickwinkel aus war es nicht ganz zu sehen. Der Schiedsrichter war sich seiner Sache auch nicht ganz sicher und verlegte den Tatort außerhalb. Und auch das hätte der Schiedsrichter ganz klar pfeifen müssen, aber ich weiß nicht, ob ihm da die Pfeife jetzt im Moment eingerostet ist . . .

Südkurve Block H männlich, 48
. . . muß er pfeife, das muß er pfeife, jawoll – was fürn Pfeifenkopp isn das da Mensch Kerle da – Saukopp! – Was pfeift denn der? Was pfeift denn der?! Mensch Kerle gibts denn sowas aach. Pfui! Elfmeter! Gibts denn das, Mensch! Gibts denn das aach, Mensch! Der schmeißt den um,

Mensch der Schiedsrichter! – Was is denn los?! Was is denn los!! Abstoß? Eckball? Eckball?!! Mensch das gibts doch net. Idiot! Elfmeter! Du Arsch du blöder . . .

Schiedsrichter Meuser aus Ingelheim
. . . per Telefon geht das Tag und Nacht, und es kommen da die schlimmsten Ausdrücke auf einen zu. Du bist ein alter Scheißkerl. Du kannst doch nicht pfeifen. Wir kommen demnächst auf dich zu und werden dir den Hals abschneiden. Oder meine Frau hört die Ausdrücke wie: Du Drecksau, du bist mit diesem Kerl verheiratet, du bist genauso schlecht wie der . . .

Südkurve Block H männlich, 48
. . . is denn sowas möglich, Mensch, der pfeift Eckball, aahh! das is – der sagt Abstoß? der macht hier Abstoß! gibts denn das aach, der macht hier Abstoß? Du verseuchter Hund du dreckiger, is denn das die Möglichkeit! das is doch net die Möglichkeit, was pfeift der fürn Scheiß zusammen – Kerle Kerle Kerle. Pfeift der Vorteil ab Mensch!! pfeift der Vorteil ab? war doch Vorteil gewesen Mensch du Pfeifenkopp du dreckiger – pfeift der Vorteil ab, das is – ja also – das is ja Scheiße was der pfeift. – Was hatter gepfiffe?! – jaahh das darf doch - also das darf doch net wahr sein . . .

Vierunddreißig Radioreporter
Da hätte Schiedsrichter Biwersi pfeifen können, er hat es nicht getan, Biwersi, der Schiedsrichter, der wenig Arbeit gehabt hat, aber sehr viel gepfiffen hat. – Aber da wird er durch den Pfiff des Unparteiischen Doktor Siepe gebremst. Das ist keine Gerechtigkeit. – Und jetzt aber wieder abgepfiffen von Schiedsrichter Schulenburg, und das scheint der schwächste Mann hier auf dem Platz, Schiedsrichter Schulenburg, nicht zu sehen, es ist schade, ein so schwacher Schiedsrichter, nun, aber auch das hat Schiedsrichter Schulenburg nicht gesehen. In diesem Moment, ja, was entscheidet Schiedsrichter Schulenburg nun? er gibt Eckball. So sieht es von hier aus, aber? aber Schiedsrichter Schulenburg gibt Eckball in dieser Situation.

Vier Männer vom Bieberer Berg
1 Wir wolln nur mal draufgreifen mitm Kostedde, du, wie er den Kostedde nausgestellt hat, nich? der Mann hat doch laufend hinten gefehlt, also laufende Spiele gefehlt. Der hatn, der hatn, der hat doch den zu Unrecht nausgestellt. Wenn ern schon hätte nausstellen müssen . . .

2 er hatn zu Recht rausgestellt, mein lieber Mann . . .

1 er hätte auch den andern nausstellen müssen . . .

2 er hat ihn zu Recht rausgestellt! . . .

3 dadermit is aber net der Kostedde bestraft worden, damit is Kickers Offenbach bestraft worden . . .

2 also, wir ham Leute – wir ham Leute wie den Uwe Seeler, der wurde vonnem Italiener angespuckt, und da hat der Uwe Seeler sich umgedreht un is weggegangen – ohne was zu machen . . .

1 ja der . . . er hatn doch festgehalten, er wollte sich doch befreien . . .

2 der Uwe Seeler wurde erst mal gefoult, und dann hat er . . .

4 der Kostedde is aber laufend gefoult worden . . .

2 is doch unintressant . . .

1 er hatn festgehalten un hat sich freimachen wollen . . .

2 natürlich ham wir in Deutschland Spieler wie Beckenbauer un Overath, die mitm Heiligenschein rumlaufen . . .

3 was hatn der Müller – was hatn der Müller vor Jahren gemacht, der hat den Schiedsrichter ja am Hals gehabt – un der hatn nich nausgestellt . . .

2 ja wir ham ja auch keine Schiedsrichter in Deutschland, das sin alles Luftpumpen, das kann man mit einem Wort sagen . . .

3 die Schiedsrichter? wissense was die Schiedsrichter sin? das sin in meinen Augen Lackärsch, das sin Lackärsch . . .

2 nach meiner Meinung, so schlimm das auch klingt, es müßte maln Schiedsrichter in Deutschland krankenhausreif geschlagen werden, damit der DFB mal aufwacht . . .

Vierunddreißig Radio-Reporter

Aber man muß immer wieder erwähnen, und es ist eigentlich schade, daß man das sagen muß, daß es unmöglich ist, einen solchen Schiedsrichter zu einem Bundesligaspiel zu bringen. Schiedsrichter Huster zeigt auf die Mitte, da lief ein Junge auf dem Spielfeld herum, aber das hat der Schiedsrichter auch nicht gesehen. – Und sofort gepfiffen von Schiedsrichter Basedow. Und Herr Basedow aus Hamburg ist sehr energisch und pfeift noch einmal. Nein – wieder zurückgepfiffen, wieder zurückgepfiffen, und wieder zurückgepfiffen. Und Schiedsrichter Dietmar greift in seine Tasche, also, über diesen Schiedsrichter müssen wir sicherlich heute abend noch etwas sagen, das kann man schon gar nicht mehr alles schildern. – Ja, ich wollte Ihnen etwas zu diesem Schiedsrichter sagen, die Unentschlossenheit steht ihm schon ins Gesicht geschrieben, einer der schwächsten Schiedsrichter, den ich je gesehen habe, der auch keine Kondition hat und der nicht einmal laufen kann, aber das weiß der Schiedsrichter sicherlich noch nicht.

Schiedsrichter Meuser aus Ingelheim

. . . das macht mir alles nichts aus, aber das macht eben den guten Schiedsrichter aus, der sich diese Sachen alle gefallen läßt und trotzdem soviel Rückgrat besitzt und am nächsten Samstag genau wieder sein Spiel pfeift, ohne sich um diese Dinge zu kümmern . . .

Etwa 25 000 Zuschauer

Schieber Schieber Schieber Schieber Schieber Schieber Schieber

Schieber Schieber Schieber Schieber

Schieber Schieber Schiebe

Schieber   Schieber

Schiedsrichter Meuser aus Ingelheim

. . . auf Schieber-Rufe reagiere ich überhaupt nicht. In der Vergangenheit wurde an meine Person noch kein Bestechungsversuch herangetragen, und ich würde auch ein solches Ansinnen strikt ablehnen und diese Sache sofort dem DFB melden . . .

Südkurve Block H, männlich, 48

. . . pfeift er nich – hatter gepfiffe? doch, er hat ja gepfiffe, is ja e Wunner. Was is denn das fürn Pfeifenkopp, tatsächlich – Eckball! Eckball!! Du Hund du du Sauhund du dreckiger . . .

Vierunddreißig Radio-Reporter

Jetzt zeigt der Schiedsrichter, daß er darauf wartet, daß der Mann mit der Nummer 12 kommt, dreht sich – und es ist gepfiffen; gepfiffen, ja. Nun weiß das alles nur noch Schiedsrichter Mc Kenzie, warum er das tut, das alles, nun, wir müssen abwarten, ob er bei seiner angedeuteten Entscheidung, dem gehobenen Arm, und das bedeutet eigentlich in der Schiedsrichtersprache: indirekter Freistoß – oder will er nur damit kundtun: noch nicht den Freistoß ausführen? nein, es ist ein indirekter, jetzt steht es fest. Und Beckenbauer schießt ihn doch direkt! dann weiß ich nicht, was der hochgehobene Arm von Schiedsrichter Mc Kenzie aus Schottland bedeutet haben soll, oder hat er nicht gesehen, daß der Schiedsrichter überhaupt den Arm nach oben nahm. Und die Uhr läuft und läuft und läuft weiter. So sagt es jedenfalls Schiedsrichter Meuser aus Ingelheim. Ja da kann ich nur sagen: Ha Ha Haa.

Schiedsrichter Meuser aus Ingelheim

. . . per Telefon geht das Tag und Nacht, und es kommen da die schlimmsten Ausdrücke auf einen zu. Und schriftlich kommen einem auch Briefe ins Haus, die also auch sehr extrem gehalten sind in ihren Ausdrücken. Mich läßt alles eh kalt; ich kassiere Beleidigungen Drohungen Anschuldigungen und das macht mir alles nichts aus. – Ich bin in der glücklichen Lage, daß ich sowohl vor einem leichten wie auch einem schweren Spiel mich noch einmal umlegen kann und kann hier zwo bis drei Stunden tief schlafen. Für mich gibt es vor dem Spiel überhaupt keine Angst . . .

Vierunddreißig Radio-Reporter

Und jetzt gefällt mir aber Schiedsrichter Taylor durchaus nicht mehr, ein offensichtlich gestrecktes Bein ahndet er nicht. Ja aber das war doch Elfmeter! Mister Taylor! Das ist Elfmeter. Und jetzt muß es Elfmeter geben – und es gibt wieder keinen. Also das ist nun wirklich der blindeste Schiedsrichter, den ich seit langer Zeit erlebt habe. – Und jetzt muß es Elfmeter geben, jetzt bin ich mal gespannt – nein, er gibt ihn auch nicht. Es war auch kein Elfmeter. Aber: was Elfmeter ist, muß Elfmeter bleiben . . . Um Gotteswilln aufpaßn! a bissel spät Mister Reynolds, ich hoff nicht, daß Sie auf der eigenen Leitung gestanden sind. So. Was sollmer da sagen? also: es fehln mir die Worte, um diese gigantische Fußballschlacht im richtigen – eh – es is einfach, sagmers schlicht und einfach: und ich muß Ihnen sagen – aber bitte laßmer das. – Foul!! Der Schiedsrichter gibt nicht emal Foul, sondern Eckball. Jetzt hatter die Nerven verlorn. Was is jetz? der Schiedsrichter blickt bereits auf die Uhr. Noch ist es nicht soweit. Die Polizei hält die Ruhe aufrecht, das Publikum benimmt sich äußerst diszipliniert, möchte ich sagen und feststellen, es macht nur seinem Unmut auf den Tribünen über diese katastrophale Leistung des Schiedsrichters eh Luft, unter diesem Pfeifkonzert findet also ein solches Prachtspiel sein etwas unrühmliches Ende. –

Schiedsrichter Frickel hat jetzt die Pfeife zum Mund genommen. Jeden Augenblick wird der Schlußpfiff kommen. Aber da kommt der Schlußpfiff dazwischen. Und im gleichen Augenblick kommt der Schlußpfiff. Schlußpfiff in diesem Augenblick. Und jetzt Schlußpfiff. Schlußpfiff. Schlußpfiff. Und der Pfiff, den Sie hörten, ist der Schlußpfiff. Da pfeift Schiedsrichter Meuser aus Ingelheim die Partie ab. Genauso ist es und das Maß ist voll. Lieber einmal mehr pfeifen, als einmal zu wenig. Aber die Pfeife schweigt. –

3

Cordoba Juni 13 Uhr 45

In Berlin sprang ein verzweifelter Mann aus dem Fenster im zweiten Stock: *Ich bin so einsam; und dann spielen wir auch noch so grauenvoll* sagte er, bevor er mit schweren Wirbelsäulenverletzungen abtransportiert wurde.

Eine Nonne vom Orden der Barmherzigen Schwestern sprang einem Busfahrer an die Kehle und würgte ihn, als er im Restaurant Gut Neuhof bei Frankfurt den Sieg der Österreicher bejubelte.

In Scheffau (Tirol) schnitt sich ein Urlauber aus Rheinland-Pfalz die Pulsadern auf: *Mein Leben hat keinen Sinn mehr* sagte er, als er gerettet wurde.

Ihr kriegt noch eins auf den Kopf sagte ein türkischer Gastarbeiter (46), als sein Hausherr von einer Butterfahrt verspätet nach Braunschweig zurückkam. Außer sich vor Wut erstach der 56jährige Büroangestellte seinen Mieter, einen Vater von zwei Kindern.   *Bild*

Studio D 1	Guten Abend, meine Damen und Herrn.
Finger	Meine sehr verehrten Damen und Herrn, liebe Sportfreunde in der Heimat.
Studio D 2	Guten Tag, meine Hörerinnen und Hörer in Deutschland.
Hörer Ö	Heute spün die Österreicher auf –
Studio D 1	Wir berichten von der elften Fußballweltmeisterschaft.
Studio Wien	Aus Cordoba berichtet vom Spiel Österreich gegen Deutschland Edi Finger.
Hörer Ö	Heute spün die Österreicher auf –
Studio D 2	Lassen Sie uns aber zunächst hören, wie es aussieht in Cordoba. Bitte Armin Hauffe.
Studio Wien	Zu Edi Finger nach Cordoba.
Finger	Liebe Österreicherinnen, liebe Österreicher.
Hauffe	Warten wir mal ab. Sehen wir auch später, ob sich das Stadion noch füllt. Ich rufe zunächst wieder das Studio.

Österreichi-scher Hörer	z'erst schießt der Krankl und dann der Schneckerl – Wir wolln auf diesem Wege unsere Nationalmannschaft in Argentinien in Anlehnung an eine Opernmelodie mit Vorschußlorbeeren überhäufen und zugleich auch grüßen, und zwar soll das so eh folgenden Wortlaut und auch folgende Melodienfolge haben, natürlich, Meistersänger sind wir keine, aber das Singen soll ja dasjenige sein, was wir hier zum Ausdruck bringen wollen: heute spün die Österreicher auf heute kriegn die Deitschn . . .
Studio D 2	Lassen Sie uns zunächst hören, wie es aussieht in Cordoba.
Hörer Ö	. . . eine drauf, z'erst schießt der Krankl und dann der Schneckerl wir ham die Deitschn . . .
Hauffe	Warten wir mal ab, ich rufe zunächst wieder das Studio.
Hörer Ö	. . . ganz gsund am Eckerl des is a Wucht des is a Gspü des is a Gschicht; denn dieser Sieg der hot a Gwicht. –
Studio D 1	Aber zur Sache. Wir schalten um zu Fritz Hausmann.
Studio D 2	Ja das wird ein Tag werden heute hier in Argentinien. Noch nie wurde so gerechnet, so spekuliert; und nach neunzig Spielminuten werden wir wissen, was zwischen Wahn und Wirklichkeit geblieben ist, zwischen Wunschdenken und Wahrheit. – Aber lassen wir uns das noch einmal vom Trainer der Österreicher, von Helmut Senekowitsch, bestätigen.
Trainer Senekowitsch	Wenn man nicht läuft und nicht kämpft und nicht spielt, hilft die beste Taktik nichts.
Studio D 2	Ja, da hat er recht, der kleine Helmut, wie er genannt wird, im Gegensatz zum großen Helmut: Schön. – Max Merkel wird das Spiel daheim verfolgen; Max Merkel, der Österreich so wenig zugetraut hat. Was wird er jetzt sagen?
Merkel	Jo i hob das schon vor Monaten gesagt, und das hat mit Vaterland oder mit irgendwas nix zu tun. Die Leute ham scheinbar wenig Humor. I bin für solche Dinge immer zu

130

haben. – Wissen Sie, zum Fußballspielen gehörn immer zwei Dinge: der eine, der spielt, der andre, der einen läßt. Und die ersten zwei Spiele, diese Überraschungserfolge der Österreicher, die kamma ja wirklich dem Gegner zuschreiben, das heißt: die Österreicher ham ganz gut gespielt, aber die Spanier und die – und die Schweden, die warn ja furchtbar, die warn ja so schlecht, das war ja – aber natürlich, meine geehrten und lieben Landsleute verliern natürlich da gleich den Boden und glaum schon, sie sein die Erfinder vom Fußball, weil auf einmal, weils zweimal gewonnen ham, sie sein vor lauter vor lauter eh Sieg sans selber erschrockn daß sowas passieren kann, denn wemma ehrlich is, kamma sagn also: normal hamma gegen die ka Schanz.

Studio D 1	Wie wird das Spiel, das in wenigen Sekunden beginnt, ausgehn?
Merkel	Jo wemma normal – aber was is im Fußball normal – wemma die Schanzen ausrechnet, hat Österreich net viel Schanzen, weil sie wern wahrscheinlich ka Tor machen. Da wirds ein Wirrwarr geben von Beinen und Bäuchen und Köpfen und und und eckige Torstangen undsoweiter und wenn einmal die Lawine ins Rollen kommt, dann geht das schnell, zwei drei vier Stück, aber einfach wirds sicher nicht sein, vier fünf Stück zu machen.
Studio D 2	Ja, so seh ich das auch, wie's Max Merkel eben gesagt hat. Warten wir also ab, das Spiel beginnt in wenigen Minuten. Wir beginnen in Cordoba. Armin Hauffe.
Hauffe	Die Musikkapelle verläßt den Platz des Stadions in Cordoba, wo etwa 35 000 Zuschauer das Spiel der deutschen Mannschaft gegen den Bruder aus Österreich sehen wollen. Die deutsche Mannschaft spielt in traditionellen weiß-schwarzen Dressen, die Österreicher mit roten Jerseys, weißen Hosen und roten Stutzen. So.
Finger	So. Die Österreicher spün in roten Leibchen und weißen Hosn, die Deutschen diesmal in weißen Leibchen und schwarzen Hosn. Nun bitte Platz nehmen und das Reden für die nächsten fünfundvierzig Minuten einstellen. Das große Spiel, das letzte Österreichs, wird gleich beginnen. Die deutsche Mannschaft wird den Anstoß durchführn. Hoffen wir, daß es dabei bleibt.
Hauffe	Die deutsche Mannschaft hat den Anstoß. Es ist ein herrlicher Tag, zwar sehr kalt in Cordoba, aber sehr schöne

klare Luft. Der Himmel wölbt sich in seinem wunderbarsten Postkartenblau über Cordoba.

Finger Vor etwa 35 000 Zuschauern, bei prächtigem Sonnenschein und wenig Wind, das ist ja wichtig, denn hier bläst also normalerweise der Wind mit Windstärke acht und neun, aber bitte, das Match hat begonnen, die Schlacht unsrer Nationalmannschaft hier in Cordoba.

Hauffe Noch einige Lockerungsübungen, und dann läuft das Spiel. Dieter Müller hat abgespielt zu Abramczik. Kaltz vom Hamburger Sportverein nimmt den Ball sicher an den Fuß. Rüßmann springt typisch. Und Abramczik sehr wendig, sehr schnell. Hölzenbein ganz ruhig, ganz gelassen. Sepp Maier läßt sich Zeit. Geschickt ist Rüßmann gegen Krankl zur Stelle, Rolf Rüßmann, mit einem langen Bein schaufelt er den Ball zurück, geschickt vorbei, das ist sein Trick. Bertie Vogts stürmt mit nach vorn. Dann kommt aus dem Hintergrund Rummenigge mit einem satten Schuß. Nach wie vor ein herrliches farbenprächtiges Bild hier in Cordoba. Bonhof macht ein langes Bein. –

Finger Aufpaßn meine Herrn! hocherhobenes Bein. Nichts passiert. Also. Blick ma gleich auf die Uhr, bei prächtigem Wetter vor etwa 35 000 Zuschauern immer noch nullzunull, aber es bleibt keine Zeit zum Philosophiern.

Hauffe In Österreich sagte man ja vor dieser Partie: wenn wir Deutschland schlagen, dann ist alles vergessen, alles vergeben. Die Österreicher spielen sich den Ball langsam, betulich zu. Warten wir einmal ab, wohin er geht, mal kukken – Sepp Maier geht zur Sicherheit an den Boden, er sieht aber, daß dieser Ball für sein Tor keine Gefahr bedeuten kann, der Ball geht weit weit vorbei. Der Ball fliegt genau auf Sepp Maier zu, Sepp Maier, der sich gar nicht erst bückt. Und jetzt ein Schuß, der fliegt genau auf Torhüter Maier zu, Maier, der in die tiefstehende Sonne schauen muß, er hat keine Mühe mit dem Ball, er braucht sich nur zu bücken, aber der Ball geht dann drüben fast fünfzehn Meter vom deutschen Tor entfernt über die Torauslinie hinweg, aber dann geht er hoch vorbei, und so fort, weit vorbei; auch wenn die Österreicher das Toreschießen bislang nicht erfunden haben, nun, über die Schußschwäche haben wir hier schon genug gesagt, das ist ja seit langem bekannt, undsofort undsofort –

Finger Aufpaßn, in der ersten Viertelstunde hinten dicht halten, meine Damen und Herrn. Krankl zum ersten Mal am Leder, der Krankl, der Bomber der Nation, Querpaß zu seinem Freund, zum Schneckerl Prohaska – Schneckerl Prohaska – Prohaska, der Schneckerl. Breitenberger, no was mocht denn der Breitenberger? gibt hinüber zum Schneckerl, zum Prohaska, Burschn, Prohaska, da schau her, sowas kommt auch vor – Prohaska, der Schneckerl.

Hauffe Der Österreicher Obermaier zögert lange. Strasser sehr langsam, sehr bedächtig. Prohaska sehr betulich. Hikkersberger und auch Schachtner, keiner von ihnen kommt an den Ball. Da kniet zunächst einmal Hickersberger am Boden und muß sich den Schuh richtig zubinden. Strasser läßt erneut das Bein stehen, das ganze mit wenig Raumgewinn, sehr langsam. Prohaska dreht sich dann um die eigene Achse. Krankl etwas zuuu lasch, nun was solls. In der eigenen Hälfte wird Libero Obermaier bedient, der sehr langsam spielt, jetzt zögert. Und um es ganz sicher zu machen, spielt Österreich in die Arme von Konzilia zurück. Konzilia schaut konsterniert hinter dem Leder her. Dann wird das ganze noch einmal versucht auf Prohaska. Halt so eine Art Wiener Kaffeehausfußball; alles andre als eine Fußballdelikatesse; gähnende Langeweile; denn was da von Seiten der Österreicher gemacht wird, zeigt nicht die große Klasse, sondern gelingt recht hilflos, wo man doch Ruhe und Zeit gehabt hätte. – Krankl bleibt stehn, schiedlich friedlich! Hickersberger langsam lässig, hüftsteif und ungelenk. – Und was war das eben für eine Freude.

Finger Mein Gott war das schön. Bitte, wenn ich mich einmal irre mit den Namen, nicht böse sein, aber wir sind ungefähr einhundertfünfzig Meter Luftlinie vom Platz entfernt, also vom Spielfeld entfernt. Wir blicken, weit heroben sitzend, hinunter und sehen ganz plastisch: die deutschen Spieler sind sehr schwer zu erkennen.

Hauffe Rrrummenigge. Rummenigge hinein in den Strafraum. Kopfballmöglichkeit. Und über die rechte Seite geht Deutschland langsam aber sicher über die Mittellinie mit Bonhof. Bonhof spielt ab zu Kaltz, viel Raum hat man noch nicht gewonnen, dann wechselt der Ball in den Anstoßkreis hinüber in die gegnerische Hälfte zu Beer, und so kommt man natürlich auch immer dichter an das Tor heran. Schußmöglichkeit! aber – ganz ganz knapp vorbei.

Gefährlicher Schuß. Er schießt gefährlich! Da kommt der Schuß und knapp am Tor vorbei. Aber Deutschland wieder im Angriff. Und das war ein prachtvoller Schuß von Abramczik, der sich in den Ball hineinstürzt, ah, da fehlte wirklich nicht viel. Hinein! und da fehlte wahrlich nicht viel. Vorbeiii –

Finger Also Burschn, reißts euch zam, das wäre ja, no – ich wage es garnicht auszusprechen, was in mir vorgeht. Burschn, gemma bißl, Tempo dahinterlegn. – Da kommt der Ball hinein! und da kam auch schon der Pezzey, nullzunull und wir stehen in der neunten Minute.

Hauffe Hier sind jetzt genau gespielt achteinhalb Minuten, nullzunull zwischen der Bundesrepublik und Österreich. Die Tür zum Endspiel weit weit offen – aber bitte nichts Unbeherrschtes hier, denn –

Finger gemma gemma gemma

Hauffe aber bitte nichts Unbeherrschtes hier, denn die Partie läuft weiter, und erst jetzt begibt man sich in die Nähe der Mittellinie; Prohaska oder Kreutz, einer von beiden. Und dann hat die deutsche Mannschaft die, ja, scheiberlartig angelegten Aktionen der Österreicher gestört. Hölzenbein schaut sich um. Die Österreicher spielen bis zum Strafraum mit, aber wenn es dann gilt, ein Tor zu erzielen, haben sie nicht die allerbesten Schützen dabei; eine Tatsache, die man ja schon im Spiel gegen Italien bemängelte. Es fehlt der große Zug zum Tor, als wenn das ganze mehr ein Freundschaftsspiel wäre, tja, aber nach wie vor heißt es aufgepaßt. Sara Sara Prohaska Obermaier betulich ruhig, Hickersberger, der aber auch das Toreschießen nicht erfunden hat. Mal kucken, was er daraus macht . . . was macht er? . . . was macht er?! . . . was soll ich machen? . . . ja was soll er machen . . . tja das war die große Frage. Österreich verliert den Ball und somit ist die ganze Aufregung verfrüht. Ich glaube, die deutsche Mannschaft würde ganz anders zur Sache gehen; aber die Österreicher schalten schon wieder einen Gang zurück, weit von der Mittellinie entfernt. Dann hüpft er förmlich über den Spann des Österreichers hinweg. Ja, so schwer hatte man sich das nun wohl doch nicht vorgestellt, aber –

Finger Achtung Achtung

Kollege Payrhuber und ich höre schon Edi Finger. Achtung Achtung zurück nach Cordoba –

Finger	ja bitte meine Herrn, mehr aufpaßn, wenn ich Achtung Achtung schrei, dann möcht ich das Mikrophon wenns geht gleich haben. – Ja meine Damen und Herrn, ein kleiner Kurzschluß in meinem Kopfhörer, aber es is nichts passiert, sie ham nichts versäumt. Jetzt ein kurzer Ruf: wie steht es? nullzunull steht es hier nach zehn Minuten. Die Hektik erreicht ihren Höhepunkt. Nun heißt es hautnah zu decken, das sogenannte forechecking anzuwenden. Sie hörn wahrscheinlich schon aus meiner Schilderung, meine sehr verehrten Damen und Herrn, liebe Sportfreunde an den Radiogeräten, daß es ein sehr zähes Ringen ist hier.
Hauffe	Hier im Augenblick eine Spielunterbrechung. Es sind genau fünfzehn Minuten absolviert. Bonhof trifft nur das Kreuz eines österreichischen Spielers, mit einem gestreckten Bein. Sechzehneinhalb Minuten gespielt. Das ist kein großes Spiel. Die deutsche Mannschaft zeigt nicht so den allerletzten Biß und Ehrgeiz; ich habe so mehr den Eindruck, daß man hier auf jeden Fall gewinnen will, weniger mit fünfzunull, als am Ende vielleicht mit einszunull oder zweizueins, um auf jeden Fall – zuvor erfolgt aber ein Foulspiel der Österreicher gegen den durchstartenden Bayernspieler. Insgesamt muß man sagen, daß dies alles andere als eine großartige Partie ist zwischen Deutschland und Österreich. Die Österreicher wolln hier etwas für ihr Prestige tun, und die Deutschen offensichtlich mit möglichst wenig Aufwand das nächste Spiel erreichen. – Bernhard Dietz, der den Ball übernimmt, wird zu Fall gebracht, ja er wird gebremst. Prohaska läßt das Bein stehn, rempelt ihn um, läßt zudem das Bein stehn, läßt ihn ein wenig weit vom Fuß rollen. Auch Hölzenbein läuft nun hinzu.
Finger	Ja. Jetzt gibt es wieder einige Sekunden Schnaufpause. Da krieg ich immer eine Ganselhaut. – Kreutz geht an zwei Leuten vorbei, Willi Kreutz, der grimmige Kämpfer von Feyenoord; er ist ein mutiger Mann, ein energischer Mann und vor allem, das ist das wichtigste, er ist ein überaus objektiver Mann. – Willi bitte gib zur Mitte! aber – mein Gott war das schlecht zur Mitte gegeben – sehr schön – ja nix war schön –
Hauffe	aber es ist ja noch einmal gutgegangen –
Finger	ja das stimmt schon, aber was sollma machen. Bitte,

setzen Sie sich wieder nieder, machen Sie sichs bequem, reden einstellen, rauchen ist zuhaus erlaubt, ja? Es wird ein hartes Ringen hier um jeden Zentimeter dieses Fußballbodens sein. – Foul. Die Notbremse wurde diesmal von Strasser gezogen; der Gefoulte steht bereits wieder munter und frisch und gesund auf seinen Beinen, das wollen wir alle – und? wieder ein Foul, ja, wieder ein Foul. Von hinten wurde er angesprungen, aber er kniet schon wieder, er steht schon wieder, hält sich a bißl den Bauch, den Bauch, vierzehntausend Flugkilometer von der Heimat entfernt, und wir haben jetzt dreizehn Minuten gespielt, nullzunull, momentan ein sehr zähes Ringen – und? Foul, das war Foul, gottseidank, ja, das war Foul. Prohaska ist unser Auslagestück, meine Herrn, tuts ma dem bitte nichts, jo? hoffentlich kann der Schneckerl wieder stehn. Der Schneckerl steht schon wieder – und? Die Österreicher spieln ja praktisch mit drei Ausputzern, mit drei gelernten, und die deutsche Mannschaft hat gemeint: da werden wir schon ein Mittel finden. Das ham Sie nicht gesehn aber selbstverständlich gehört. Jetzt müßt er schießen, was macht er? er schießt auch, schön geschossen, aber knapp vorbei, nullzunull –

Hauffe nullzunull zwischen Deutschland und Österreich . . . hin und her . . . mal hin mal her . . . die gleiche Situation wie schon zweimal . . . mal hin mal her . . . und das war schon das zweite Mal, daß die Deutschen allzu sicher sich fühlen . . . so kann Österreich dazwischengehen . . . mal hin mal her . . . und das konnte ich ja vorhin schon schildern . . .

Finger Hier wieder harter Kampf Mann gegen Mann, aber da steht schon wieder dahinten der Rüßmann, der wird immer länger, wie a Gummibandl. Der aufgerückte Rüßmann hat jetzt Maß genommen. Kurze Kopfabwehr von Pezzey, also Pezzey ist im ersten Stock, ich meine: oben also, im Hochparterre, ja. Aber jetzt ist Krankl im Strafraum! Kreutz ist da! Kreutz im Strafraum! Krankl Vorsicht!! Kreutz schießt! aber nein, nein –

Hauffe Krankl will sich einsetzen. Dann Krankl. Krankl, der dreht sich und jagt den Ball –

Finger Schuß! leider leider. Krankl hat geschossen und – er hat danebengeschossen, und Krankl, nein, Krankl hat den Ball leider nicht richtig getroffen, achtzehn Minuten gespielt, und deshalb steht es immer noch nullzunull. Das

	ist schon, so können wir sagen, eine leichte Überraschung.

ist schon, so können wir sagen, eine leichte Überraschung.

Hauffe Konzilia läßt sich zunächst einmal Zeit. Maier muß aus dem Tor heraus. Jetzt kommen die Österreicher, sie haben den Ball im . . .

Finger Jetzt aber greifen die Deutschen an, das ist gefährlich! um Gotteswilln! Tor! Tor!

Payrhuber Achtung Achtung, Edi Finger: einszunull, einszunull –

Finger einszunull durch Rummenigge –

Payrhuber einszunull also –

Hauffe das war aber auch allerhöchste Zeit. – In der achtzehnten Spielminute erzielt die deutsche Fußballnationalmannschaft das Einszunull und zwar durch Rummenigge. In Cordoba einszunull für die deutsche Mannschaft.

Finger einszunull – kaltschnäuzig – einszunull – kein Mann der Österreicher war da, und damit einszunull, Rummenigge –

Hauffe man weiß halt, daß im Fußball doch noch bestimmte Gesetze herrschen. Und es sieht ja ganz so aus, als sollte da alles planmäßig beziehungsweise wunschgemäß laufen, beim Stande von einszunull für die deutsche Mannschaft. Einszunull, aber warten wir ab.

Finger Also das haut natürlich eine Mannschaft schon irgendwie zusammen, meine Damen und Herren, wir ham uns von dem Schock jetzt nicht erholt noch. Da kommt der Krankl! um Gotteswilln! der Krankl vergibt eine Zweihundertprozentige – aber der Krankl hat mit dem Garderobefuß, mit dem linken Fuß geschossen, und mit dem linken Fuß also, damit also, also bitte meine Herrn, das ist zum Verzweifeln, ja meine Damen und Herrn – und jetzt tu ma schaun. Jetzt herrlich – jaa. Also nullzueins, einszunull für Deutschland, und im Augenblick schaut es also garnicht danach aus, als sollten wir nach siebenundvierzig Jahren wieder gegen die deutsche Mannschaft siegen, denn – und so bleibt uns also nur die Hoffnung – und es besteht immer noch die Möglichkeit –

Hauffe Führung für Deutschland, und wir wollen nicht jetzt schon unken, aber es bleibt also beim Spielstand von einszunull für die deutsche Mannschaft, zugunsten der Deutschen bislang, und ich habe überhaupt den Eindruck, als wenn – in einem Spiel, das halt mitunter, von einigen guten Passagen der deutschen Mannschaft abgesehen – tja. Hier

	bleibt es beim Stande von einszunull, Rolf Rüßmann zuckt mit den Schultern.
Finger	Das war klassisch gemacht von Rüßmann. Er hat unserem Mittelstürmer den Ball elegant über den Kopf gezogen, wer war das, der da geköpfelt hat? einszunull –
Hauffe	hier bleibts beim Stande von einszunull –
Payrhuber	einszunull wie gesagt und ich rufe gleich wieder Edi Finger in Cordoba –
Finger	hier steht es nach wie vor nullzueins, also einszunull für die Bundesrepublik, bitte einszunull, nullzueins, also einszunull für Deutschland, noja, wir wissen eh, gegen die Deutschen können wir nicht spielen, die die die schlagen uns immer wieder, denn – ja, das muß man sagen, das wird also jeder Arzt bestätigen, aber das Match geht weiter; ich kamma net helfen, meine Damen und Herrn, aber es is so aufregend, es is so spannend. Aber nichts zu machen.
Hauffe	Dann Kopfstoß. Mißverständnis im deutschen Spiel. Da sollte man nicht so leichtsinnig sein. Kaltz Dietz Vogts Abramczik Hölzenbein Abramczik Fischer Rummenigge schauen förmlich zu, wie die Flanke nach innen segelt –
Finger	nichts passiert, keine Gefahr für das deutsche Heiligtum, für das deutsche Tor. Wieder ein Blick auf die Uhr. Burschn, jetzt müßte doch endlich amal ein Tor gelingen. Heute wieder der herrlichste Sonnentag, wirklich ein prächtiger Rahmen, eine wunderschöne Kulisse, ja das ist eine ganz erfreuliche Mitteilung, die ich Ihnen machen kann –
Payrhuber	prächtiges Wetter, keine Wolke am Himmel
Hauffe	aber da kommt von linksaußen Hölzenbein. Es bleibt beim Stande von einszunull für Deutschland – beim Stande von einszunull für Deutschland.
Finger	So, meine Damen und Herrn, jetzt sind wir wieder in Cordoba, und jetzt, wie schauts aus? wirds? na, wird net. Siebenunddreißig Minuten … glücklich … kein Glück … aber bitte, über die Latte. Ja können Sie sich sowas überhaupt vorstelln, meine Damen und Herrn. Herrlich gemacht – aber schlecht. Das deutsche Tor ist wie vernagelt, meine Damen und Herrn, wie mit Brettern vernagelt; das ist das schöne dabei. – Sara steigt über das Leder, wenige Sekunden vor dem Pausenpfiff beim Spiel zwischen

Deutschland und Österreich, in einem zähen Ringen, gegen diesen gewaltigen Gegner. – Das war der Pausenpfiff. Deutschland führt gegen Österreich mit viel Glück einszunull. Und bevor wir jetzt Ihnen, meine Damen und Herren in Österreich, eine Schnaufpause gönnen, nochmal kurz zum Kollegen Payrhuber . . .

Hauffe Pfiffe der etwa 45 000 Zuschauer für ein Spiel, das zur Pause einszunull für die deutsche Mannschaft steht. Hoffen wir auf Besserung im zweiten Durchgang. Tja.

Studio D 2 Die ersten fünfundvierzig Minuten also zu Ende. Sonnenschein. Musik aus Baden-Baden.

Wien Ja danke.

Studio D 2 Die zweite Halbzeit beginnt am Tag des Winteranfangs bei strahlendem Sonnenschein, beim Spiel Deutschland gegen Österreich. Ich weiß nicht, Armin Hauffe?

Hauffe Tja.

Finger Ich konnte Ihnen die Aufregung der ersten fünfundvierzig Minuten nicht ersparen, aber bittschön, jetzt ist alles vorbei – jetzt ein Bombenschuß von Kreutz und! eu, das war ein miserabler Schuß von Krieger, a bißl mehr Aufmerksamkeit wäre doch notwendig. Sara! Sara schießt! herrlich geschossen, er hat den ersten gefährlichen Schuß abgelassen. Es war eigentlich kein Schuß, es war arg spitz, also hoch und weit – hoch weit und harmlos. – Ich bitt dich, Robert, schieß, eine Bombe, aber – aber wir sind froh, daß endlich amal ordentlich draufloskanoniert wird, und da kommt ein Flachschuß! a mei Lieber. Bonhof hat gebombt, eiii, weit nach vorn geschossen, nichts passiert, a wunderbarer Schuß, daneben, a herrlicher Schuß, daneben. Also das muß einmal aufhörn, netwahr. Schuß von Krankl! knapp daneben, es ist zum aus der Haut fahrn, meine Damen und Herrn, Krankl hat geschossen, sofort geschossen, und schon geht das Spiel weiter, Achtung Schuß! eine Bombe von Rummenigge, und sofort brennt der Hut, in der fünfzigsten Minute brennt der Hut . . .

Payrhuber Achtung Achtung!

Finger Achtung. Achtung Achtung. – Bittschön aufpaßn, ich möchte jetzt einige Worte an meine Landsleute, fünfzehntausend Kilometer von Argentinien entfernt, sagen: na bitte, ich möchte Ihnen sagen, meine Damen und Herrn: wenn es nicht geht, da kamma halt nix machen undsoweiter undsoweiter – und wir wolln auf alle Fälle die Gerechtigkeit, die Gerechtigkeit, wo gibts die schon, aber wir hoffen noch, denn – na, fürchterlich, gotteswilln, bittschön Leutln reißts euch zsam, es wäre doch gelacht, das kann doch garnet sein, und – gottseidank, gottseidank, daneben, da kamma nix machen, was sollma machen.

Hauffe Vierundfünfzigste Minute Großchance für Deutschland, in einem Spiel, das halt mitunter, von einigen guten Passagen der deutschen Mannschaft abgesehen, so eine Art Wiener Kaffeehausfußball gebracht hat, wenn ich das mal so ausdrücken darf. Jetzt Krankl im deutschen Sechzehnmeterraum. Er schießt? sechsundfünfzig Minuten hier gespielt. Der Krankl spielt ja heute für Deutschland, sonst hätte er mindestens ein Tor machen müssen, aber Schußstärke, das ist nicht der Österreicher Sache, und so starten die Österreicher erneut den Versuch, endlich einmal erfolgreich zu sein in dieser Partie, das heißt: ein Tor zu erzielen –

Finger aber leider leider, muß ich sagen, aber immerhin. Jetzt aber greifen wir wieder an. Jetzt greifen wir wieder an. So ist es immer, wenn wir im Angriff sind, dann läuft uns die Zeit davon, dann werden die Minuten zu Stunden, und die Sekunden zu Minuten, aber so ist das halt im Fußball. Uii der Schneckerl, also schon a bißl gemächlich. Wer war das, der da gepaßt hat? das war der Prohaska. Und zwar war es der Rummenigge. Aber jetzt hab i ka Zeit, jetzt kommen ma wieder. Da kommt die Flanke rein! Toor! Tooor! Tor! Tor! einszueins meine Damen und Herrn –

Hauffe Sepp Maier zuckt zusammen. Und Maier geht zu spät an den Boden. Sepp Maier kommt nicht an den Ball, und. Sepp Maier kommt nicht heran. Und mit dem Kopf ist der Österreicher zur Stelle. Hickersberger legt direkt auf Krankl. Krankl weiter nach rechtsaußen zu Krieger. Krieger nähert sich jetzt dem Strafraum der deutschen Mannschaft. Zwei Österreicher bieten sich an. Kopfballmöglichkeit! Maier verpaßt! und Tor! das ist das Einszueins –

Finger einszueins – im Gewirr der Beine nehme ich alles zurück, aber wir wurden erhört, wir wurden erhört, bravo –

Hauffe Man muß sagen, die Österreicher haben sich immer bemüht, und somit heißt es also einszueins, und die deutsche Mannschaft wird ausgepfiffen. Also: einszueins der Spielstand. Tja. Deutschland Deutschland.

Finger Ja also bittschön meine Damen und Herrn, ich weiß nicht, was heut mit mir los ist, denn das kanns einfach nicht gem, hab ich mir gesagt, dann also kann es doch auf die Dauer net wahr sein, das kanns einfach net gem, hab ich mir gesagt –

Hauffe Ja es hatte niemand so recht dran geglaubt im deutschen Lager, daß man hier fünf Tore gegen Österreich erzielt, denn man hatte wohl gemeint, daß die Österreicher so gut wie gar nichts vom Stürmen verstehen. Tja.

Finger Ja ja. Jetzt aber wieder unsre Burschen am Leder, herrlich, Prohaska, Hickersberger, Hickersberger zu Konzilia zu Schachtner, Schachtner wieder zuu Sara zuu Hickersberger, Hickersberger zu Hickersberger, Hickersberger sofort zu Krieger zu Sara. Sara-Burli streichelt den Balli – das Balli. Da springt der Hicki, na, der Hicki brauch net springen. Die Deutschen sind nervös, und im Augenblick drücken die Österreicher unheimlich aufs Tempo. Und jetzt brauch ma a bißl a Maßl noch, denn es geht jetzt um Sein oder Nichtsein neunzehnhundertachtundsiebzig. – Konzilia muß nun also gegen die schon recht tief stehende Sonne schaun. Hoffentlich passiert jetzt nix. Bitte Burschn, laßts euch Zeit, aber nur bitte keine Spielerei; fünfundsechzig Minuten gespielt, jetzt kommen die Österreicher. Und jetzt kommen zum ersten Mal die Österreicher. Jetzt greifen die Österreicher an. Und jetzt kommen wieder die Österreicher. Jetzt aber sind die Deutschen da. Und da war gottseidank der Rummenigge a bißl zu langsam. Jetzt muß ich unterbrechen, jetzt kommen die Deutschen. Jetzt aufpaßn, uuh, schon sind die Deutschen wieder im Angriff, is ja ganz klar, jetzt kommen sie wieder, die Deutschen, aber es war ein Roller, keine Gefahr, und jetzt kommen sie wieder. Jetzt kommen wieder die Deutschen. Aber jetzt muß ich unterbrechen, die Deutschen greifen an. Wunderschön. Ja. So jetzt wieder. Das Leder bei – schöne Möglichkeit, Krankl! Schuß und jetzt – Tooor!! Tooor!! Tooor!! Tooair! also ich kann nicht mehr.

Hauffe Wir schreiben genau die siebenundsechzigste Spielminute. Und Tor. Für Österreich. Tor durch Krankl. Oh das war ein Superschuß. Und die deutsche Abwehr momentan von allen guten Geistern verlassen. – Österreich führt durch Krankls Schuß mit zweizueins. Aber warten wir ab.

Finger Neunundzwanzigste Minute, Krieger zu Krankl. Un der

Krankl hat den Ball volley gnommen übern Kopf – zwei-zueins. Was hab i Ihnen gsagt. Unfaßbar, was sich hier abspielt. Sie falln einander um die – um den Hals. Da steht der Krankl, der Hansiburli, ach also sei Papa, der Straßen-bahner, wird sich freun, also schöner kammas garnet machn, da da da – da fehln mir die Worte, da müßt ich ein Dichter sein. Und jetzt wird hier die Rapid-Viertelstunde eingeklatscht von 35 000.

Hauffe   Aber warten wir ab. – Bonhof hebt den Ball nach innen. Kopfballmöglichkeit!

Finger   ja da kommt die Flanke in unsern Strafraum. Kopfball. Tor –

Hauffe   Toor! und Tor! – das ist das zweizuzwei –

Finger   zweizuzwei – zweizuzwei für die Deutschen. Nicht lange durften wir uns dieser Zweizueins-Führung erfreuen. Die Deutschen haben schon wieder zugeschlagen. Zweizu-zwei. Wir wern gleich sehn, wer das gemacht hat. Ich glaube, das war Fischer, und damit, meine Damen und Herrn, nein Hölzenbein war es –

Hauffe   ich glaube, es ist Hölzenbein gewesen. Hölzenbein oder Fischer, das müßte also der Torschütze gewesen sein. Somit also hier nach siebenundsechzig Minuten Spiel-stand zweizuzwei unentschieden zwischen Österreich und Deutschland. Der Torschütze, nun es ist einer der Blondschöpfe in der deutschen Mannschaft gewesen, Rummenigge, der damit sein zweites Tor erzielt –

Finger   Hölzenbein, Hölzenbein das Stolperbein –

Hauffe   Rummenigge zweizuzwei –

Finger   und damit ist unsre Freude natürlich wieder a bißl gedämpft worden. Aber das ist ein Spiel, meine Damen und Herrn, ein Spiel zum Miterleben, ein Spiel, wie wir uns es schöner nicht vorstellen können –

Hauffe   Nun könnte die Partie etwas spannender werden. Nun könnte doch noch Rasse und Klasse hereinkommen. –

Finger   Abramczik bekommt die gelbe Karte, weil er auf einen Österreicher, auf Prohaska losgegangen ist. Aber das ver-steh i garnet, der Prohaska ist doch a Waserl, der tut doch keiner Fliege was zuleide, wie kann er dem Abramczik etwas tun. – Also nicht ganz verständlich.

Hauffe   Und die Österreicher spielen hier gut mit, auch wenn sie mitunter etwas schlampert auf dem Rasen spielen. – Pezzey trabt jetzt hinüber. Und die deutsche Mannschaft muß aufpassen, denn – man ist offensichtlich nicht so ganz zufrieden und schiebt zurück in die Arme von Sepp Maier –

Finger
Hauffe
der Maier, sonst a sehr sympathischer Bursch wirklich – Hier sind jetzt noch acht Minuten zu spielen beim Stande von zweizuzwei. Zweizuzwei gegen Deutschland, ein Wunschresultat, so meinen die Österreicher. – Die deutsche Mannschaft wollte nach vorne gehen, jetzt Hölzenbein zu Rummenigge, dann in die Mitte gespielt zu Beer zuu zu zu da die – vor der daa – nun denn da – die dann auch mit – und dann tja zuu Dieter Müller und damit zuu Hansi Müller zuu Hölzenbein. – Da wartet man zu lange, jeder schiebt die Verantwortung auf einen anderen. Dann kommt der Ball – aber der Ball fliegt über die gesamte Breite des Platzes, am Österreicher vorbei, und da beeilt man sich von Seiten der Deutschen. Fischer und Hansi Müller stehen sich im Weg. Aus dem Tor springt Konzilia heraus, mit weitem wuchtigem Schlag in die österreichische Hälfte hinein, aber dort findet man nur einen rotweißrot gekleideten Gegenspieler, und Kreutz ist es, der den Ball jetzt abgegeben hat auf Sara.

Finger
Wir machen das Spiel. Dieses Match werden wir lange nicht vergessen. Und keiner kann kommen und kann sagen, wir hätten Glück gehabt, denn, wenn hier jemand Glück hat, dann ist es die deutsche Mannschaft. So. Also jetz gemma weiter. Die blauweißen argentinischen Fahnen werden im Winde geschwungen. Ein prächtiges Wetter, wunderbarer Sonnenschein, also da kamma was mitmachen. So. Also. – Achtung. Wer war das da vorne, der da dazwischengehaut hat? Ich glaube – ich glaube Fischer, ja, ja, also, na bitte, ich überlasse Ihnen das. –

Hauffe
Oh das war ja wirklich stümperhaft, wie die deutsche Abwehr da ausgesehen hat, Rüßmann, ein Nervenbündel, ihm fällt der Ball förmlich auf den Kopf, er läuft ihm einfach in die Quere, rutscht ihm über die Schuhspitze, ziemlich unbeherrscht. Das breitangelegte Mittelfeldspiel der Österreicher macht halt zu schaffen. Bonhof raus. Bonhof raus.

Finger
haha, sehr gut. Ruhig, meine Herrn, ruhig Blut, denn es passiert ja nichts. Noch fünfzehn Minuten. Und jetzt kommen wir von links. Schuß! mein Gott, mein Gott. Jetzt kommen die Deutschen, eine Möglichkeit zum Tor! aber Kon-

	zilia hält! ja, Konzilia hält. Gotteswillen Konzilia hält! des- wegen immer aufpaßn hinten, nicht weggehn. Und wir greifen jetzt an, nein, wir sind . . .
Payrhuber	. . . Achtung Achtung . . .
Finger	. . . also da wird einem das Gruseln gelehrt. Jetzt kommen ma wieder, der Krankl geht jetzt, der Hansi Krankl, na ja –
Hauffe	tja –
Finger	ja meine Damen und Herrn, keine gute Nachricht im Moment. Also wemma sieht, wie die Deutschen jetzt durch unsere Verteidigung durchwandern, als gebe es keinen Gegner, da mußma sagn: ich glaube – bitte lieber Rummenigge – und jetzt müssen unsre Burschn kämp- fen, denn gerade jetzt blasen die Deutschen zum Sturm- angriff. Und jetzt Abramczik, er hat mit der Faust Konzilia niedergeschlagen. Faustschlag von Abramczik, dabei eigentlich kein Grund dafür. Und jetzt wird aus diesem schönen Spiel hier in Cordoba so unter Umständen noch eine Schlacht, denn –
Hauffe	soo kann man natürlich auch nicht in der Abwehr verfah- ren, denn wenn man hier verliert, dann ist der Traum von River-Plate endgültig ausgeträumt. Da sah die öster- reichische Abwehr nicht besonders gut aus, aber –
Finger	mein Gott, hatter kane Augen –
Hauffe	insgesamt gesehen muß man sagen, daß dies alles andere als eine großartige Partie ist zwischen Deutsch- land und Österreich.
Finger	So. Das ist eine Schlacht, wie ma sie lange nicht erlebt ham. Und jetzt a bißl hart an den Mann, da gehts rein, aber da kamma nix machen, das gehört dazu, und schon wie- der geht der Oberacker durch un is hängengeblieben, aber nein, jetzt hier sieben Minuten vor Schluß, meine sehr verehrten – meine sehr verehrten Damen und Herrn, liebe Fußballfreunde in Österreich, ich melde mich jetzt direkt aus Cordoba, wo bei prächtigem Wetter vor 47 000 Zuschauern das Spiel Deutschland gegen Österreich zweizuzwei steht.
Hauffe	Und so schnell kann das gehen. So dicht liegt das alles bei dieser WM beieinander. Rummenigge muß sich be- eilen. Dietz muß aufpassen. Bertie Vogts muß sich spu- ten.
Finger	Blicken wir auf die Uhr, es geht noch vier Minuten, und ich muß sagen: unsre braven Burschn, die nun sechsund-

achtzig Minuten wirklich großartig gekämpft haben, sie hätten unter Umständen sogar einen Sieg gegen Deutschland verdient, und die Deutschen versuchen jetzt in letzter Sekunde, in den letzten Minuten vielleicht doch noch ein drittes Tor zu schießen, um –

Hauffe hätten die mal bloß, ja hätten sie mal, wenn und hätte, das ganze ist unhistorisch; ruhig guckt Prohaska.

Finger Jetzt gehts noch drei Minuten, meine Damen und Herrn, wemma diese drei Minuten schon hinter uns hätten, ja dann dann dann, ich wage es gar nicht zu sagen, da würde mir wirklich ein Fels vom Körper – jetzt aber aufpaßn! *(starkes Geräusch)* und jetzt kann Sara sich einen aussichtslos scheinenden Ball eh ... erho ... hereinholen, es gibt Beifall für ihn, da kommt Krankl – Toor!! Toor!! Toor!! Toor!! Toor!! Tor! i werd narrisch!! Krankl schießt ein! dreizuzwei! für Österreich –

Hauffe dreizuzwei für Österreich! – Ein katastrophaler Fehler von Rüßmann, der wieder einen Ball falsch berechnet, und davon profitiert Krankl, dem man nachsagt, er wolle nach Valencia. *(Geräusch)* Rolf Rüßmann im Zweikampf gegen Krankl, den verliert er schon wieder, und Krankl geht jetzt in den Strafraum hinein, was macht er? kommt er vorbei?! hat die Riesenchance – Tor! – für Maier gibt es da in der achtundachtzigsten Minute nichts mehr zu halten. Krankl heißt der Torschütze. Dreizuzwei führt Österreich.

Finger Meine Damen und Herrn, wir falln uns um den Hals, der Kollege Rippel, der Diplom-Ingenieur Bosch, wir bussln uns ab, dreizuzwei für Österreich, durch ein großartiges Tor unseres Krankl, er hat alles überspüt, meine Damen und Herrn, und wartens noch a bißl, wartens noch a bißl, dann kemma uns vielleicht a a a Viertel genehmigen, also das – das mußt miterlebt habn. Jetzt bin i aufgestandn, geh geh geh, i glaub, jetzt hammas gschlagn, aufpaßn –

Hauffe Davon hat sicherlich im Lager der bundesdeutschen Elitekicker niemand zu träumen gewagt, man war mit den Gedanken doch fast schon im Spiel um den dritten Platz oder vielleicht doch, wie dem auch immer sei, bereits auf dem Wege nach Hause. – Österreich führt dreizuzwei, auch wenn sie mitunter etwas schlampert auf dem Rasen spielten, man führt mit dreizuzwei, und das ist eine absolute Überraschung, das ist ein Riesenerfolg.

Finger Jetz jetz Burschn, fallts net um hinten, bleibts aufrecht

	stehn, noch zwei Minuten. Aber noch wollmas nicht glauben, noch wollma nix verschrein –
Hauffe	Jetzt noch einmal eine Riesenchance für die deutsche Mannschaft. –
Finger	Eine Möglichkeit der Deutschen!! und ?! daneben!!! also der Abramczik, abbussln möcht i den Abramczik dafür, jetzt hatter uns gholfen, der brave Abramczik, und danebengeschossn –
Hauffe	jaaa, da hatte Abramczik noch einmal die Chance, und der war so verdutzt, daß er nicht die Nerven besaß, ihn ins Tor zu schieben, und ich glaube, da wird in Wien und sonst in Österreich wahrlich was los sein, wenn es bei diesem Erfolg bleiben sollte –
Finger	der Arme wird sich ärgern. Noch dreißig Sekunden. Dreizuzwei für Österreich – nach siebenundvierzig Jahren meine Damen und Herrn. Eine Weltklassemannschaft, die da heute spielt, und – jetzt trau i mich schon garnet mehr hinschaun. Und Prohaska haut den Ball ins Aus. Und jetzt is aus!! Ende! Schluß! vorbei! aus! Deutschland geschlagen meine Damen und Herrn! i glaub, jetzt hammas geschlagn.
Finger	Sieg Sieg Sieg Sieg Sieg Sieg Sieg Sieg
Hauffe	Deutschland unterliegt Österreich in einem Spiel mit zweizudrei. Es war ein schwaches Länderspiel. Das wars hier aus Cordoba. Tja.
Finger	Sieg Sieg Sieg Sieg Sieg. Wir haben es geschafft, da findet man kaum Worte –
Studio D 2	Tja. Und was sich da in Cordoba getan hat, das darf ja einfach nicht wahr sein. Das ist ein Abschied für Helmut Schön. Die deutsche Mannschaft hat sich wahrlich blamiert, na ja, jetzt kann sie nach Hause fahren, am besten wäre sie gleich dageblieben. Auf Wiederhören.
Finger	Nach siebenundvierzig Jahren kann Österreich zum ersten Mal wieder Deutschland besiegen. Und jetz hamma gleich a Live-Interview mit Günter Netzer. Günter Netzer, kommen Sie bitte her. Günter Netzer, ein kritischer Beobachter, Herr Netzer, wir Österreicher können es ja gar nicht fassen, daß wir gewonnen haben.
Netzer	ja ich kann Ihnen ein Kompliment machen.
Finger	danke vielmals.
Netzer	ich glaube, daß die deutsche Mannschaft allgemein hier enttäuscht hat.

Finger	danke vielmals Günter Netzer für diese objektive Meinung.
Studio D 2	Man wird über das Spiel der deutschen Mannschaft in Cordoba viel sprechen. Wir wollen das heute auch noch. So. Vielleicht hören wir mal, was der Ehrenspielführer der deutschen Nationalmannschaft sagt:
Fritz Walter	wenn wir dieses Spiel gewonnen hätten un hätten Dritter gemacht und wären ungeschlagen von dieser Weltmeisternacht eh schaft nach Hause gefahren, dann wär dasn großer Erfolg gewesen für unsre Mannschaft und auchn schönes Abschiedsgeschenk für Helmut Schön. Aber diese Niederlage von heute durfte eigentlich nicht passieren.
Finger	Also ich wiederhole nochmals, es ist kaum zu glauben: Österreich schlägt Deutschland verdient mit dreizuzwei, Halbzeit nullzuzwei, eh nullzueins bittschön, Sie wern mir verzeihn, daß ich auch schon a bißl durchdreh, aber sowas kann passieren, und immerhin, die deutsche Mannschaft, die schlagma net alle Tag. – Herr Doktor Tick, bitte Ihre Meinung zu dem Match.
Tick	Wir sind natürlich sehr glücklich, daß –
Finger	nun kommt der Vertreter Österreichs bei der FIFA zu Wort, und zwar Herr Reisinger.
Reisinger	Was wir erreicht haben, war in den letzten zwanzig Jahren nicht da. Also die Freude ist riesengroß.
Finger	Danke vielmals so. Und jetzt kommt der Szepesi, also lieber Kollege Szepesi –
Szepesi	Tu felix Austria, du hast wieder eine Wundermannschaft, das ist eine Wundermannschaft wie von der Zeit von Hugo Meisl.
Finger	Noch ein Präsident, und zwar der Präsident Puck aus Oberösterreich.
Puck	Liebe Freunde in der Heimat, wir sind glücklich, und ich glaube, daß Ihr mit uns glücklich seid. Wir haben gespielt, unsre Leute haben gespielt: fantastisch.
Finger	Das war die richtige Antwort, meine Damen und Herrn, dreizuzwei für Österreich, ein fulminanter Abschluß, un der Krankl hat zwei Tore geschossen, wies em nur der Krankl-Hansi schießn kann. –
Fritz Walter	Na wenn ich da an Uwe Seeler denke oder Hans Schäfer oder Max Morlock wiese alle geheißen ham, wie die das Spiel ihrer Mannschaft in den Griff genommen haben,

	selbst wenns schon hoffnungslos war – und irgendwie war dann einer drin, der das Steuer versucht hat nochmal rumzureißen –
Payrhuber	Edi Finger bitte wieder melden.
Finger	Ja meine sehr geehrten Damen und Herrn, hier ist noch einmal Cordoba, und ich kann Ihnen sagen, mit südländischer Leidenschaft: mir fehlen die Worte, das alles zu schildern, was uns in diesen Stunden in diesen Minuten bewegt. Was willsdu noch mehr. – Jetzt aber, bevor wir uns verabschieden, hab ich noch eine kritische Stimme. Bitte die Meinung.
Kritische Stimme	Ich denke, das war der größte Triumph des österreichischen Fußballs seit einem halben Jahrhundert. Eiskalt und hochintelligent.
Finger	Ich bin a bißl durcheinander, bitte um Entschuldigung, aber was wollns machen, wer hätte das geglaubt.
DDR 1	Zwischendurch mal eine kleine Flaute, die hat jeder.
Finger	Danke vielmals, Flori Oertel, Scheffkommentator der DDR.
DDR 1	Tipp topp, also sehr gut, ja, wirklich hervorragend, das ist nicht übertrieben, bravo.
Finger	Danke vielmals, Kollege Oertel für dieses Gespräch. Und eben kommt der zweite Kommentator der DDR, Werner Eberhard, an unserm Mikrophon vorbei, auch er strahlt über das Gesicht –
DDR 2	Na ich würde zumindest sagen –
Finger	Danke vielmals, das warn also die ersten Live-Interviews aus Cordoba. Österreich hat eines der besten Länderspiele in der Geschichte geliefert und hat nach siebenundvierzig Jahren unseren Fußball-Erzfeind Bundesrepublik Deutschland verdient niedergerungen. Ich verabschiede mich aus Cordoba und sage Ihnen überglücklich: auf Wiedersehn, auf Wiederhörn.
Studio Wien	Danke schön, Edi Finger. Mein Gott war das spannend, der erste Sieg über Deutschland seit einem halben Jahrhundert, man glaubt es kaum.
Helmut Schön	Ja, das ist schmerzlich, uns bleibt nur Trauer darüber. Es war eine lange Zeit, es ging auf und ab, es waren lange Wochen und ich meine, die Welt wird nicht untergehn, aber, es bleibt natürlich so ein schaler Geschmack.
Reporter	Herr Schön, schönen Dank. Ich glaube, wir alle brauchen dann ein bißchen Abstand zum Fußball.
Schön	Ja, da freu ich mich drauf. –

Cordoba. Untergang und kläglisches Ende

Durch die Dämmerung der hereinbrechenden Nacht geht ein zitternder gebeugter menschlicher Turm: Helmut Schön, der Bundestrainer. Schön schreit. Schön leidet, weil er im Besitz von Wahrheiten ist, die er nicht preisgeben kann und darf, die er in sich hineinfressen muß, wie zum Beispiel diese Wahrheit:

Allein bahnt sich Hölzenbein den Weg durch die Menge. Spieler und Funktionäre sprechen nicht mehr mit ihm. *Wollen Sie wissen, was für ein Geist hier herrscht?* fragt Bernd Hölzenbein; *Sie sollen es hören. Eine Stunde nach der Niederlage kam die Mannschaftsleitung an und sagte, in welcher Kleiderordnung wir den Rückflug antreten müssen. Stellen Sie sich das einmal vor: gerade hat sich die deutsche Mannschaft bis auf die Knochen blamiert – und die haben nichts andres im Kopf, als Pulloverfarben.* Bernd Hölzenbein ist gerade beim Abrechnen. Vogts sagt: *Wir haben die Schnauze voll.* Fischer, der verklemmte Bomber, sagt nichts. Der gebrochene Riese Rüßmann weinte die ganze Nacht. *Wenn ich Deutschland höre,* sagte Hans Krankl, *werd ich zum Rasenmäher.* Auch gegessen wurde viel: 6000 Brötchen, 800 Kilo Brot, 10000 Eier, 1500 Becher Joghurt, 220 Portionen Nachspeise, 3000 Pfund Fleisch, 800 Pfund Kartoffeln und 1000 Pfund Salat. Trotzdem wurde Deutschland nicht Weltmeister.

Nachrichten aus dem Spielerleben

Die Fußballer wollen immer eine Extrawurst. Sie sind jung, sie schlafen den halben Tag, sie fressen wie die Raubtiere, jeden Tag eine halbe Sau, sie werden gepflegt von hinten und vorn, sie werden abgerieben und massiert, und dann spielen sie eineinhalb Stunden Fußball. Und davon wollen sie ausgelaugt sein und abgenützt.
Max Merkel am 8. 6. 1974

Als Pirsig so dalag am Boden, ist Volkert über seinen Rükken gelaufen und hat ihn danach am Kopf getroffen. Pirsig sprang, sagt Volkert, mir mit gestreckten Beinen entgegen. Um nicht verletzt zu werden, sprang ich hoch. Doch da drehte sich Pirsig unter mir, hob den Kopf und wurde dabei von meinem Schuh getroffen.
Kicker sportmagazin

1
Acht Schicksale

Gerd Müller

Ich rede nicht viel, sagt Gerd Müller, aber wenn ich den Mund aufmache, dann hören Sie meine Meinung. Er verzichtet auf einen Schlafanzug und schläft auf dem Bauch. Er sagt: achtundachtzig Minuten herumstehn ist nichts für mich, das ist nicht nach meinem Geschmack. Müller, ein Frühaufsteher, der morgens die Semmeln holt, kann auch Kaffee kochen. Er hat beide Arme gebrochen, einen Wadenbeinbruch und mehrere Bauchmuskelzerrungen; die Rißwunden an seinen Beinen kann man gar nicht mehr zählen. Zu Hause lebt er ziemlich bescheiden. Er sagt: ob ich berühmt bin ist mir ganz wurscht. Niemals hätte er eine Frau mit dicken Beinen geheiratet. Kein Wunder, daß dieser Mann nun zwei Stücke Kuchen aus der Einkaufstasche holt: für dich, mein Liebling, das magst du doch. Ehefrau Uschi ist die liebenswerte Sekretärin von einst geblieben, auch wenn sie heute einen Nerz, einen Persianer und einen Ozelot besitzt. Die Wände sind mit dunkelbraunem Stoff bespannt; und während der Bomber seine Brötchen mit Marmelade bestreicht, liest er vornehmlich Würdigungen seiner Arbeit. Er war ein armer bescheidener Webergeselle, er sagt: ich tue nur meine Pflicht. Äußere Zeichen sind da ein dunkelblauer Mercedes 450 SE, sein Besitz in Straßlach, der Bungalow mit Schwimmbad, Sauna, Solarium und seine Werbeagentur. Die alten Freunde von früher sind auch noch heute seine Freunde. Am Abend bespricht er bei einem Glas Whisky mit Cola noch einmal alles mit seiner Frau: den Tag und seine Entscheidung. Nun ist Gerd müde. Er spricht nicht mehr viel. Gute Nacht, häng bitte noch deine Hose über den Bügel. Um 23 Uhr gehen bei Müllers die Lichter aus. Ein Tag im Leben geht zu Ende.

Herbert Wimmer

Das Leben in seiner Vierzimmerwohnung, im Erdgeschoß seines Hauses, hat sich entscheidend verändert. Auf seinem Farbfernsehgerät im Wohnzimmer mit den gerafften Stores und den rosa Vorhängen steht eine große Sanduhr. Manchmal setzt er sich hin und dreht die Uhr um und wartet, bis sie abgelaufen ist. Er trägt Bandagen mit Schafwoll-Einlagen und legt sich Eis auf die entzündete Achillessehne und biß mehr als einmal die Zähne aufeinander. Mit starken Schmerzen an seinen Füßen betritt er den grünen Rasen, das ist seine Heimat, dort gehört er hin. Weshalb reden Sie eigentlich so wenig? Wimmer antwortet: das weiß ich nicht.

Wolfgang Overath

Das habe ich mir gedacht, sagt Wolfgang Overath, als am Abend das Knie anschwoll. Soeben wurde sein Mietshaus für 24 Parteien fertiggestellt. Warum also regt er sich auf? Wieso quält er sich so durch schlaflose Nächte? Ruhelos durchstreift er sein Haus in Troisdorf bei Köln. Vielleicht sieht er die schönen Dinge gar nicht, die ihm der Fußball beschert hat, die Teppiche und die bequemen Sessel und nicht zuletzt den Mercedes 350 SE. Abends geht Wolfgang Overath nicht mehr weg. Das ist alles nicht zu begreifen. Vor kurzem hat er gesagt: wenn ich den Ball mal wieder richtig treffe, dann können einige Herrn was erleben.

Paul Breitner

Es gibt Leute, die halten Paul Breitner für einen Kommunisten. Wenn er das hört, dann lächelt der Mann mit dem ausgeprägten Offensivdrang nur. Er lebt am Waldrand, und da raucht er auch mal eine Zigarre. Er hatte zwei Beinbrüche, Innenband-, Kapsel-, Sehnen- und Muskelzerrungen. Mir bedeutet Ruhm nichts, sagt er. Kein Wohlstand der Welt kann ihn veranlassen, seiner Frau Juwelen und Pelze zu schenken. Was die anderen über ihn sagen, interessiert ihn nicht. – *Für mich ist Paul Breitner noch nicht gestorben,* sagt Helmut Schön 1978, *aber nur deshalb, weil er noch lebt.*

Georg Schwarzenbeck

Schwarzenbeck ist kein lauter Mensch, still vergehen seine Tage. Er und der Zwerghase Snuffi sind Freunde, die sich aufeinander verlassen können. Die Haxe macht ihm Kummer. Im Wohnzimmer steht die alte Standuhr und ein Sessel mit moosgrünen Polstern, und in der Mitte der rechteckige Eichentisch, auf dem der Katsche sein Bierglas abstellt. Er bleibt am liebsten zu Hause, obwohl er schöne Anzüge im Schrank hängen hat, in gedeckten Farben. Ehefrau Hannelore weiß, was sie an ihrem Mann hat. Aber das erfährt man immer nur von anderen; denn er, obgleich es recht kalt ist und zeitweise regnet, spricht nicht davon.

Horst-Dieter Höttges

Vor seinem Achtzimmerhaus fließt die Weser. Jeden zehnten Monat wechselt er seinen Wagen. Jeden Morgen ist er um sieben Uhr auf den Beinen, um acht ist er schon aus dem Haus. Meine Zeit ist eines Tages vorüber, erklärt er. Kein Wunder, daß ihm abends so gegen neun die Augen zufallen. Auf dem Boden des Wohnzimmers mit dem Backsteinkamin und dem Eßzimmer mit den Schleiflackstühlen liegen die beiden größten Perserteppiche, die deutsche Fußballer ihr eigen nennen. Am Anfang habe ich nichts gehabt, sagt Höttges, ich bin mit dem Koffer nach Bremen gekommen, sagt er.

Norbert Nigbur

Nigbur lebt mit seiner Frau, einem schwarzen Malteser-Hund und einem weißen Pekinesen in einer Sechszimmerwohnung gleich beim Finanzamt; außerdem hält er sich noch drei Pferde. Manchmal gibts auch bei Nigburs Ärger. Zur Frage der Mitbestimmung sagt er: so wie es ist, so sollte es bleiben. Nigbur, vor Jahren einmal beeindruckt, als er *Vom Winde verweht* gelesen hat, liest nicht gern, höchstens Magazine. Sein Zwölffamilienhaus steht am Gelsenkirchener Tossehof. Er ißt alles. Sein Vater war ein Bergmann in der Zeche Wilhelmina-Viktoria. Um den Hals trägt er eine Kette mit einem Stier. Meine Augen wollen etwas Grünes sehn, sagt er, nicht immer nur Grau. So erklärt er sein Vorhaben, demnächst auf einem Bauernhof seßhaft zu werden, wo er sich Pferde halten kann. Er hat schon einen im Auge.

Jupp Heynckes

Auf dem Marmorboden in seinem Bungalow liegen mehrere Perser. Hier ist ein Mann zu Hause, der es zu etwas gebracht hat. Im Keller ist der geheizte Swimmingpool, dahinter die Sauna; eine Glaswand trennt den Pool von der Bar; hier kann man plaudern, man kann auch Musik hören und den Hausherrn fragen, wie denn das alles gekommen ist. Mein Vater war ein armer Schmied, sagt er, der acht Kinder hatte und nachts vor Sorgen nicht einschlafen konnte. Ohne Ball wäre ich nichts, sagt er. Er sagt: in einer Sekunde kann alles vorbei sein; wochenlang Gips; Jupp hat das alles schon mitgemacht, Schweigen und Regenwetter. Frau Heynckes ist eine vorbildliche Hausfrau, nur Sauerbraten gelingt ihr nicht. Sie leben recht glücklich zusammen; er, der Sohn eines Schmieds, und sie, die bescheidene Sekretärin. Der Weg nach oben verlief glatt. Sein vermietetes Fünffamilienhaus und die vermietete Eigentumswohnung stehen in seiner Heimatstadt. Ruhm ist angenehm, sagt er, aber nicht wichtig. Seine Torschüsse machen ihn glücklich. Wenn er heimkommt, fragt er die Frau: wieviel Tore hat der Gerd Müller denn heute gemacht. Manchmal weiß sie es, manchmal nicht.

2

Blut & Boden.
Eine Fleischwundengeschichte

Wenn das Eintracht-Blut
auf die Weste spritzt
dann ist alles wieder gut
dann ist alles wieder gut

Gesang beim Aufstieg zum Betzenberg am 10. November 1979, 15 Uhr, zum Spiel des 1. FC Kaiserslautern gegen Eintracht Frankfurt. Eintracht gewann vor 26 000 Zuschauern durch ein Tor von Bernd Hölzenbein aus 16 Metern nach Alleingang in der 65. Minute.

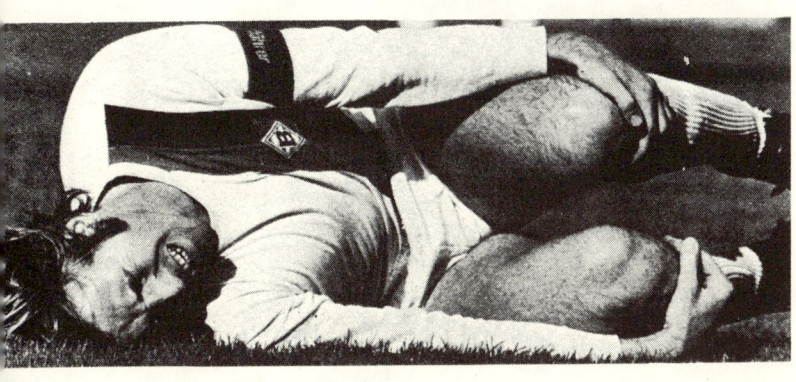

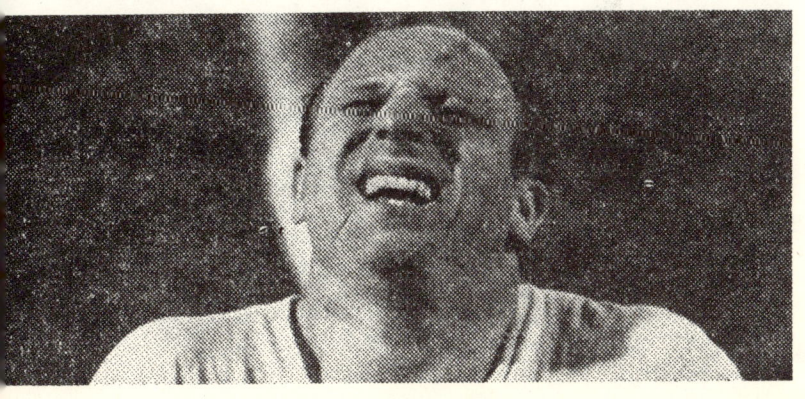

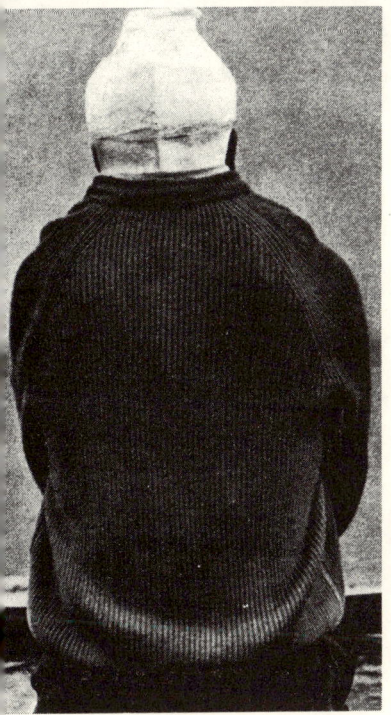

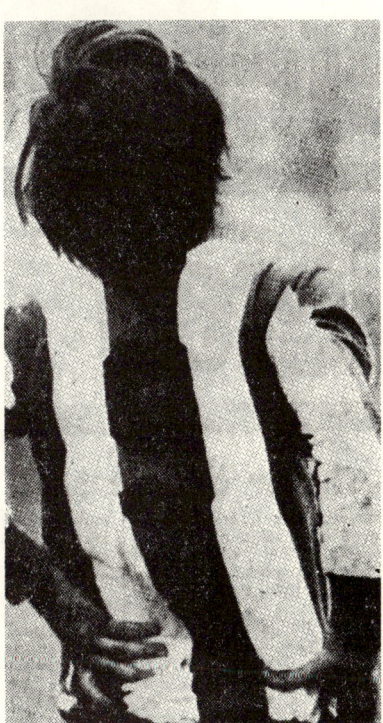

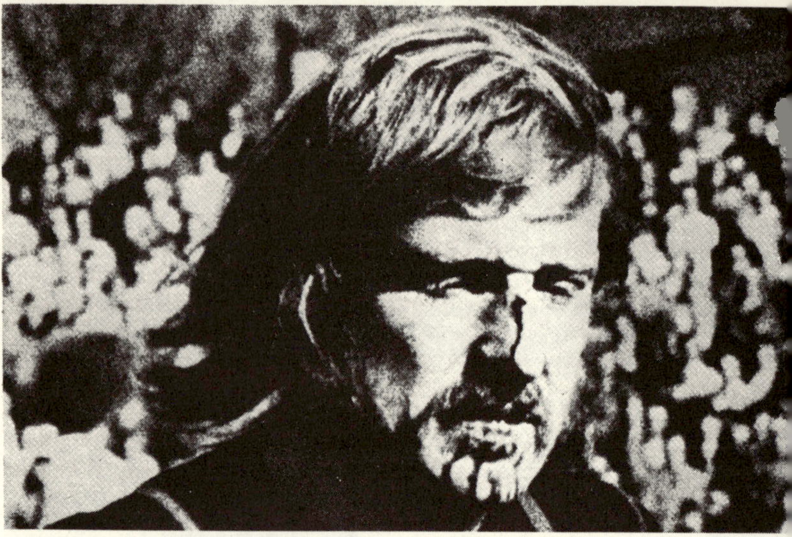

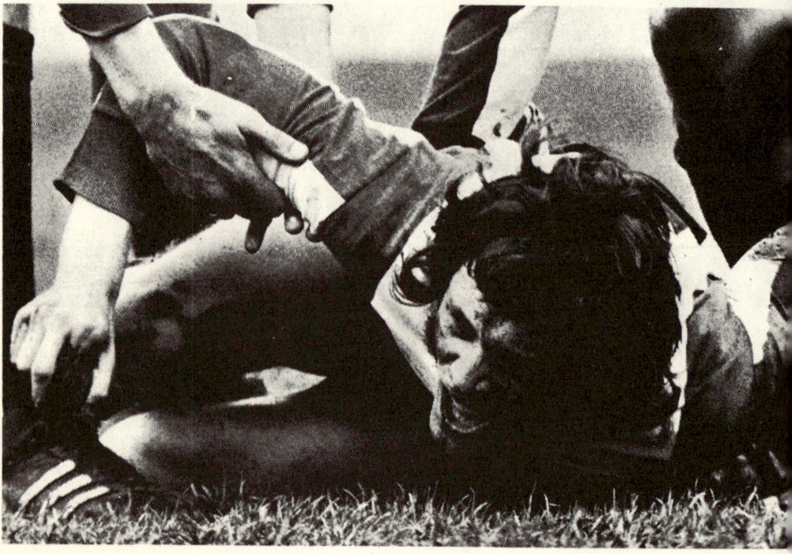

3

Rohrbachs Geschichte

Thomas Rohrbach, geboren 1949, spielte von 1970 bis 1975 in der Bundesliga bei Eintracht Frankfurt; von 1975 bis 1979 in der griechischen Liga bei Ethnikos Piräus und Olympiakos Piräus.

Also was willst du wissen. Gestern? Ich hab ihm gestern gesagt, gestern mittag, ich hätte noch was an der Leiste, aber ich glaube, er hätte mich sowieso nicht gebracht, ich weiß nicht, er sagt nichts, er wechselt halt einfach aus, er begründet das nicht; ich frag ihn auch gar nicht mehr. Am Anfang hab ich ihn manchmal gefragt, aber heute frag ich nicht mehr. Was mich stört an der ganzen Geschichte, ist, daß er nicht nach Leistung auswechselt; denn ich war nicht der schlechteste Mann in Offenbach; er hätte im Mittelfeld anfangen müssen, da war die Kraft weg; aber da hat er nicht ausgewechselt, das war für mich unverständlich. Ich bin auf die Bank gegangen und hab gesagt: warum ich? Und da sagt mir der Arzt, der saß neben mir: na der muß halt was Neues machen. Mir ist klar, daß er nicht den Grabowski auswechselt, der übrigens stark gespielt hat, und den Holz; der Holz hat sich meines Erachtens versteckt; ich hab ihn zweimal gesucht, als ich links durch war; da hab ich geschrien: was machstn! wo bistn?! einmal hab ich ganz laut geschrien: wo biste denn?! in der Mitte hab ich geschrien, so, ja, die ham alle geknipst, un der Holz war nich da, der hat sich versteckt. Der Theis tritt ihm mal auf die Knöchel un schon isser weg, schon kommt er nich mehr. Und mir kam das Blut aus den Stutzen.

Genauso am Dienstag in Bochum, wir führen dreieins und fallen noch um - gegen Bochum! die sind ja nur durch die Gegend gelaufen, die wußten gar nicht, was los war. Und wir warn schon satt, wir waren praktisch befriedigt, dreieins, wir hatten sie niedergemacht, aber die Sache war eben noch nicht zu Ende. Und dann nimmt der Weise mich raus, warum mich. Er macht das nicht konsequent: er macht das vor allem nicht mit den Stars; er macht das mit Leuten, von denen er Einsicht erwartet und mit denen ers machen kann. Trotzdem, der Weise ist ja ein Mann, der eigentlich keinen fallen läßt. Das hat man gestern gesehen beim Kalb, der plötzlich wieder Verteidiger spielen kann, einfach deswegen, weil der Trainer ihm sagt: Ich brauch dich, jetzt geht der Endspurt los, den Reichel den müßmer schonen, und der hat vielleicht ne Zerrung; sagt er zu mir. – Ich hab ihm die Zerrung angeboten, vielleicht war er glücklich, wer weiß. Er läßt also fast keinen fallen. Er sagt zwar: Hier, den verkauf ich; vom Trinklein zum Beispiel sagt ers; von mir sagt ers auch. Was noch?

Ich hab den Vertrag mit dem Gramlich gemacht, das war 1970, der hat in die Zeitung geguckt, in den Kicker, ich werds nie vergessen, un hat gesagt: Na, du hast ja ganz gut gespielt. Woher wissen Sie das? Da sagt er: Das steht hier im Kicker. Da hab ich gesagt: Das kann nicht Ihr Ernst sein; ich war damals zwanzig. Was kann nicht mein Ernst sein? Da hab ich gesagt: Sie entnehmen doch meine Leistung nicht etwa dem Kikker. Da hat er gesagt: Na wir gem dir vielleicht n Vertrag. Und der Ribbeck sagte: Herr Gramlich, ich muß Ihnen mal was erklären. So lief das ab. Ich kam mit dem Zug, erster Klasse, und hab eine Spesenrechnung gemacht von zweihundertfünfzig Mark; die wurden schon grün im Gesicht, und da hab ich gesagt: Warum sagen Sie mir das nicht gleich, dann wär ich zu Hause geblieben, der Johannsen hat mich auch angerufen, dann geh ich nach Braunschweig. Wenn der Gramlich mich heute sieht, dann ham wir sofort n Gespräch, wir reden sofort miteinander, mich hat er niemals am Ohr gezogen. – Dann hat uns der Ribbeck geschliffen in diesem Jahr; erst hat er den Jusufi verkauft und den Huberts, der Huberts war hier die Seele vom Spiel; dann sollte der Grabi Libero spielen, damals nach Siebzig; wenn der zum Kopfball geht, dann sind die Schultern höher als der Kopf; der sollte Libero spielen, ich hab das auch nicht begriffen. Ich spielte Linksaußen, der Grabi Rechtsaußen, und wer in der Mitte? der Horst, der Heese. Der Heese guckte überhaupt nicht nach links; der dachte, von links da kommt sowieso nix; ich spielte Linksaußen. Dann kam ein gewisser Papies, der sollte für Huberts den Spielmacher machen, der hat aber nur ein halbes Jahr in der Altstadt gehangen und war völlig kaputt; der Nickel, der Hammer, war inzwischen ins Mittelfeld gegangen und wollte die langen Pässe schlagen, die langen Pässe konnte er aber nicht fürn Grabowski schlagen, sondern für mich, mich brauchte er; ich wiederum wurde nach fünf Wochen, als ich grade Fuß gefaßt hatte, verletzt, das war jetzt wieder diese Geschichte; wir hatten neun Tore geschossen, ich davon drei, obwohl ich schon nach vier Wochen verletzt war, das war der Witz. Die Leute sagten: Das ist doch kein Sturm, der Rohrbach der kann nix. – Ich hatte drei von neun Toren geschossen, bei Auswärtsspielen. Der Berger kam, das ist die Geschichte, die ich erzählen wollte; das erste Wort, das er sagte, er guckte in meine Ecke, ich dachte: Was ist denn das fürn Fisch, er guckte in meine Ecke, und sagte: Dreihundert Mark Geldstrafe, du warst gestern um elf nicht zu Hause. Ich sagte: Ja gut. – Was sollte ich anders sagen, da sagt er: Hast du dazu nichts zu sagen? Warum soll ich dazu was sagen, Sie geben mir die Geldstrafe ja doch. Frech bist du auch noch! sagt er, das war dann schon alles. Dann war ich erst mal ne Zeitlang weg. – Gegen Mitte der Rückrunde kam ich dann wieder. Dann wollte ich weg, und der Ribbeck sagt: Ja, vielleicht gem wir dich frei, wenn dun Verein hast; wir kaufen nämlich n neuen Linksaußen. Ich wollte ja nur mal abtasten. Der Ribbeck selbst wollte n Jugoslawen, weil er mag so verrückte Außen mit runterhängenden Strümpfen, die alles verknoten. Der Grabi hatte sich aber inzwischen auf den Ender eingetanzt, auf den Türken, den hatte er mal in Köln gesehn, wie der den Vogts um die Fahnenstange gewickelt hat. Der

Ender der wollte auch, nur der Ribbeck wollte nicht so. Wir warn in Saarbrücken, im Trainingslager, der Ender kam an und wir guckten, wir spielten vier gegen zwei, und der Ender kam an und sagte – nein anders: der Ender kam an, der Ribbeck machte mit ihm Torschußübungen, und der Ender schoß links wie rechts eins nach dem andern rein; wir haben gedacht: Was ham wer denn da fürn Goldfisch gefangen. Dann kam schon das erste Spiel gegen AJAX. – Ich hatte nur eine Chance in diesem Jahr, denn der Ender spielte ja meinen Posten, der war fantastisch, der spielte dir also von allen Seiten das Ding durch die Beine, so wie er wollte, er machte noch manchmal: hopp hopp und klatschte kurz in die Hände und spielt dir das Ding durch die Beine. Er konnte natürlich kein Deutsch, dann begriff er das nicht mit der Steuer, daß da was abging vom Geld, das sind aber andre Geschichten. Er kam, der Ender, und war so stark, wie ich kaum einen erlebt hab und wurde von Training zu Training schlechter. Warum? Der Ribbeck hat ihn in eine Rolle gepreßt, die ihm nicht lag; er wollte aus ihm son fliegenden Außen machen, wie ichs eigentlich war, so einen, der steil ging, der brüllte: jetzt! oder so; und der Ender brauchte den Ball, wie der Grabi, aber es ist eben nur ein Ball da; wir sagten manchmal: wir müssen noch einen reinwerfen. – Den Parits hatte der Ribbeck für die Mitte gekauft, weil: der Heese wollte nicht mehr mit dem Kopf in den Fünfer. Und jetzt war folgendes: ich hatte ja keine Chance in diesem Jahr, ich war Nummer 19, und der Ribbeck fing in diesem Jahr mit seinem totalen Konkurrenzkampf an, das heißt, er besetzte jeden Posten zweimal, bis auf die teuren Posten. Der Parits war fest, der spielte auch gut, und den Heese, den mußte er ja nun bringen, denn der hatte uns rausgeknüppelt aus dem Schlamassel, aber der Heese wollte nicht mehr mit dem Kopf in den Fünfer, das hab ich ja schon erzählt, er wollte inzwischen die Pässe spielen, das hatte er plötzlich gelernt. „Heute spiele ich ohne jeglichen Schutz. Ich verlasse mich heute ausschließlich auf meine teschnischen Fähigkeiten"; er machte so Sprüche, er hatte dann manchmal Schwierigkeiten mit dem Ball, aber er war ja noch wichtig, weil er krempelte eben immer noch mal die Ärmel auf, und er wollte dann auch nich mehr. Später is er in Hamburg aufs Publikum losgegangen, er hat sich gesagt: die mögen nur meine Kraft – er war ja ein schlauer Kerl. Was die Leute an ihm gemocht haben, war seine Kraft, genau wie beim Kliemann. Die Leute, die mögen das halt, die glauben, es geht nur damit, mit Kraft, damit konnten sie sich identifizieren, deswegen hab ich aus diesem Bereich keine Fans, weil: ich bin nicht sehr groß, meine Fans, das sind solche, die meinen, es geht mit Wendigkeit oder Schnelligkeit oder so was. Das Lustige ist ja, daß dann – die Bergergeschichte hab ich noch nicht zu Ende erzählt, die gehört aber mit zur Endergeschichte, das ist dann vielleicht die ganze Geschichte, na gut, paß mal auf: Wir waren in Kenia, wir waren nicht abgestiegen und plötzlich: ich hatte ne Trotzreaktion, ich hatte keinen Verein gefunden, ich hab ja nur unten rumgespielt mit der Eintracht – die Eintracht war nur noch ein Schatten von einst. Alle sagten: die steigen nich ab, die ham zuviel technisches Können. Und wir: wir krebsten so rum, der Heese boxte uns raus, die KRAFT, nicht das technische Können. Ich spielte dann noch zweidreimal Linksaußen, auch gegen Gladbach, fünfnull verloren, der Weisweiler wurde fuffzig, ein Tor für jedes Jahrzehnt, wir kamen so in die Mühle, Dietrich, Wimmer und Netzer im Mittelfeld, wenn man da in die Mühle kam, da wars schlimm. Die Hälfte der Mannschaft hatte n Virus und spielte auch so, die Abwehr war blank, was sollte er machen? Der Heese, mein Freund der Heese sagte zum Ribbeck: Guck mal den Rohrbach hier, der ist giftig, den mußt du mal in die Abwehr stellen, Erich. Was war? Ich spielte Verteidiger. Warum? Der Ribbeck, der sagte immer: Sie sind zu weich. Was hab ich gemacht? Ich hab meine alten Puma-Schuhe angezogen und hab – mit den Nägeln unten drin, und Ribbeck spielte immer mal mit – und hab ihm n Zehnagel rausgetreten, dem Ribbeck, der immer sagte, ich bin zu weich. Das hatte er nicht vergessen, also: ich spielte Verteidiger gegen Björnmose. Wir haben fünfeins verloren, von dem Moment an war ich Verteidiger und spielte hinter dem Ender; das is jetzt die Endergeschichte wieder, ich spielte hinter dem Ender und fing an mit meinen alten türkischen Brocken: beni marka dasch oder so. Und er sagte: Du Turk? Du Turk? Ich war mal da unten, ich mußte ja mit ihm auskommen, ich dachte: Ich auf der linken Seite un der Endusch auf der linken Seite: da muß ich eben bißchen was machen mit ihm. Auf der rechten Seite war der Grabowski, der Holz undsoweiter, die zogen ihr Spielchen da auf und dann kam ja auch ab und zu mal ein Ball rüber zu uns, nach links, nich war, da mußten wir dann immer stark sein. Der Ender begriff das sehr schnell. Wir saßen immer im Bus auf der letzten Bank und hörten türkische Musik. Er machte immer bing bing, diese türkischen Lieder, und sagte: Du warst doch früher Linksaußen; dann lud er mich ein in die türkische Kolonie, das ging nich so gut, und eines Tages wurde er nicht mehr gestellt, und er sagte: ach leckt mich am Arsch. Beim Training spielte er uns die Bälle so durch die Beine und hielt auch mal drüber und sagte dann: Scho-ko-la-de, das war das einzige Wort, das er aussprechen konnte: Schokolade, aber das weniger; in der Türkei war er wirklich der Größte. Wir haben mal in Istanbul gespielt: das Stadion ist aufgestanden und hat geklatscht, als wir reinkamen, die ganze Tribüne, aufgestanden und Ender Ender Ender, und plötzlich kam er hierher und sollte steil rennen und bekam doch keinen Ball. –

Am Anfang ham wir in La Coruña gespielt, Moment mal, am Ende. Der Ender wurde so mitgeschleppt und später verkauft. Der Berger sagte: Was willste denn mit dem Türk? Ich sagte damals: Ich gehe jetzt weg, ich wollte nach Düsseldorf, und ich sagte: Ich geh, ich geh weg, die wollten mich unbedingt haben. Der Ribbeck der sagte: Du kriegst was du willst, Wohnung und Umlagen, also was willst du? Das hat er gesagt; ich verstand die Welt nicht mehr; da sagte er: So ist das im Fußball. Na gut, am Ende sind wir nach La Coruña gefahren, ich dachte, ich bin in Thüringen, also nicht direkt Thüringen, aber davor, daneben, so blau, also Wald, ich dachte: Was ist denn? das ist doch nicht Spanien. Das war La Coruña. Keine Touristen zu sehen, nur Seeleute. Der Franco machte da in der Nähe Urlaub; wir kommen aus dem Hotel als es noch hell war und gehen raus auf den Platz, da steht in der Mitte der Pott, der Pokal, wir gehen dreimal drumrum, die Augen fangen schon an zu glänzen, und machen uns langsam warm, na ja, es gab noch ne Prämie, alles netto, und dann geht das los. Der Ender war vor mir und sagte: Rohrby – Rohrby, sagte er immer: viel Flug, Geld, Istanbul, heute gewinnen. Ich sagte: Völlig klar, Netto für Brutto, so ging das los. Die ham dreimal gegen südamerikanische Mannschaften diesen Pokal verloren, der is so groß wie ich, der Pokal, lauter Blech und Engel, der steht auf der Geschäftsstelle, da arbeitet die Frau Pfaff den ganzen Tag dran, um ihn sauberzumachen; na ja, es geht los, der Parits geht durch und fällt erst mal drei Meter durch die Luft, die treten nur hin, es wird unheimlich reingetreten, ich hatte so einen kleinen stämmigen Siebener, der kam mit dem Ellenbogen, und ich bin mal unten rein und hab ihm das Bein gestellt, dann hab ich ihn auf die Aschenbahn geschmissen, dann kam er schon wieder und hat blank mit der Spitze nach vorne getreten; der Ribbeck schrie nur: Wir müssen die packen! Er wollte uns immer Härte beibringen. Jetzt aber, das ist entscheidend, der Uwe wichste die Dinger hinten raus, ich weiß nich was los war, wir hatten alle leuchtende Augen. Wir standen noch da und staunten; in dem Moment springt der Endusch so ganz verzinkt rein und hat das Ding selbst erledigt. Und vorher war folgendes passiert, der Schiedsrichter hatte immer noch keine Karte gezogen, da ging der Ender an einem Spanier vorbei und machte nur kurz seinen türkischen Hebel, er hatte ganz kurze Beine, also, er machte seinen türkischen Hebel, *die Pumpe* nannten wir das, und legte dem den Meniskus frei, der lief noch vier Meter hinter ihm her und sackte zusammen, und ich ging vorbei und hab da zum ersten Mal einen freien Meniskus gesehn, ich hab mich gleich rumgedreht und gedacht: Was ist denn hier los. Die waren alle wie die Verrückten, der eine ging nur an die Kehle, der hatte mit dieser Sache gar nichts zu tun; ich hab dann nur noch auf der Seite die Bälle rausgedroschen, entweder Ball oder Mann, so nach dem Motto: Sieg oder Blut am Schuh. Jedenfalls, wir holten uns den Pokal. Der Heese stürzte noch in die Mitte und machte die Faust hoch und schrie. Wir hoben ihn hoch, den Pokal, der Grabi konnte ihn gar nicht halten, der war viel zu groß, ganz oben war sone Krone drauf und an der Seite vier Engel, so Jungfraun wahrscheinlich, die Brüste nach vorn, natürlich verschleiert, man konnte sogar die Warzen spüren. Am nächsten Morgen ham wirn Umtrunk gemacht, der Franco fuhr plötzlich vorbei; da ham wir dann einhundertzwanzig Biere getrunken.

Und einmal rief mich der Ribbeck an und sagte: Die B-Mannschaft spielt in Ungarn, das ist was für dich, das ist doch ein Sprungbrett. Na ja, sagte ich, Ungarn, Budapest, wann komm ich schon mal dahin, und hab zugesagt. Wir haben in Tatabanya gespielt; der Hölzenbein war im Mittelfeld und der Danner; im Sturm glaub ich Reimann und Haun – und der Wunder, das war son Liebling vom Derwall. Der Derwall sagte bei der Besprechung zum Holz: Und wenn der Baltes dann geht, dann bleibst du mal hinten. Der Holz hats erst gar nicht verstanden. Ich hab so geguckt. Der Willi hielt sich die Augen zu, der war ja schon länger beim DFB. Und ich sagte: Was meint denn der Mann? Dann sagte der Derwall: Der Baltes mit seiner Offensivkraft, wenn der geht – und ihr wißt ja, die Ungarn sind stark am Ball – wir machen sie taktisch nieder, die sind halt zurück. Das Spiel lief dann an, ich saß auf der Bank. Es waren auch Leute da, vielleicht zwölftausend, höchstens. Bei den Ungarn war einer dabei, der hieß Zambo, der Mann hat dem Baltes in fünf Minuten vier Beinschüsse verpaßt, der wußte nicht mehr, wo vorne und hinten war, und nach dreißig Minuten sagte der Derwall zu mir: Jetzt mach dich mal warm. Ich fing also an und machte mich warm, es war sowieso Sonne, und dann sagte der Derwall: Ich glaub es geht, bleib mal sitzen. Da hatte der Zambo grad mal den Ball verstolpert. Und in der Pause, der Baltes saß völlig verwirrt im Sessel, sagte der Derwall: Gut so, du hast ihn jetzt drin. Der Willi sagte: Das geht doch nich mehr. Er kam mit dem Tee vorbei und sagte: Hör zu, du mußt dich jetzt langsam warmmachen. Ich sagte: Willi, du weißt doch, ich weiß überhaupt nichts. Der Baltes wollte da sauber grätschen und hat ihm noch hochgeholfen und solche Geschichten: der Zambo hatte ihn völlig im Sack; der Baltes stand da und hat mit den Knien geschlackert. Dann hat er ihn schließlich rausgenommen, weil der Willi schrie: Das geht doch nich mehr; das hat keinen Sinn. – Da sagte der Derwall: Na mach dich mal warm. Ich sage: Ja endgültig jetzt oder wie? Da guckt er mich an, na ja, ich machte mich warm und kam dann auch rein. Das erste: der Zambo wollte den Ball mit der Brust annehmen, und ich wollte gleich für klare Verhältnisse sorgen und sprang ihn so mit Beinen in Brusthöhe an; der guckte auch ganz verdutzt und flog in die Sandgrube rein. Da stellt sich der Derwall hin und schreit: Bist du verrückt?! Ich hab dann gesagt: Ich versuche den grade zu halten. Und der Willi sagt hinten: Nur weiter, nun gibts endlich Ruhe. So war das. Ich kam also rein in das Spiel; das erste, was der Mann macht, der Zambo, er spielt mir den Ball durch die Beine. Ich hab mir gedacht: Das macht der Hund nicht nochmal. Ich hab ihn dann an der Sandgrube gepackt, da stand schon der Derwall und sagte: Bist du total verrückt?! Dem Zambo war gar nichts passiert, ich hatte ihm halt den Ball in Brusthöhe weggeschnappt mit dem Stollen, der war überhaupt nicht verletzt, der war nur erschrocken; da steht er schon auf, der Derwall, und schreit: Ja bist du verrückt! Wir machen ein Freundschaftsspiel oder irgendsowas. Ich hab also nichts mehr verstanden. Wir sind dann am Abend zurück und saßen noch da und haben geflachst. Die Ungarn warn eigentlich besser.

Was noch? Die Netzergeschichte?. Also hör zu: der Netzer, ich bin auf ihn losgegangen, ich hab ihn in München getroffen, in einer Bar, der Netzer saß in der Ecke, und jemand fragte andauernd: wer ist das denn eigentlich? der Pfleghar stand rum, und ich sagte zum Netzer: was hast du denn bei der Weltmeisterschaft gemacht, wieso hast du die Autogrammtournee ausfallen lassen, bist du noch ganz dicht oder was? Wir waren beide schon halb besoffen; er sagte: was soll denn das? und da hamwer uns unterhalten. Ich hab ihm gesagt: Du wußtest doch selbst, daß du nich in Form warst, oder hast du inzwischen an das geglaubt, was über dich in den Zeitungen steht. Erst tat er so, als würd er mich gar nicht kennen, er dachte, ich wär haltn Fan von ihm; wir sind aufeinander losgegangen, ich stand mit dem Pfleghar da, wir unterhielten uns über Film undsoweiter und über Darstellungsmöglichkeiten, der Netzer war sauer und griff aus Versehn meine Jacke, wir wohnten ja beide im Hilton, direkt Tür an Tür, wie sich herausstellte; er nahm also meine Jacke und war verschwunden. Und dann kam ich und ging zu ihm, zum Netzer, am nächsten Morgen, da sagte der: was willst du denn hier? und ich sagte: Du hast meine Jacke vertauscht, ich kauf nicht bei Seelbach, und hab sie ihm hingeschmissen. Da hat er die Tür zugeknallt. Wir ham uns ziemlich gestritten; ich hab ihm gesagt, er wär nicht in Form gewesen, er hätte das sehen müssen, wieso er noch reinfällt auf diesen Zeitungskram. Er hats nicht mal zugegeben. Wenn er gesagt hätte: Junge das kommt schon mal vor, da hätt ich gesagt: Gut, komm her, erledigt, eine Flasche Roederer Crystall; aber er fing so an und ging auf mich los und war fürchterlich blaß; es war eigentlich schade. Er konnte mich überhaupt nicht einordnen, er wußte nicht mal, wer ich war, und das hätte man doch erwartet; er kam einfach nicht, weißt du, er kam einfach nicht, ich wollte doch mit ihm reden und dachte: was ist denn nun jetzt mit dem König – und der König kam einfach nicht.

Irgendwann kam mal zu mir das Gerede, daß so ein Junge in meinem Namen Mädchen anmacht und Autogramme gibt, und das in der Faschingszeit. Ich hab mir gedacht: na ja gut, das kommt schon mal vor. Eines Tages ruft mich der Vater von einem Mädchen an und sagt: Hör mal zu, wann bist du denn gestern aus Gladbach gekommen. Ich sage: Wer ist denn am Apparat? Ich bin der Herr Sowieso, meine Tochter behauptet, mit dir, mit Ihnen oder mit dir, ich weiß nicht genau – ich bin ja eigentlich für die Kickers, aber ich kenne dich doch vom Spiel, du bist son Kleiner, und der Kerl, der mit meiner Tochter rummacht, das ist son fetter Blonder, der sagt, er würde im Spiel ne Perücke tragen, um seine Haare zu schonen. Ich hab dann gesagt: Wir sind erst um elf aus Gladbach gekommen; das war nach der Niederlage, ich mußte Verteidiger spielen, der Weise hats nur gemacht, um den Zeitungen zu beweisen, daß ich gar kein Verteidiger bin: ich war das Opfer, aber das ist nicht die Geschichte, die ich erzählen will, der Vater also am Telefon sagt: Ich denke um acht Uhr seid ihr von Köln aus geflogen oder von Düsseldorf aus. Ich sage: Wieso? Na dann bist dus doch, sagt er, dann isses der andere nicht. Da ist der Kerl also hingegangen und hat gesagt er wäre aus Gladbach gekommen und hat das Mädchen besucht; der stand an der Theke und sagte: Also, ich bin der Rohrbach; der Trinklein und ich, wir sind schon früher geflogen. Das gibts aber öfter. Ich sage immer: es ist so wie es ist, laß die mal machen. Und dann sag ich auch manchmal: Was die Leute über dich denken, daran kannst du nichts ändern. Ich hab ja schon Schwierigkeiten mit der Kurve, weil da zwei Mädchen stehn und andauernd schrein: Tommy Tommy; dann fangen die andern an und machen Protest, die Jungs, die sind sauer auf mich. Aber andre kommen eben und sagen: Warum nimmt der dich denn vom Platz? Wieso wechselt der Weise dich aus? Die stehn auch in der Kurve, ich meine ja nur.–

Es gibt Leute, die mögen mein unwirsches Spiel, die mögen diese Verunsicherung, ich mach mit dem Ball manchmal Dinge – die sagen mir Unberechenbarkeit nach; meine Unberechenbarkeit ist ja manchmal so stark, daß mich meine eigenen Kameraden nicht mehr berechnen können, die wissen dann nicht, wenn sie mich schicken sollen – das heißt: ich lauf oft ins Leere. Gestern, da hätt ich den Heese gebraucht, der hätte nur so gemacht, weißt du: so, auf die kurze Ecke. Wir sagen: die scharfe Flanke auf die kurze Ecke ist tödlich. Tja. Und da nimmt er mich raus. Ich weiß auch nicht warum. Aber wenn er, der Weise, zum Beispiel das Publikum dauernd verunsichert – denn das Publikum wird ja auch verunsichert durch Auswechseleien, dann sagen die: ja, dann muß der doch schlecht sein, wenn er den rausnimmt. Die gucken ja teilweise gar nicht das Spiel an, sondern beurteilen das Spiel nach dem, was in den Zeitungen steht, das wissen wir ja. Und wenn der mich dauernd auswechselt, dann werden die sauer auf mich, und lassen das alles ab: Der macht das und das, der macht in der Stadt rum, der hängt in den Kneipen, was natürlich nicht stimmt. Ich lebe genau wie die andern, das heißt, ich lebe nicht so. Wenn einer zu mir kommt, der kann ein Glas Bier trinken, und wenn ich kein Bier trinken will, dann sage ich: Ich trinke kein Bier. Die andern, die legen son Mäntelchen um und sagen: Hier, wir sind Profis, wir saufen nicht. – Wenn ich mich besauf, gehe ich weg mit einem, vielleicht, weils mir Spaß macht; die andern sitzen zu Hause und gucken Krimi und Quiz und saufen sich da ihre Köpis rein; das ist doch das gleiche. –

Früher mocht ich den Rahn. Der machte diese verrückten Tore. Und dann Vierundfünfzig und Achtundfünfzig hatte ich seine privaten Geschichten gelesen. Es war der erste, der aus dem Rahmen brach. Er machte Geschichten. Er fuhr mal besoffen Auto, er hatte ne Schlägerei, er saß mal im Knast; das warn alles Sachen, die mir gefielen; er explodierte – nicht nur am Ball. Ich spiele nicht so wie er, ich weiß das; aber ich mochte ihn einfach. Die andern warn alle irgendwie niedergemacht. Der Rahn der schnitt sich zwar auch vor Schweden ein Mäcki, aber aus Spaß, und der Herberger holte ihn dann ausm Knast, was weiß ich, das hat man ja nur aus der Zeitung erfahren; dann sah ich ihn mal bei ner Probe: Wer hat den härtesten Schuß, im Stern, vor der letzten Weltmeisterschaft, und da kam er, er hatte so Haare bis auf die Schultern und hat sie so hinters Ohr gesteckt und schoß mit dem Cruyff und paar andern, da war er wieder der einzige, der mir gefiel; er hatte n Bauch, aber immer noch den härtesten Schuß. Er machte auch so Geschäfte, mit Autos, dann hat er ne Zeitlang mit Schinken gehandelt, jenachdem, vorher hat er halt Fußball gespielt an der Hafenstraße, da erzähln sie sich heut noch vom Boß. Das ist die Geschichte vom Rahn. Wenn ich vierzig bin oder fünfzig, ich weiß nicht, ich bin bestimmt keine Legende wie der Rahn, ich weiß nicht, wie das dann aussieht, ich bin dann so satt vom Rollenspiel. Heute muß ich den Mund halten. Wenn mich heut jemand anspricht und fragt: Warum hast du nicht gespielt am Samstag, dann sag ich: ich bin halt zu schlecht. Ich kann ihm ja nicht die wahren Hintergründe erklären, denn dann sagt er: Na ja, der redet sich raus. – Wenn ich fertig bin mit dem Fußball, dann hab ich die Nase voll von der

Öffentlichkeit und vom Bekanntsein, ich weiß nicht, die Leute fragen mich oft: Was machste denn, wenn du fertig bist? Ich mach mir da weiter keine Gedanken. Die reden andauernd darüber: Was mach ich, wenn ich dreißig bin; was mach ich, wenn ich vierzig bin. Obwohl sie ja nicht mal wissen, ob sie die Saison gesund überleben.

Einmal, wir ham gegen Kiew gespielt, Vierundsiebzig, der Nickel, der Hammer, macht das Einsnull nach zehn Minuten, nach zwanzig Minuten bekomme ich einen verunglückten Schuß halblinks, das ahne ich immer, und stürz mich halbrechts in den Sechzehner rein, weil ich weiß: wenn die Dinger verunglücken, kommen sie da raus, verstehst du, an dieser Stelle, halbrechts. Und da kommt auch der Ball, ich bekomm ihn und schieb ihn an einem Russen vorbei und in diesem Moment zieht der Mann mir die Beine weg; ich hab noch ein Foto, Elfmeter, der Schiedsrichter hat nicht gepfiffen. In der zweiten Halbzeit hat er ihn aber gepfiffen, weil der Holz an der Eckfahne stand und ich sagte: Los Holz, mach deine Schwalbe, es gibt einen Elfmeter. Was macht er? Was macht er?! Der Berger sagte: Du hättest das zweite Goal machen müssen, das Spiel wäre längst entschieden, wenn du das zweite Goal gemacht hättst. Ich sage: Das war ein Elfmeter; ich hab ja heut noch n Foto, wo mir der Russe das Standbein wegtritt; so hoch mit dem Fuß: so hoch. Ich hatte mich mit ihm rumgeschlagen, der konnte kein Deutsch und nix und hatte ganz kurze Haare, ich hab ihn dann paarmal versetzt, und er hat mich umgetreten, dann hab ich ihn umgelegt, so richtig von hinten und hab ihn dann hochgezogen, er hat mir so auf die Schultern geklopft; der hat mich genau verstanden.

Oder das Spiel in Spanien, in Cadiz, da ging es ums Essen; da wurde für alle ein Steak bestellt, das können die Spanier nun überhaupt nicht, also kam sone Schuhsohle auf den Tisch. Ich bin weggegangen und habe mich hingesetzt, direkt ans Meer, schön hoch, da war ein Restaurant, und da hab ich Fisch bestellt, das war am Tag vor dem Spiel, wir sollten eigentlich schlafen. Ich habe gesagt: ich muß richtig essen. Ich habe fantastisch gegessen. Ich hab natürlich auch Wein getrunken und hab mir die Altstadt angesehn. Die ham gesagt: Cadiz? da is doch nix los, keine Touristen und nix. Das war ja gerade das Schöne. In der Altstadt gab es ein Viertel, da liegt ein Sänger begraben; die Häuser sind ganz weiß angestrichen. Da hab ich dann meine Kraft getankt für das Spiel. – Wenn wir auf Reisen sind, auf Tournee, dann wird man sich schon mal über; wir sind ja dauernd zusammen, aber wenn dann auch noch Programme zusammengestellt werden: Jetzt machen wir ne Stadtrundfahrt, jetzt gucken wir uns das an – das ödet mich an, ich finde das fürchterlich; aber das sind so Dinge, die nicht von der Gruppe kommen, sondern von außen. Zum Beispiel letztes Jahr in Ägypten, da hat mich der Trainer getroffen, nach drei vier Tagen, und hat gesagt: Wo machen denn Sie rum, Sie seh ich ja überhaupt nicht, wo sind Sie denn eigentlich, hier gibts doch nix. – Und das in Kairo. Ich bin in die Wüste gegangen und rumgeritten und hab mir die Pyramiden angeguckt, weil ich nicht eingesehen habe, wenn ich so eine Reise mache, daß ich den ganzen Tag im Hotel sitze und Kairo ist in der Nähe. – Wir hatten ständig Programme, jaa: die Gruppe, die Gruppe – wir sind auch schon mal geschlossen durch ein Museum gerannt; diese Gemeinschaftsfahrten warn schlimm; diese Empfänge zum Beispiel beim Kulturattaché, völlig überflüssige Dinge, wo man sich zwei drei Drinks reinknallte, damit man mal bißchen lachen konnte. Aber die meisten sitzen halt im Hotel und kloppen Karten, das wird ja bewußt gefördert, die werden gar nicht drauf angemacht, daß das was Schönes ist, wo sie sind. Man erlebt Städte nur vom Stadion aus und vom Hotel.

Auf der Bank? das Gefühl? Das haste schon mal gefragt. Das Gefühl auf der Bank. Das ist unterschiedlich. Gestern wars gut. Aber manchmal spür ich halt den direkten Druck, da spür ich, daß ich was machen muß, daß *ich* der sein muß, der die Tore schießt. Bisher hab ich das immer geschafft, bis zu einem gewissen Grad, aber das isn sehr harter Kampf, da is man einsam; montags morgens im Wald, da machst *du* das Tempo beim Waldlauf, und hinten kommen die Sprüche: Na biste wieder in der Pedale? Da mußt du dann sagen: Du hastn Stammplatz, ich nicht. Und in der Pause in der Kabine kommt alles raus, was sich angestaut hat in den Wochen. Oder man nimmt eben Rücksicht, weil man meint: den können wir jetzt nicht niedermachen, sonst nützt er uns gar nichts mehr; aber das ist das schlimmste: wenn das Mitleid schon kommt. – Gestern wars nicht so schlimm. Aber manchmal kann ich zum Beispiel oben in diesen Raum nicht mehr gehn; ich kann die ganzen Gesichter dann nicht mehr sehn, dieses falsche Grinsen, wie sie dich ansprechen, weil du nicht gespielt hast. Der Mischnick sagt gestern zum Beispiel zu mir: Na ja, am Dienstag gegen Essen wieder, was? Ich hab nur gesagt: Ich kann das nicht sagen, ich stelle die Mannschaft nicht. – Gestern zum Beispiel hab ich gar nichts gespürt. Aber im letzten Jahr, als ich die ganze Zeit nicht gespielt hab, wenn dann der Lorenz kam oder irgend jemand und hat an meiner Stelle gespielt und n Tor gemacht, da hab ich gesagt: jetzt mußt du noch mehr und noch mehr. Ich hab mich dabei ertappt, daß ich teilweise übertrieben geklatscht hab für ihn, wenn er ein Tor geschossen hat; aber dann hab ich natürlich gespürt, daß das das Urteil war, weiter auf der Bank sitzen zu müssen. – Damals war ich auch manchmal verletzt. Meine schwerste Verletzung war eine Kopfverletzung, nämlich ein Jochbeinbruch. Einer hatte mich mit dem Ellenbogen am Jochbein getroffen und das knickte so in den Kopf rein ab; ich bin vom Platz gegangen und hatte nur noch ein halbes Gesicht, das ham die dann durch den Mund sehr schön wieder hochgeholt, das ist alles verheilt. Ich hatte auch mal ne Absplitterung am Knöchel, die hat mir der Trainer nicht abgenommen; das hat sich erst hinterher als Fraktur herausgestellt; er hat gedacht, ich mach ihm was vor. Und gestern hab ich ihm eine Zerrung angeboten. Ich hab ihm gesagt, ich hätte noch was an der Leiste; aber ich glaube, er hätte mich sowieso nicht gebracht. – Zwei gucken halt immer zu. Sechzehn braucht man. Der Ribbeck hatte mal zweiundzwanzig. Die Leute ham sich im Training zusammengetreten, das hab ich erlebt, weil man nur so in die Mannschaft gekommen ist. Na ich sage teilweise: Das ist doch ganz klar, ich muß wieder spielen. Das sag ich auch den Reportern, und ich sage dann auch, wenn sie ohne mich gut gespielt haben: Also es gibt nur eine Möglichkeit: verkaufen, ich werde nicht mehr gebraucht. Ich weiß nicht, was mit mir wird, ob ich geh oder bleibe; ich weiß auch nicht was mit den andern wird. Ich weiß gar nichts. Du weißt doch wie das ist. – Aber zum Beispiel am Samstag, diese scharfe Hereingabe vom Grabi, ich hatte dieses Ding eingeleitet und bin dann im Spurt in die Mitte gegangen, direkt vors Tor und hab einen Paß erwartet von ihm und dann kam ein Schuß, der prallte wieder ins Feld, zehn Meter zurück, ich hab den verfolgt und warf mich rein und sagte in der Kabine: Grabi, der war zu scharf. Und der Berger stand hinter dem Grabi, ich guckte ihm in die Augen, da sagt er: Das zweite Goal! Du mußtest das zweite Goal machen. Und ich sagte: Grabi, der war zu scharf, ich bin mit dem langen Bein hin, ich hatte ja fünfzig Meter hinter mir in vollem Dampf. Und der Scheppe sagt mir: Der war zu fest, erzähl nix, das war kein Paß. Da hätte ein butterweicher Paß kommen müssen, da hätt ich ihn reingemacht; da geh ich durchs Netz durch, in die Zuschauer. – Aber das war wieder sone Geschichte, der steht da hinten und sagt: Das zweite Goal! Das zweite Goal! Un ich sage zu ihm: Der war zu fest, und er – ach, keine Aussage.

Na es gibt Samstage, da kotzt es mich an, es gibt einfach Samstage, da muß ich weggehen. Neulich war ein Foto von mir in der FAZ, wo ich schreie, der Holz steht so da – ich sitze am Boden und sage: bringt mich doch endlich hier weg; ich liege am Boden, ich hatte von links so ein Ding eingeleitet, zwei Mann hocken noch in der Mitte, der eine macht so – und der Holz der macht so: mit den Händen so vorm Gesicht. Ich weiß noch, alle drückten auf ihre Kameras und ich schrei am Boden und unter dem Bild steht: *Rohrbach stößt Klagelaute aus.* Ich bin jetzt soweit, daß ich gar keine Zeitung mehr lese, es sei denn, es fällt mir eine in die Hände, am Montag, auf der Massagebank meistens, oder wie heute halbzwei die FAZ. Da hab ich was über das gestrige Spiel gelesen und hab mir gesagt: so, jetzt will ich mal lesen was los war, warum der mich ausgewechselt hat. –

12.6.75

Ja was noch? Diese Geschichte in der Zeitung? Da steckt Braunschweig dahinter; die wolln, daß ich jetzt unterschreibe, die sind ziemlich scharf auf mich. Aber wenn ich so Sprüche höre: Ja wir werden uns jetzt jemand anderes holen; da muß ich nur lachen. Das hats eben noch nicht gegeben, daß ein Spieler einfach gewartet hat. Viele sagen: Das sei ne Frechheit, daß ich das so hinauszögre, weil: einige Spieler bleiben in diesem Jahr sitzen; vielleicht gibts zum ersten Mal arbeitslose Fußballer. Ich denk zwar an alle Möglichkeiten, aber ich mach mich da nicht so verrückt.

27.6.75

Ja in der Zeitung stand: Rohrbachs Pokerspiel ging ins Auge. Braunschweig waren die Sonderwünsche zu viel. Ja na und? Der Jugoslawe, den sie gekauft ham, der übrigens älter als ich ist, der ist doch viel teurer. – Im übrigen ist die Pokerrunde noch gar nicht zu Ende. Vielleicht hat sich Braunschweig vom Tisch erhoben und ist ausgestiegen, mag sein. – Aber wenn man jemanden haben will, dann muß man sich eben auch nach ihm richten. Die Zeiten sind halt vorbei, wo die Leute, die Präsidenten, einfach gesagt haben: Also es is ne Ehre, bei uns spielen zu dürfen. – Ich glaube, die Braunschweiger fühlen sich einfach von mir verschaukelt; die sagen: Was will denn der Dackel da eigentlich. – Aber ich muß ja hier weg. Ich hab mich draußen gefühlt in der letzten Saison, ich war nicht mehr in der Mannschaft; dann bin ich in Offenbach – ich hab das ja nicht verstanden – aber da hab ich gemerkt, daß mich die Eintracht verkaufen will – dann bin ich in Offenbach ausgewechselt worden. Mir war danach völlig klar, daß mich die Mannschaft auch nicht mehr will. – Ich glaube, daß ich in Deutschland keinen Verein mehr bekomme; das ist auch ganz gut so, ich bin bißchen deutschlandmüde, ich kenne schon alle Stadien, ich hab alles hinter mir, Süden Norden Westen, was noch?

24.7.75

Nein, das ist Quatsch, ich liege nicht auf der Straße. Im Moment bin ich noch aufm Markt; die Zeitungen wissen nur nicht, mit wem ich alles verhandle. – Obwohl, ich hab kein Interesse an Deutschland mehr, ich will mal im Ausland spielen. – Na ja, Braunschweig wollte mich unbedingt haben; vorher war Köln dran und so. – Was heißt denn: zu hoch gepokert? – Braunschweig hat aufgegeben, die fühlten sich von mir verarscht, der Fricke, das is zwar n netter Mann, aber er is nich gewohnt, daß ein Spieler plötzlich sagt: Moment mal, ich möchte noch bis zu dem und dem Zeitpunkt überlegen, und die und die Klausel möchte ich noch im Vertrag haben. – Na ja dann hat er sich halt den Jugoslawen geholt, den Popivoda. – Ich wußte schon, daß in diesem Jahr ein paar Spieler auf dem Markt bleiben, ich gehör nicht dazu, ich gehe ins Ausland – vielleicht für zwei Jahre, mal sehn, und irgendwann komm ich auch mal zurück, das kommt darauf an, wie sich die Dinge entwickeln. Die Nationalmannschaft? Ach na ja, ich war nahe dran, aber – ich meine – das ist halt vorbei nichwahr, ich mach mich da nich verrückt. Und weiter? Was is? Was willste noch wissen? –

4
Letzte Fragen

Möchten Sie gern auf dem Mond leben?
Gerlinde Bielanski, Stuttgart

Das nicht, nein.
Uwe Seeler, Mittelstürmer

Was ist Ihr größtes Problem?
Thomas Waldkirch, Mannheim

Mein rechter Fuß.
Wolfgang Overath, Mittelfeldspieler

In jedem Länderspiel und auf jedem Mannschaftsfoto tragen Sie schwarzweiße Armstulpen. Ist das Ihr Talisman?
Roland Rutz, Mannheim

Ich glaube, Sie irren sich, ich habe noch nie schwarzweiße Armstulpen getragen.
Sepp Maier, Tormann

Wie kam es, daß Sie und Müller sich gleichzeitig einen Schnauzbart wachsen ließen?
Monika Bleicher, Rottenacker

Unmittelbar nach dem Türkenspiel stand für mich fest, daß ich mir einen Schnauzbart wachsen lassen würde. Als wir im Flugzeug saßen, sagte ich zu Gerd Müller: ich lasse mir jetzt einen Schnauzbart wachsen. Darauf antwortete Gerd Müller: ich lasse mir auch einen Schnauzbart wachsen.
Franz Beckenbauer, Libero

Punkt ist Punkt

Alte und neue Fußball-Spiele

Versuche im Erweitern nackter Worte

A

der **Ausputzer** der **Aufbauer**
der **Abpraller** der **Aufreißer**
der **Abklatscher** der **Abstauber**
der **Abtropfer** der **Aufsetzer**
der **Aufsteiger.**

der **Schnitzer** die
Mauer die **Gasse**
der **Hammer** der
Drücker die **Lücke**
der **Kasten.**

B

Nach dem Schnitzer des Ausputzers hob der Aufbauer den Abpraller über die Mauer in die Gasse wo der Aufreißer mit dem Hammer am Drücker war und den Abklatscher in die Lücke gab wo der Abstauber den Abtropfer nahm und als Aufsetzer in den Kasten des Aufsteigers setzte.

C

Nach dem groben Schnitzer des knallharten Ausputzers hob der fleißige Aufbauer den harmlosen Abpraller über die wankende Mauer in die geöffnete Gasse, wo der gefährliche Aufreißer mit dem linken Hammer plötzlich am Drücker war und den kurzen Abklatscher in die entstandene Lücke gab, wo der hungrige Abstauber den abgefälschten Abtropfer aufnahm und als tückischen Aufsetzer in den leeren Kasten des abstiegsverdächtigen Aufsteigers setzte.

D

Am Ende der zweiten Halbzeit, nach dem groben Schnitzer des knallharten, platzverweisreifen Ausputzers, hob der fleißige, unerhört spritzige Aufbauer den eigentlich harmlosen, durch den drückenden Rükkenwind aber in Fahrt geratenen Abpraller über die weichgetrommelte wankende Mauer in die geöffnete Gasse, wo der inzwischen aufgerückte brandgefährliche Aufreißer mit seinem unheimlich harten linken Hammer plötzlich am Drücker war, seinen Schatten abschüttelte, einen Stangenschuß ansetzte, das zurückspringende Leder aus der Luft nahm und im nächsten Moment direkt auf den Mann schoß, den kurzen Abklatscher vor den atemlosen Rängen in die entstandene Lücke gab, wo der frisch hereingekommene hungrige Abstauber den Braten roch, sich das Leder angelte, an die Latte nagelte, dann von einem gegnerischen Bein abgefälschten Abtropfer eiskalt aufnahm, und die Kugel als tückischen vielumjubelten Aufsetzer kurz vor Schluß in den leeren Kasten des insgesamt enttäuschenden abstiegsverdächtigen Aufsteigers setzte.

Zitate 1

Ich bin, so wie es ist, zufrieden.

Franz Beckenbauer,
Abwehrspieler

Gesund bin ich, in Ordnung ist alles.

Willi Schulz,
Abwehrspieler

Ich fühle mich mächtig in Schuß.

Gerd Müller,
Stürmer

Nun lege ich los.

Jürgen Grabowski,
Stürmer

Es stimmt, ich fühle mich wohl.	*Helmut Haller,* *Mittelfeldspieler*
Mir gehts gut, danke.	*Wolfgang Overath,* *Mittelfeldspieler*
Ich bin ein anderer.	*Reinhard Libuda,* *Stürmer*
Wir werden schon sehen.	*Bernd Patzke,* *Abwehrspieler*
Ich will.	*Wolfgang Weber,* *Abwehrspieler*
Es hat keinen Zweck, ich kann überhaupt nicht laufen.	*Uwe Seeler,* *Stürmer*
Ich kann laufen und gehen, aber nicht schießen.	*Siegfried Held,* *Stürmer*
Ich kann weder singen noch tanzen.	*Günter Netzer,* *Mittelfeldspieler*
Ich kann nicht einmal richtig sitzen.	*Peter Grosser,* *Stürmer*
Ja, was soll man da sagen.	*Max Merkel,* *Trainer*

Alles auf einen Blick

Auf diesen Moment hatten wir lange gewartet, nun war es endlich soweit, die ganz in Weiß spielenden Platzherren erschienen, die unheimlich schnell daherkommenden Grünhosen liefen ein, die hungrigen Kohlenpott-Giganten, die Roten Teufel vom Betzenberg, die Adlerträger vom Riederwald, mit Huberts, dem Gentleman-Ausputzer und Kettenhund Wirth, die Sechsundneunziger kamen, die Sechziger, jetzt kamen sie alle, die Dogge Dausmann, die Wühlmaus Stiller, Moskito Vogts, Eisenfuß Menne, der Brecher Wüst, der Rammer Heese, der Meißel Gress, der Stoßkeil Lotz, Popp, der knallharte Stopper, Feuerfuß Müller, Rumor, der dynamische Fuchs, Netzer der Gipser, der schillernde Schmidt, der wirbelnde Wild, der stampfende Roth, der humpelnde Held, Zaczyk, der Notrechtsaußen, Sieloff der Kurbler, der Prellbock Breitner, der Stahlmensch Kurbjuhn, Raketen-Rausch, Aufräumer Hentschel, Rühl, der fleißige Wühler, Horr, der linke Verbinder, Alt-Putzer Lutz als Vorstopper, das Rätsel Gecks, Dampfmacher Bechtold, Sturmquirl Weist, Hölzenbein, der unheimliche Schneisenschläger, Gerwien, der unwiderstehliche Lückenreißer, Blusch, der Schwager-Ersatz, Kik und Kaack, Thielen und Thelen, Ripp und Rupp, Kartoffel Weber, Pudding Witt, Ettmayer, die Tiroler Kanone, Ratte Sandmann, Sprotte Sühnholz, Mücke Pirrung, der emsige Wenzel, Rehagel, der eiserne Otto, Müller, der Killer mit den sanften Füßen, Nickel, immer mit einem Tor auf dem Fuß, Parits, der Unruhestifter, Hermandung, der für sein Leben gern wie um sein Leben rennt, die Mittelfeldzwerge Knoth und Braun, Rohrbach, der große Renner mit dem Riesenradius, der eiskalte Brei, von diesem Brei wird man noch hören, Ente Lippens, immer für eine bis an den Rand gefüllte Pfanne Bratkartoffeln zu haben, der knüppelharte Gastarbeiter Pavlic, Pirkner, das große Fragezeichen, Kirsch, die harte Nuß, Starek im Gehgips auf der Tribüne, achselzuckend, Willi Schulz, der sich noch etwas krümmt, aber ein harter Mann, der Westfale, Riegelrudi, der Retter, der sich die Haare rauft, winterlich ausgerüstet, Zebec, der Mann, der selten lacht, lachend der kopfschüttelnde Binder, weiß Gott kein Unbekannter, nun war es soweit, ein Ruck ging durch die tragischen Gestalten im lehmverschmierten Trikot und damit genug für heute.

Stehen Gehen

aber kaum hatte es angefangen, da war man erstaunt darüber, Rupp in der Mitte zu sehen und Rühl auf der rechten Seite, keiner wußte eine Erklärung dafür, warum Gecks diesmal hinten stand und Koch an der Stelle, wo man eigentlich Kraft erwartet hatte, wenigstens Lutz war auf seinem Stammplatz zu finden, dafür suchte man Horr vorn vergebens, er hatte den Platz mit Brungs getauscht und stand in der zweiten Reihe, neben Witt, hinter Maas, vor Olk, der an diesem Tag auf Pumms Platz stand, allerdings bald auf die andere Seite ging und Held nach links ließ, damit Sturm aus der Mitte kommen konnte; daß das nicht klappte, lag nicht an Kik, dem Kaack ständig folgte, sondern an Rühl, der nicht an Popp vorbeikam und deshalb Löhr Platz machen mußte, Gress tauchte plötzlich vor Kleff auf, doch nun ging Lutz zurück, Kalb in die Mitte, Koch wich nach rechts aus, Brungs zwängte sich zwischen Moll und Dulz, Held ging nach vorn, und als Wüst hinter Horr auftauchte, wußte Maas nicht wohin, links ging jetzt Ohm vorbei, Rupp kam um Pumm herum, aber keiner war mitgelaufen, alles drängte zu sehr in die Mitte, Manglitz stand falsch, aber Wolter stand richtig, ohne ihn stünden die Gäste nicht da, wo sie stehen.

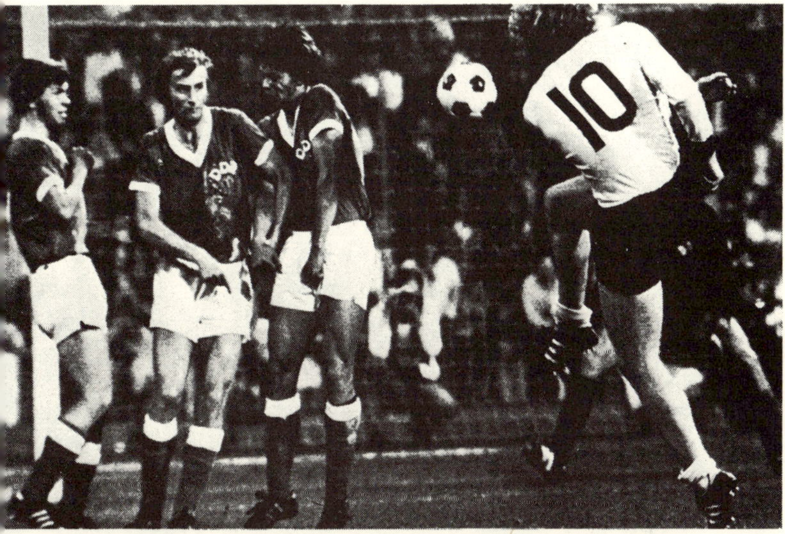
10

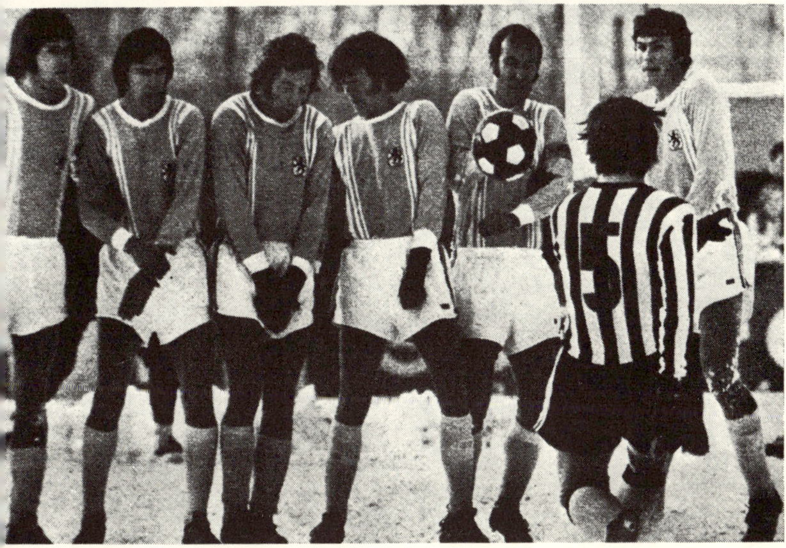

Farben

rotes Hemd rote Hose rote Stutzen
rotes Hemd rote Hose weiße Stutzen
rotes Hemd schwarze Hose schwarze Stutzen
blaues Hemd blaue Hose weiße Stutzen
gelbes Hemd blaue Hose gelbe Stutzen
grünes Hemd grüne Hose grüne Stutzen
grünes Hemd weiße Hose schwarze Stutzen
schwarzes Hemd weiße Hose schwarze Stutzen
blaues Hemd weiße Hose blau-weiße Stutzen
weißes Hemd grüne Hose grün-weiße Stutzen
gelbes Hemd schwarze Hose schwarz-gelb geringelte Stutzen
rot-weißes Hemd weiße Hose weiße Stutzen
rot-weiß gestreiftes Hemd schwarze Hose schwarz-gelbe Stutzen
blau-weiß quergestreiftes Hemd weiße Hose weiße Stutzen
rotes Hemd mit weißem Brustring schwarze Hose schwarze Stutzen
weißes Hemd mit rotem Brustring rote Hose rote Stutzen
oder ganz in Weiß

Handschuhe

Guten Tag meine Damen und Herren, heute beschäftigt uns die Frage, was unsere drei Mexiko-Torhüter tragen, wenn sie das Leder aus der Luft pflücken oder aus den Ecken fischen, Mütze und Pullover, das wissen wir, das ist klar, darüber brauchen wir kein Wort zu verlieren, aber was tragen sie an den Händen? Jawohl. Handschuhe. Handschuhe mit Noppengummi bei trockenem Wetter, Handschuhe mit Frottierhandfläche bei nasser Witterung. Die Handschuhe sind immer dabei, sagen sie wie aus einem Munde. **Ohne Handschuhe bin ich nackt,** sagt Sepp Maier. **Ohne Handschuhe fühle ich mich nicht wohl,** sagt Horst Wolter, und was sagt Manfred Manglitz? **Ohne Handschuhe, das gibts nicht, die gehören zu meinem Körper wie die Nase.** Ein Blick auf die Riesenhände des nüchternen Schlußmanns sagt alles. Die linke Hand: Kapselriß am Daumen, am Ringfinger, am kleinen Finger. Die rechte Hand: Kapselriß am Daumen, am Ringfinger, am kleinen Finger, zweimal am Zeigefinger und am Mittelfinger. Dieser Mann kann sowieso nicht mehr ohne Handschuhe leben. Und nun wie immer weiter mit Musik.

Unsicherheiten beim Hinauslaufen

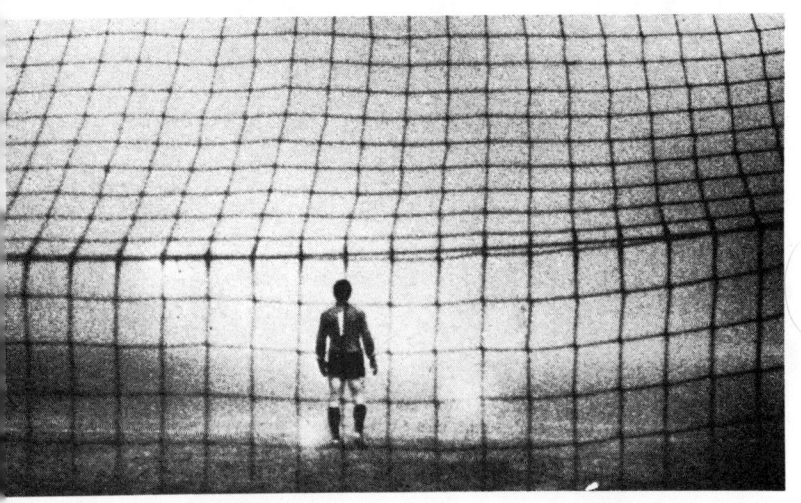

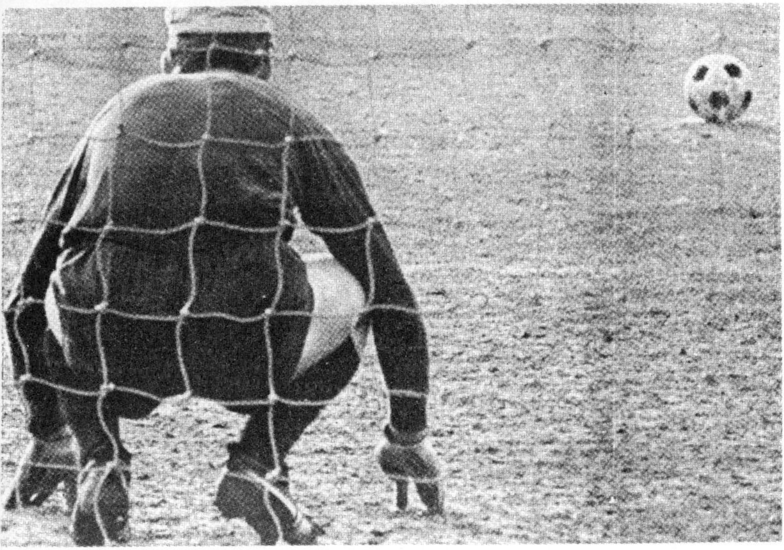

Ich werde einen Torrekord aufstellen, der in die Geschichte eingeht.

Gerd Müller,
Stürmer

Burschn, hauts eini!

Gustav Starek,
Mittelfeldspieler

Hast des gsehn, wie der Ball kumma is?

Sepp Maier,
Torhüter

Männer, die putze mer weg!

Fritz Walter,
Stürmer

Auf eigenem Boden beißen wir sie alle.

Werner Kik,
Abwehrspieler

Wenn ich vorn reingekonnt hätte, wäre vielleicht noch was drin gewesen.

Erich Beer,
Mittelfeldspieler

Sobald der Ball in der Luft ist, muß man sich entschieden haben.

Uwe Seeler,
Stürmer

Wenns rollt, dann hörts nimma uff zu rolle. Wenns erst abgeschnitte is, dann rollts auch nimma.

Lorenz Horr,
Stürmer

Wenn ich Vogt sein linkes Bein wegnehme, fällt er einfach um, weil kein rechtes Bein da ist.

Gyula Lorant,
Trainer

Ich weiß, wie knallhart jeder Brocken ist, der auf uns zukommt.

Adi Preißler,
Trainer

Nach der Pause war der doch überhaupt nicht mehr an mir dran.

Kurt Pinkall,
Stürmer

Dazu möchte ich im Moment nichts sagen.

Max Merkel,
Trainer

Der letzte Biß

Eine halbe Stunde war vergangen. Im düsteren Schneeregen war nichts passiert. Ein lustloses Geschiebe auf klebrigem Boden. Es wollte nicht klappen. Der Dicke rackerte, aber er fand keine Lücke, er stand nicht richtig, Lotte langte kurz hin, aber schaffte es nicht, er blieb hängen, eingeklemmt von mehreren Beinen. Das ging eine Weile so weiter. Paul nahm die Hand zu Hilfe. Lutz stocherte unter der Dunstdecke auf der anderen Seite herum. Keiner traute sich. Keiner biß zu. Keiner wußte, wie es gemacht wird. Das Feuer fehlte. Aber plötzlich machte sich Emma frei auf diesem schlüpfrigen Boden, das war eine gute Gelegenheit, also fackelte Friedrich nicht lange und schob ihn gemächlich hinein. Emma bot sich noch einmal an, da war Paul nicht mehr zu halten, Emma wurde gelegt, und Paul bohrte unermüdlich. Jetzt kam auch der Dicke durch, vorne war alles offen, Lutz war eingedrungen, er hatte endlich das Loch gefunden, denn Hertha zeigte auf einmal erschreckende Blößen, Emma wälzte sich auf der Linie im Schlamm, doch in diesem Moment befreite sich Hertha aus der Umklammerung, Lotte schüttelte Friedrich ab, Emma zog sich zurück, aber der Dicke stieß nach in die Tiefe, die unerhört schnellen Mönche hetzten die blauweiße Hertha über den Rasen bis ihre Abwehr erschlaffte, sie drückten und drückten, zweimal rutschte Bernard das glitschige nasse Ding aus den Händen, schon sprang Friedrich dazu und schob ihn lächelnd hinein in die untere Hälfte, als er das klaffende Loch sah, preßte er ihn mit unheimlicher Wucht hinein, stocktrocken, jetzt stand er richtig, Lutz ließ nicht locker, der Dicke ackerte wie verrückt, er war voll bei der Sache, der wuchtige Mann, und Paul bediente Emma mit einer Kerze. Sie prallten schwingend zusammen, die Männer mit den schwarzen Handschuhen, sie arbeiteten lautlos in schwarzen Strumpfhosen im fahlen Flutlicht. Hertha wehrte noch einmal ab, aber es nützte nichts mehr, die Mönche rissen sie in der Mitte auf, Lutz spritzte schnell in die Lücke und drückte ab, von einem Aufstöhnen begleitet. Jetzt lief es endlich, da jubeln die Glocken von Rio, jetzt lief es wie selten, der Betzenberg bebte, jetzt lief es so gut wie schon lange nicht mehr, Fritz hatte die Pfeife schon in der Hand, er ließ es weiterlaufen, ein letztes Aufbäumen, und im Liegen vollendet der Dicke mit einem Rückzieher. Das war das Ende auf dem zerwühlten Rasen. Emma schleppte sich mit bespritztem Trikot in die Kabine, Oberschenkel und Hände verklebt. Lotte krümmte sich noch und hielt sich die blutigen Schenkel. Was mit Hertha war, konnte keiner mehr sagen. Ein Aufschrei zerfetzte die Flutlichtatmosphäre.

Hinweise zum letzten Biß[*]

Emma	Lothar Emmerich, Stürmer, Borussia Dortmund, (jetzt AC Beerschot, Belgien), 29, 178, 84 kg.
Lotte	Lothar Ulsaß, Stürmer, Eintracht Braunschweig, 29, 178, 78 kg.
Hertha	Hertha BSC Berlin, gegründet 25.7.1892, Mitglieder 1600.
Der Dicke	Uwe Seeler, Stürmer, HSV, 33, 169, 76 kg.
Friedrich	Jürgen Friedrich, Mittelfeldspieler, 1. FC Kaiserslautern, 26, 176, 73 kg.
Lutz	Friedel Lutz, Verteidiger, Eintracht Frankfurt, 32, 178, 70 kg.
Paul	Wolfgang Paul, Verteidiger, Borussia Dortmund, 30, 186, 86 kg.
Bernard	Günter Bernard, Torwart, Werder Bremen, 31, 179, 72 kg.
Die Mönche	Borussia Mönchengladbach, gegründet 1.8.1900, Mitglieder 1800.
Fritz	Helmut Fritz, Schiedsrichter, Ludwigshafen.
Der Betzenberg	Stadion des 1. FC Kaiserslautern, Fassungsvermögen: 35000, 4500 Sitzplätze. Anfahrt von der Autobahnausfahrt Kaiserslautern Ost über Mainzer Straße, Barbarossaring, zum Großparkplatz Messegelände. Von da aus 10 Minuten Fußweg. Vom Hauptbahnhof aus über Eisenbahnstraße, Viadukt zum Stadion.

* Die Hinweise beziehen sich auf das Entstehungsjahr des Textes: 1970

In den ersten Minuten passierte gar nichts, ein matter Anfang bei schwülem Wetter, weit und breit war keiner zu sehen, aber man spürte, daß etwas in der Luft lag. Plötzlich Pfiffe von draußen. Niemand wußte, wie das gemeint war. Wieder pfiff es. Da kam Beer kalt herein. Jetzt pfiff es wieder. Nummer 9 kam, doch es geschah immer noch nichts. Fünfzehn Minuten verstrichen. M, der Mann mit der Peitsche, saß fest auf dem Stuhl. Es bot sich das Bild eines ruhig rauchenden Mannes, der vom Abwarten sprach. Abwarten, sagte M und stieß den Rauch aus. Von Angst war keine Rede. Sorgen gab es nicht. Wie soll es nun weitergehen? fragte man. Viele Fragezeichen. Alles war offen in diesem Moment. M, der Mann mit der Peitsche, sagte: abwarten. Und wo bleibt Küppers? wurde gefragt. Volkert wurde vermißt. Auch von Strehl sähe man nichts. Es pfiff noch einmal. Abwarten. Der Mann mit der Peitsche saß fest auf dem Stuhl.

Plötzlich bewegte sich etwas. Im trüben Licht huschte Schämer vorbei, der Mann mit Druck auf dem Stiefel, Huberts stürzte hinein in den leeren Raum und riß schon die Arme hoch, jetzt erschien Lotz mit seinem Verfolger, Grabowski tauchte plötzlich vor Wabra auf, aber der ließ sich nicht erschrecken. Vorn lauerte Nummer 9 und schlug blitzschnell zu. M lächelte. Heute bin ich zufrieden, sagte der Mann mit der Peitsche, da kam schon der zweite Schlag. Wabra flog durch die Luft in die Ecke, der Unheimliche mit seinem furchtbaren Fuß drosch einfach drauf, da nahm Wabra die Fäuste, zwei trockene Schläge, Lotz rutschte aus auf dem glatten Parkett, Grabowski befreite sich aus der Umklammerung, aber die Faust von Wabra war wieder zur Stelle. Herzlicher Beifall. Diesmal war M zufrieden, doch es sollte noch anders kommen.

M war zuversichtlich, aber nun geschah etwas Unerwartetes: plötzlich klingelte es. M griff sich entsetzt an den Kopf. Damit nicht genug, das war noch nicht alles, denn plötzlich klingelte es wieder. Wabra stand wie erstarrt, es knisterte jetzt, ein neuer Mann kam herein, er drehte sich kurz und schoß, er knallte einfach drauflos, doch er traf nur den Pfosten. Achtung, rief M, als Nummer 9 auftauchte, hinter dir, Achtung! Der Schuß ging vorbei, Wabra hatte sich nicht bewegt, der nächste Schuß traf das Gebälk, es pfiff jetzt und Nummer 9 drückte kaltblütig ab, sein Schuß traf die Brust, kurz darauf feuerte Huberts, die Kugel zischte vorbei, Kraus schoß im Fallen, daneben, noch einmal daneben, er traf einfach nicht, ein Schuß nach dem andern, und schon kam die knallende Antwort, Strehls Kugel prallte am Mauerwerk ab, M rauchte nervös, sein Stuhl begann jetzt zu wackeln, Lotz hatte inzwischen seinen Verfolger ausgeschaltet und schoß aus dem Hinterhalt Wabra direkt in die Arme, Beer zögerte noch, die Frage, warum er nicht schoß, tauchte auf, warum schießt er denn nicht? fragte man, schieß doch Kerl schieß doch! rief M, sein Stuhl wackelte schon bedenklich, er schoß nicht, mein Gott, warum schießt er denn nicht? aber jetzt schoß er doch. Wir sind nicht verloren, sagte M, der Mann mit der Peitsche, noch nicht.

Das war der Moment für Bechtold, den Mann, den alle fürchten. Er war gut aufgelegt, er war in großartiger Schußlaune, er war wirklich in Stimmung heute. Dreimal schoß er aus dem Gewühl heraus, dann verscheuchte er alle Sorgen mit einer Bombe. Wabra am Boden, überall brannte es jetzt, die Mauer war rissig, laufend mußte Leupold die Löcher stopfen, es nützte nichts mehr, die Mauer wankte und brach zusammen. Jetzt gab es nichts mehr zu lachen, jetzt pfiff es hinter der Nebelwand, jetzt schrie und zappelte es in den Maschen, es rauschte und klingelte jetzt in den Ecken, es klapperte jetzt im Kasten und krachte jetzt an den Pfosten, es pfiff jetzt und pfiff jetzt, M rauchte ganz stumm, die hämmernden Sekunden verrannen im milchigen Licht mit den blauschwarz gefärbten Spritzern, der Winter kam und fegte sie weg vom Fenster, jetzt war es genau so wie damals, es pfiff jetzt noch einmal, im übrigen pfiff es schon wieder. Das war Wabras Ende, man deckte ihn zu. Auch M, der Mann mit der Peitsche, verschwand von der Bildfläche.

Ein Spaziergang vor dem Tor

1

An einem schönen Nachmittag ging der blasse Schwager auf dem Feld spazieren. Der Boden war hart und trocken. Die Sonne brannte. Es war ein weiter Weg bis zum Tor. Da trat der lange Feller aus dem Schatten. Er hatte sich seine Mütze aufgesetzt. Der Regen peitschte ihm ins Gesicht. Tiefe Furchen durchzogen den weichen Boden. Der dicke Müller stampfte durch den Morast. Er drehte sich einmal um. Der Wind fegte über den Berg. Da machte der Meister das Tor zu.

2

Das Feld war staubig. Die Sonne war milchig. Der matte Maas schlich draußen entlang. Der Nebel wurde noch dichter. Durch den tückischen Eisschlamm hüpfte der kleine Kurrat. Der Riese Kliemann kam an. Die Sonne brach durch die Decke. Da machte der Meister das Tor auf.

3

Plötzlich war der gefürchtete Gast vor dem Tor erschienen. Wir fürchten uns nicht vor dem Gast, sagte der Meister. Finstere Wolken zogen heran. Schon hatte der Meister den Gast gepackt und an die Wand gedrückt. Ein Stampfen und Schieben begann in der kühlen Luft. Der Meister wollte den Gast einschnüren und in die Nähe des Abgrunds stoßen. Aber der Gast stemmte sich mit aller Kraft gegen den Rutsch nach unten. Der Schnee wurde gegen das Tor geblasen. Da machte der Meister das Tor zu.

4

Der Wind war verstummt. Doch als es gegen den Pfosten schlug, verkroch sich der Meister und mußte zittern. Der Gast war plötzlich mit vier, fünf Leuten gekommen. Sie hatten den Braten gerochen. Sie hatten den Eingang gefunden und waren eingedrungen. Der Kessel dampfte. Sie waren hungrig und bissen zu, in sprühender Laune. Wir schaffen es schon, sagten die Gäste. Sie schreckten vor nichts zurück. Sie nahmen dem Meister die Butter vom Brot. Sie langten ordentlich hin und ließen sich nichts entgehen. Sie schoben sich blitzschnell die besten Sachen zu. Für den Meister blieb nicht viel übrig. Der Kessel kochte. Doch in der dicken Suppe war nichts mehr zu sehen. Noch gab der Meister die Hoffnung nicht auf. Er kam jetzt in weißen Hosen heraus aus der Tiefe und warf alles gegen die blaurote Wand. Schnell floß es von rechts nach links. Der Boden war feucht. Jetzt zeigte sich endlich, wer Herr im Haus war. Die Gäste wehrten sich schwach. Man hörte sie keuchen. Sie waren satt und müde geworden. Auf dem glitschigen Boden rutschten sie nun davon. Niemand konnte ihnen mehr helfen. Der Meister machte das Tor auf.

5

Aber es krachte nicht. Es blieb still am Berg. Im Hintergrund war der blasse Schwager versunken. Der lange Feller stand in der Ecke. Der dicke Müller lag im Gelände. Der matte Maas war verschwunden. Der Riese Kliemann war umgefallen. Der kleine Kurrat war nicht mehr zu sehen. Das Tor war weit offen in dieser eisigen Winterluft. Der Meister machte das Tor zu.

Frage: Ball ist also nicht gleich Ball?

Antwort: Aber wo denken Sie hin. Wie kommen Sie denn darauf. Auf keinen Fall.

Frage: Was können Sie uns also sagen zum Ball?

Antwort: Der Ball soll kugelförmig sein. Der Umfang des Balles darf nicht mehr als 71 cm und nicht weniger als 68 cm betragen. Das Gewicht des Balles bei Spielbeginn darf nicht mehr als 435 Gramm und nicht weniger als 396 Gramm betragen. Der Ball ist erst dann im Spiel, wenn er eine Strecke von der Länge seines Umfangs zurückgelegt hat.

Frage: Und was sagen Sie zum Ball, meine Herren?

Sepp Maier, Tormann: Der Ball ist griffig und liegt gut in der Hand; es ist der beste Ball der Welt.

Willi Schulz, Kopfballspezialist: Der Ball ist hart, aber nicht zu hart.

Sepp Herberger, Ex-Bundestrainer: Der Ball ist rund.

Tschik Cajkovski, Trainer: Der Ball ist eine Kartoffel.

Frage: Ball ist also nicht gleich Ball?

Antwort: Auf keinen Fall! Das sieht nur so aus.

Frage: Was sagen Sie dazu, Herr Walter?

Fritz Walter, Ehrenkapitän der deutschen Nationalmannschaft: Je leichter der Schuh, desto enger der Kontakt zum Ball. Und umso deutlicher der Unterschied zwischen Ball und Ball. Der Chef hatte ein besonders feines Gespür dafür. Er hörte schon am Klang eines aufspringenden Balles, ob er gut war oder schlecht. Klang es dumpf und hohl, dann schüttelte er den Kopf: der hat keine Seele, der ist leblos. – Wie recht er hatte, spürten wir später. Der Ball spielte nicht mit, er sang nicht, er ließ sich nicht streicheln, er war nicht Kamerad und Freund des Spielers, sondern ein Fremder.

Frage: Also können wir zusammenfassend sagen: Ball ist nicht gleich Ball. Kann man das sagen?

Antwort: Jawohl. Ja. Das kann man sagen.

der abgestaubte ball der abgetropfte ball

der   angeschnittene   ball

der   eingedrückte   ball

der unterschätzte ball

der   geschleppte

bene   ball   der

ball   der   dire

ball   der

der   tücki

der   schwie

der ganz ruh

ball   der   ga

geschlagene

weich   her

bende   ball

lich   heransch

der   hinaus   auf

wandernde   ball

trollierte   ball   der

der   im   schlamm   stecken

den kopf gezogene ball der im fallen b

er abgefälschte ball der abgeprallte ball

der angenommene ball

der abgegebene ball

der verlorene ball

ball der gescho

herein getriebene

kt genommene

müde ball

sche ball

rige ball

ig liegende

nz weich

ball der

ein schwe

der plötz

wirrende ball

die linke seite

der schlecht kon

falsch berechnete ball

gebliebene ball der über

rabene ball der hereingeschaufelte ball

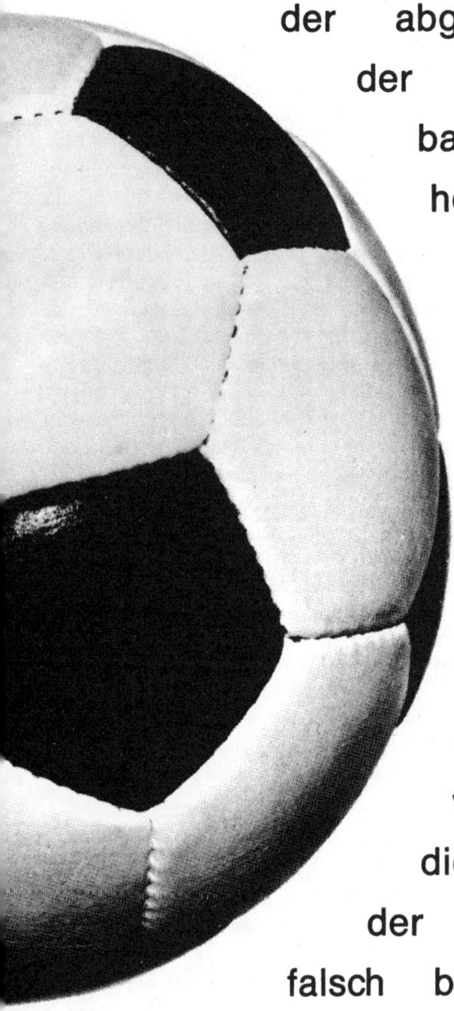

. . . bitte, na bitte, was hab' ich gesagt, Kerle, das sind die Sachen, das sind die Dinger, jetzt aber Tempo, na bitte, wer sagt's denn, na also, was ist denn? was pfeift denn die Pflaume, Mensch, geh doch nach Hause, das ist doch, na gut, kann man machen, aber so nicht, mein Guter, der gibt doch nicht ab diese Flasche, der schläft doch, na los, geh doch hin, der geht doch nicht hin, der bleibt stehn, diese Niete, was macht er denn jetzt? jawohl, das ist besser, ja weiter los Tempo, und keiner läuft mit, was soll man da sagen, Mensch Atze du Sandmann, das ist nicht zu fassen, das darf doch nicht wahr sein, bleib dran Mann, jawoll ja, los Lothar, Hammer, Hammer, na also, aus, Einwurf, nein Ecke, ja Ecke, das ist schon mal gut, Ecke, den hat er, was, doch keine Ecke? na sag mal, der macht einen Türken, das ist doch nicht möglich, der Kerl trifft den Ball nicht, jawoll! einfach schießen, oh Mann so ein Käse, da muß er doch pfeifen, na jetzt aber Tempo, bleib dran Mann, das ist doch, das kann doch nicht wahr sein, jetzt setzt der sich hin, der sieht doch den Ball nicht, ja hat man denn sowas, das wundert mich garnicht, und keiner geht hin, das muß man sich ansehn, na los jetzt, nach außen, gib raus jetzt, jawoll ja, nach außen Mensch außen, schießen ach Scheiße, ist das eine Nummer, was macht der denn da? der hat eine Ruhe, ja, garnicht schlecht, wo sind denn die andern? wieder kein Mensch da, guckt euch das an, Hand! das war Hand, Mensch, was pfeift denn die Flasche, jetzt geht aber langsam der Knopf auf, mitlaufen Junge, denken, denken, Tempo los auf gehts, und vorne ist wiedermal Feierabend, guckt euch das an, niemand ist vorne, keiner ist da, aber jetzt mach doch liebe Zeit mach doch blind rein in den Paß entweder oder, ja, drück doch ab, hau doch drauf Mann, jawoll ja, na bitte, da ist Musik drin, da qualmen die Socken . . .

Die Türken kommen

mein Gott oh Mann ein teures Bein / im Stürzen abgefälscht vorbei /
und niemand da ganz steil nach vorn / ins kurze Eck gestört geklärt /
geschickt gemacht zu spät geflankt / zurück und weiter durch gestoppt
/ das bringt nichts ein zu steil zu breit / zurück nach vorne Doppelpaß /
bleibt hängen hier im Gegenzug / mit Absatzkick erlaufen rechts / doch
vorne keiner frei weil er / heraus mein Gott geschlagen ab / und einge-
seift ganz ausgepumpt / umkurvt doch keinen Raum gewann / die Türken kommen jetzt von rechts / nun wird es Zeit ganz hinten Vogts / und
weiter vorn die Zange zu / die Türken kommen weit vorbei / und immer
noch beim Einszueins / zurück zu Heynckes ausgetauscht / für Sieloff
auf den Platz geschickt / gestolpert oh gestolpert ach / gestürzt wir
machen einen Sprung

wir haben einen Sprung gemacht / die Türken kommen Müller dreht /
sich um in Köln Libuda streicht / ganz knapp vorbei es bleibt dabei /
beim Einszueins die Türken jetzt / in Rot und Weiß jetzt kommen sie /
noch fünf Minuten einszueins / die Wolken blau die Dämmerung / jetzt
kommen sie noch einmal Schnitt
wir haben einen Schnitt gemacht / gestoppt gerutscht und aufgesetzt /
die Fußballwelt gestaunt oh Mann / engmaschig mitgemischt und
schwach / beschattet ausgebrannt und Vogts / und Fichtel schwach
leicht abgetropft / Grabowski klassisch umgesenst / allein auf weiter
Flur gebremst / und Weber was und Weber wo / und Weber wie Libuda
so / und Overath zerreißt sich nicht / auch Beckenbauer kein Rezept /
verschleppt und abgeschnallt kein Ruck / die Türken wie aus einem
Guß / zurück noch mal zum ersten Tor

ein kalter Schlag beim ersten Tor / als Weber köpft anstatt sofort / dahin
war Sieloffs Sicherheit / er zögert Maier bot sich an / doch Sieloff
schwamm und Höttges weit / und Weber wußte nicht so recht / ganz
plötzlich Kamuran ganz frei / flach abgedrückt die Sonne strahlt

Der Fußballzwerg kommt noch einmal / vier fünf Stationen einszueins /
sie kommen Müller wird gefällt / von hinten böse um ganz klar / gelegt
ein Türkenbein kein Pfiff / und Atem schöpfen schinden Zeit / in weißen
Hosen über links / die Flügel stärker als und doch / nicht lange mehr
wie lange noch?

nicht lange mehr ein schwarzer Tag / pechschwarz und auf den Bauch
gestürzt / wann kommt der Pfiff da ist der Pfiff / vorbei zu Ende aus vorbei / doch nichts verloren einszueins

Ich möchte mal fragen, was Herr Schön eigentlich gegen Löhr hat, er ist doch seit Monaten nicht zu übersehen.

Warum, frage ich mich, richtet Herr Schön sein Augenmerk nicht auf Vogt, er ist doch seit Monaten unübertroffen.

Wie allgemein bekannt ist, ist Köppel zur Zeit der Beste, nur Herrn Schön ist das offensichtlich noch nicht bekannt.

Ich bin der Ansicht, daß der Beste zur Zeit nur Neuberger heißen kann, ich hoffe, Herr Schön wird das endlich berücksichtigen.

Ich kann nicht begreifen, warum Herr Schön den seit Monaten Besten, nämlich Hölzenbein, immer noch nicht berücksichtigt.

Was muß ein solcher Könner wie Horr eigentlich noch alles zeigen, um von Herrn Schön endlich bemerkt zu werden.

Wie lange muß eigentlich unser größtes Talent, Krämers, noch auf seinen Einsatz warten, das frage ich mich.

Ich meine, es ist an der Zeit, Herrn Schön endlich wieder einmal an Laumen zu erinnern. Er ist doch seit Monaten der Beste.

Auch ich möchte meine Meinung zu diesem Problem hiermit äußern. Es besteht doch kein Zweifel, daß Herr Schön seit einiger Zeit Held glatt übersehen hat, obwohl er noch immer der Beste ist.

Hoffentlich begreift Herr Schön endlich, daß Volkert, der seit Monaten der Beste ist, endlich eine Chance verdient hat. Hoffentlich begreift das Herr Schön.

Unerklärlich ist doch, daß gerade angesichts dieser Lage Herr Schön den Besten seit Monaten, nämlich Handschuh, nicht einmal in die nähere Auswahl nimmt. Das ist doch unerklärlich.

Und wann sieht Herr Schön endlich ein, daß der Beste seit Monaten Görts heißt?

Ich finde es eigentümlich, daß bei der gegenwärtigen Misere ein Name wie Walltza fehlt, hat ihn Herr Schön denn vergessen? Er ist doch inzwischen der Beste.

Das sollte man doch mal fragen, warum berücksichtigt Herr Schön nicht endlich den Besten, den wir seit Monaten haben, nämlich Cullmann

nämlich Kliemann
nämlich Rüssmann
nämlich Kapellmann

nämlich Rumor Ritschel Biskup Pirrung Simmet Wosab Pröpper Pirsig Budde Dudda Deppe Dubski Mumme Zewe Heese Wunder Wloka Kulik Mrosko Bründl Stiller Lungwitz Skala Semlitsch Schwemmle Bleidick Zembski Lauscher Bläser

nämlich Beer Scheer Seel Fecht
Bitz Zorc Zech Lömm Miss Stürz
Brill Brei Ohm Knoth Worm Loof
Lenz Denz Peitsch Bast Theis
Kipp Kleff Kaltz Welz Mall
Jung Jung. Hat denn Herr
Schön niemals etwas von
diesen Leuten gehört?

Was muß eigentlich noch alles passieren, bevor Herr Schön das begreift. Das frage ich mich.

Hat sich Herr Schön das nur einen Moment überlegt? Ich frage mich ernstlich, was sich Herr Schön da gedacht hat.

Was hat Herrn Schön dazu veranlaßt? In der letzten Zeit habe ich mich das oft gefragt.

Ich möchte Herrn Schön einmal empfehlen, darüber nachzudenken.

Liest denn Herr Schön keine Zeitung? Das fragt man sich unwillkürlich.

Was er da gemacht hat, schreit doch zum Himmel. Aber Herr Schön hat das offenbar noch nicht bemerkt.

Wann kommt endlich der Zeitpunkt, wo Herr Schön einsieht, daß es so keinen Sinn hat.

Herr Schön sollte endlich eine vernünftige Entscheidung treffen.

Denn das müßte Herrn Schön doch inzwischen klar geworden sein.

Denn was sich Herr Schön leistet, ist doch der Höhepunkt.

Die Maßnahmen von Herrn Schön haben doch keinen anderen Erfolg, als den, daß aus Spielern Nullen werden.

Ich frage mich also, der Herr hat wohl vergessen . . . Und in Anbetracht dessen möchte ich ihm den Vorschlag machen . . . Denn es ist an der Zeit, Herr Schön, daß wir uns endlich einmal . . . Ich weiß zwar nicht, was

Herrn Schön zu der Ansicht bringt, aber er scheint es zu wissen ... Und ich frage mich immer wieder, warum Herr Schön ... Dabei komme ich zu dem Schluß, daß Herr Schön ... Und ich kann Herrn Schön deshalb nur empfehlen ... Darüberhinaus möchte ich Herrn Schön raten ... Das sind vielleicht harte Worte, aber Herr Schön sollte sich endlich ... Aber Herr Schön will offenbar nicht einsehen, daß er ... Denn was verspricht sich Herr Schön davon, wenn er ... Denn was hat sich Herr Schön eigentlich dabei gedacht ... Um es kurz zu machen: Schön ist schuld ... Bleibt nur die Hoffnung, daß Schön am Ende doch noch ... Darum möchte ich mich kurz einmal ganz kurz äußern ... Ich möchte nämlich mal fragen, was sich Herr Schön dabei denkt ... Und ich komme zu dem Schluß, daß Herr Schön ... Darum sage ich: völlig verfehlt, Herr Schön, und warum? Das frage ich Sie!!

Also das Wohnzimmer Gerd Müllers ist geräumig, nicht allzu breit, aber sehr lang, die Fenster liegen nach Süden. In tiefen bequemen Sesseln läßt sich ruhen. Im Hintergrund der teure Wohnzimmerschrank. An der Wand das teure Gemälde, das Klubarzt Dr. Spannbauer fürs neue Haus schenkte. Frau Uschi serviert im Eßzimmer. Der Hausherr Willi Schulz steht in der Diele vor der Treppe, die in den ersten Stock führt. Links das geräumige Wohnzimmer. Große Fenster ermöglichen einen Blick nach draußen. Frau Ingrid, hinter dem tiefen Clubsessel, liest gern ein wenig mit. Der ganze Stolz Wolfgang Overaths ist ein eingebauter Kamin. Das geräumige Wohnzimmer ist in Altdeutsch eingerichtet, ein wuchtiger Kupfertisch steht in der Mitte. Ebenerdig liegt das geräumige Wohnzimmer Franz Beckenbauers, im ersten Stock machen drei Zimmer die Wohnung komplett. Die Wand der Treppe, die in den Keller führt, ist mit Wimpeln tapeziert. Am Morgen gibt es Kaffee mit gefüllten Rohrnudeln. Die Adventskerze sorgt für eine gemütliche Atmosphäre in der Einzimmerwohnung des Junggesellen Bernd Patzke. Er gehört nicht zu den Spätaufstehern. Früh um acht drückt er schon auf den Radioknopf. Wenn Bernd Lust hat, trainiert er mit dem Expander, dazu ein Schluck Malzbier, das gibt Kraft. Das Geschirr wird in der Küche selbst gespült. Von der Küche kann Frau Agnes das Essen direkt durch ein Fenster in das geräumige Wohnzimmer reichen; denn sie weiß, was Sepp Maier am besten schmeckt. Das Lieblingsgericht Uwe Seelers ist Seescholle, Süßigkeiten, die der Nichtraucher Uwe so schätzt, stehen auf dem Tisch im geräumigen Wohnzimmer. Frau Ilkas Garderobe verrät Geschmack, sie nennt ihn Schatzi, Dicker, Pappi. Ab und zu überrascht sie ihn mit einer neuen Frisur. Horst Höttges sitzt auf dem Sofa, das er sich mit seinen Beinen erspielt hat, in seinem geräumigen Wohnzimmer, zwölf Minuten mit dem 280 SE von der Arbeitsstelle, dem Weserstadion, entfernt. Er zieht schnell einen Schlußstrich unter die Situation, die er nicht mehr ändern kann. Helmut ist ein häuslicher Mensch, sagt Waltraud Haller, er ist froh, wenn er in seinen vier Wänden ist. Mittags um zwölf Uhr nimmt er in seiner wunderschönen, großzügig-repräsentativ wirkenden, kultiviert eingerichteten Parterre-Etage in einer Luxusvilla an einem bewaldeten Hang außerhalb von Turin sein Mittagessen ein. Meistens zieht er abends um sechs die Pantoffeln an. Walter Schmidt, siebzig Kilogramm schwer, liegt mit eingegipstem rechten Knie in seinem schmucken Eigenheim am Wilhelm-Raabe-Weg in Bienrode, Kreis Braunschweig. Frau Klein, die freundliche Metzgersfrau, konnte nicht ahnen, daß sie einem Fußball-Nationalspieler morgens ein Ei auf den

Tisch stellen würde. Laut Mietvertrag wohnt Hannes Löhr oben, in dem kleinen Zimmer, Bücherregal, Plattenspieler, Bett, Schreibtisch, er zeigt dem Schicksal die Zähne, sein Sechsfamilienhaus befindet sich im Bau. Fritz Walter sitzt vor dem flackernden Kamin und hört klassische Musik, er hat ein Bändchen Shaw aufgeklappt, an der Wand hängt ein Bild von Hans Purrmann. Mit dem Humor seiner westfälischen Heimat stellt Willi Schulz fest, als er das lädierte Bein aus dem Wasser nimmt: ich kann warten. Uwe Seeler nimmt die rechte Hand vom Lenkrad und dreht an einem kleinen Knopf. Jetzt kommt die Musik aus einem Lautsprecher unter dem Heckfenster des Wagens. Am liebsten trinkt er ein Bier vom Faß. Wenn die Bayern auf große Fahrt gehen, geht Frau Beckenbauer mit Frau Maier in die Oper. Gerd Müller spielt Rommé mit Familie Pumm, sein Lieblingsgericht ist Kartoffelsalat, sein Oberschenkelumfang beträgt achtundfünfzig Zentimeter. Die schwarzhaarige Karin Overath, geborene Koffer, beginnt sanft zu lächeln, vielleicht denkt sie an die vielen einsamen Stunden allein daheim. Aber sie schweigt, sie lächelt nur, gütig und verständnisvoll. Dämmrig wirds draußen in Troisdorf. Fast sachte umweht der kühle Wind das gelbliche Herbstlaub. Plötzlich fällt die Tür zu, um sogleich wieder aufgemacht zu werden. Ich habe noch etwas vergessen, sagt Pelé, dessen sechsköpfige Leibgarde von einem ehemaligen Panzeroffizier kommandiert wird, ich habe noch etwas vergessen, grüßen Sie mir Deutschland, sagt Pelé, ich freue mich schon darauf, wenn ich in vier Wochen wieder den Rhein sehen kann.

Fußballballade vom schwarzen Samstag

Beim Einlauf Nebel dicht und weich und wälzend,
beim Einlauf Pfiffe spitz auf diesem Platz,
die Hosen rot, die Gäste mit Ersatz,
beim Einlauf Regen strömend, Schneefall schmelzend.

Der Boden knöcheltief oh knochentrocken,
der Boden gut, der grüne Rasen grün,
die Sonne sticht, die Regenschauer sprühn,
die Gäste ganz in weiß mit schwarzen Socken.

Der Boden knallend hart, die Bälle springen
vom Fuß der erste Angriff ist verpufft.
Jawohl, sagt Schwartz, wer siegen will braucht Luft,
wer siegen will braucht Luft vor allen Dingen.

Es plätschert matt und die Gestreiften drücken,
die Abseitsfallen schnappen und ein Bein
ein Bein bleibt stehen, Sechzig spielt klein klein
und Sechsundneunzig mit dem Wind im Rücken.

Die Gäste schwach mit Ach und Krach im Westen.
Der Boden vollgesogen, Nebel, Schlamm.
Die Sonne grell, die Gäste kopflos lahm,
kein Saft kein Schwung kein Pfeffer bei den Gästen.

Die Stangen retten knarrend und die Pfosten,
die Mauern dick, die Abwehrketten dicht,
die Spitzen stumpf, die Zangen zwicken nicht,
im Süden kommt man nicht auf seine Kosten.

Die Bälle pflaumenweich und dort im Norden
die Bälle schabend schläfrig tropfend ab,
die Bälle ganz gemächlich schwebend schlapp.
Max Merkel stumm. Schwartz bleibt bei seinen Worten:

Wer siegen will braucht Luft auf alle Fälle.
Die Zeit verstreicht. Max Merkel rauchend stumm.
Es fehlt der Biß, der Mann mit Bumms und Wumm,
die Bälle müde ach ganz matt die Bälle.

Im Westen still, es wird nicht mehr gesungen,
die Zeit vergeht oh Mann und nichts geschieht.
Max Merkel raucht, es ist das alte Lied,
blind angerannt und nichts bis jetzt gelungen.

Die dicke Neun die schnelle Nummer Sieben
die harte Acht die Fünf die kleine Drei
die Vier nicht giftig und die schwache Zwei
hat zwischen Zehn und Elf sich aufgerieben,

die Sechs von einem Stiefel hart getroffen,
wer siegen will, sagt Elek Schwartz, der braucht
vor allen Dingen Luft, Max Merkel raucht.
Die Sechs am Boden und das Bein ist offen.

Der Fuß zerfetzt hinab bis auf den Knochen,
schwer umgesägt, der Westen heulte auf,
gerammt und umgemäht aus vollem Lauf,
mit aller Wucht, das Wadenbein gebrochen.

Im Norden kalt, die welken Fahnen hängen,
Max Merkel stumm, der Boden seifenglatt.
Der Boden tief, jetzt wendet sich das Blatt.
Im Süden schwül und Stimmung auf den Rängen.

Der Hammer kracht, die Flügelscheren schneiden,
die Mauer knirscht, der Abwehrriegel bricht,
Riß Biß und Stöße tief im Abendlicht,
im Westen jetzt wie in den alten Zeiten.

Die Lücken klaffen weit, die Spitzen bohren,
im Süden Dampf, im Norden gar kein Glück.
Max Merkel legt sich rauchend stumm zurück,
im Westen Pech, die Gäste sind verloren.

Die Gäste taumelnd, längst nicht mehr die alten,
vom Platz gefegt, vom Tisch gewischt, Schwartz ruft:
wer siegen will, der braucht vor allem Luft.
Das war am Samstag. Die Raketen knallten.

Kein Wort zu Ott. Der Knopf ist aufgegangen.
Mit allem Drum und Dran, das Dosenbier
läuft fort nach diesem Spiel im Vierzweivier.
Cajkowski sagt: wir haben uns gefangen.

War schwer, sagt Buhtz. Auf diesem nassen Rasen,
sagt Gutendorf, da war für uns nichts drin.
Und Langner sagt: jawohl, ein Punkt ist hin.
Schlicht schlecht, sagt Sing. Und Klötzer sagt gelassen:

Wir kommen noch. Wir könnten viel mehr leisten,
sagt Multhaupt. Brocker sagt: ich freu mich sehr.
Weisweiler sagt: ich freue mich noch mehr.
Und Johannsen: ich freue mich am meisten.

Max Merkel raucht und schaut und sagt: na wart's
nur ab die Herren. Murach sagt: nein nein.
Und Lorant sagt: wo könnten wir jetzt sein.
Wer siegen will braucht Luft, sagt Elek Schwartz.

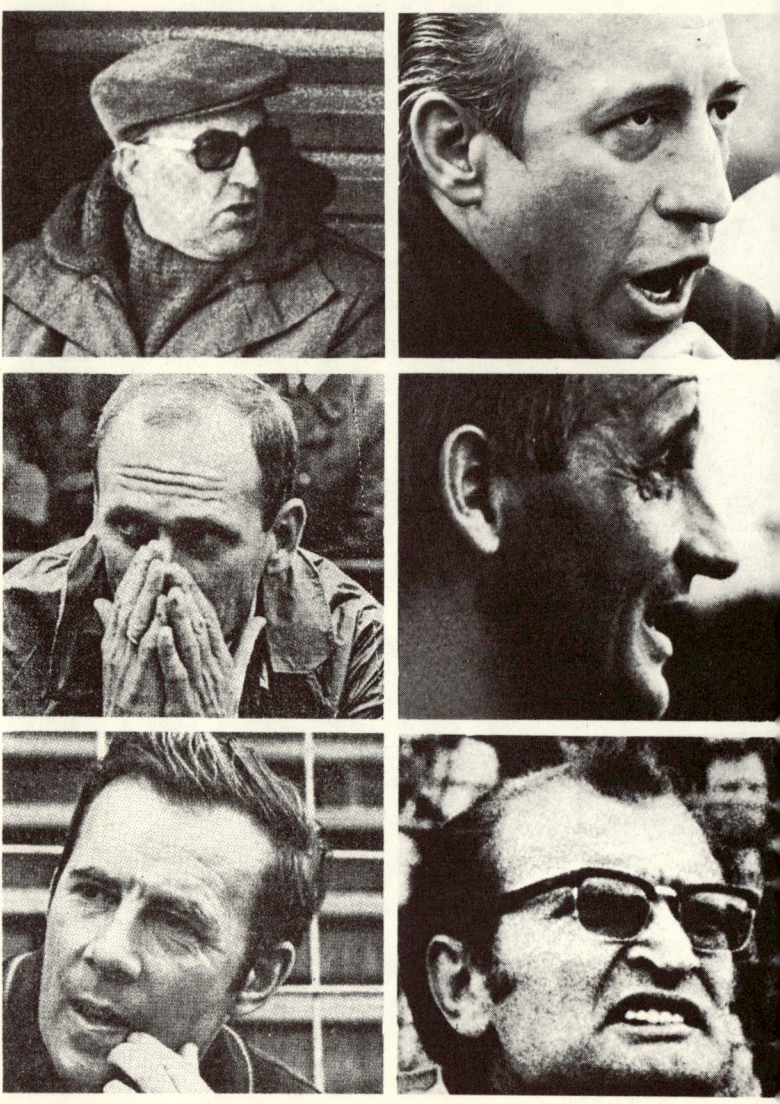

der Fragensteller F: **Sie, Herr Weber, der Abwehrregisseur des 1. FC Köln – und MARS?**

F: **auch Sie, Herr Paul, der Mannschaftskapitän der Dortmunder Borussen, Sie essen MARS?**

F: **MARS auch für die Sturmspitze der Dortmunder Borussen, Herr Held?**

F: **und Sie, Gerd Müller, unser Bomber und Torschützenkönig?**

F: **was! auch der Linksaußen des 1. FC Köln, Heinz Hornig, ißt MARS?**

F: **– – – ?**

Weber: **MARS esse ich immer nach dem Training; bringt verbrauchte Energie sofort zurück.**

Paul: **ja natürlich, denn MARS bringt bekanntlich verbrauchte Energie sofort zurück. Das weiß doch jeder.**

Held: **na, was denn! unsereins weiß doch, wie man verbrauchte Energie sofort zurückbekommt . . . also esse ich MARS.**

Müller: **zwischendurch ein MARS, das bringt die Bombenform sofort zurück.**

Hornig: **klar, man verausgabt sich bei jedem Spiel, und MARS bringt verbrauchte Energie sofort zurück.**

Overath: **auch ich bestätige: MARS bringt verbrauchte Energie sofort zurück!**

Wir haben der Welt das wahre Gesicht des afrikanischen Fußballs gezeigt.

Fußballboß Kacem aus Marokko

Das kann auch seine gute Seiten haben.

Helmut Schön, Bundestrainer

Es geschehen auf unserer von Technik beherrschten Erde nur noch wenig Wunder. Nennen wir das, was in Mexiko passiert ist, ruhig ein kleines Wunder.

Bild-Zeitung

Wir grüßen die England-Killer.

Transparent zum Empfang der Mexiko-Nationalspieler

Köln hätte, gemessen an den Torchancen, gewinnen müssen.

Ludwig Erhard, Bundeskanzler, 1966

In dieser Form kann Köln Meister werden.

Willy Brandt, Bundeskanzler, 1969

Ich habe mir drei Ziele gesetzt. Die Wahl in Hessen, die Wahl in Bayern und den Klassenerhalt der Frankfurter Eintracht.

Wolfgang Mischnick, Vorsitzender der FDP-Bundestags-fraktion

Der hat einen schönen kräftigen Hände-druck.

Gustav Heinemann, Bundespräsident, über Sepp Maier

Wer möchte schon auf einer grünen Bürste spielen, auch wenn sie kurz-borstig ist.

Richard Kirn, Journalist

Ich habe es ja immer gesagt!

Max Merkel, Trainer

damals Moment achtunddreißig jawohl als die Österreicher, Raftl im Tor, Verteidiger Schmaus, Stopper Mock, Pepi Stroh, Bimbo Binder, erstens zweitens und drittens, soweit ist die Sache in Ordnung, und hier steht Fritz Szepan,

damals bedankte sich Reichstrainer Nerz hier mit dem Hut bei Fritz Szepan, aber das war nicht alles, was damals geschah,

was damals los war, kann man sich denken, warten Sie mal, vierunddreißig, Zamora bremste den ganzen Sturm, in dem so göttliche Stürmer standen wie Orsi, Maezza, Ferrari, man kann sich den Höllenlärm vorstellen, damals in Rom, das ist er, Ricardo Zamora,

was ist denn nur los? war damals die Frage, was machen wir denn? dann schlug man Mercet aus der Schweiz vor, warum nicht Mercet aus der Schweiz? war die Frage, nein nicht Mercet aus der Schweiz, sagt Peco Bauwens, wo kommen wir hin, meine Herren, wenn wir uns die Schiedsrichter vorschreiben lassen, der Mann aus Köln schaute damals gleich hinter die Sache, hier sieht man ihn mit dem Mantel über dem Arm, jawohl, neben Nerz,

damals sah Bauwens natürlich gleich rot, als Mercet wirklich ankam und sagte, da sei er, das Spiel leite er, und hinter Mercet in der Uniform ein General mit Namen Vaccaro, aha, der hält sich nicht lange mit Vorreden auf sondern sagt: meine Herren, das ist Herr Mercet, der leitet das Spiel,

so geht das nicht, sagte Bauwens und schmeißt alles hin, das ist eine Frechheit, da mach ich nicht mit, wie recht er da hatte, erfährt man sehr bald, Italien schlägt Spanien einsnull und dafür hat Herr Mercet gesorgt, wie sich damals herausstellte, hier links vierunddreißig,

und damals die Urus in Holland, das war nicht viel besser, die spucken die Deutschen an im Vorüberlaufen und treten alles zusammen, was sich bewegte, hier, vierundzwanzig, sitzend von rechts, und was macht der Schiedsrichter schließlich? er stellt einen Deutschen vom Platz, na bitte, Hans Kalb, und nach dem Debakel fuhr alles nach Hause, Kalb noch am gleichen Abend, da sieht man sein böses Gesicht, sein großer Rivale war Leinberger, Fürth, genannt der Happerer, und Hurst damals in der Verlängerung, so schnell das auch ging auf dem Teppich von Wembley, der Ball war nie hinter der Linie, weder oben noch unten, hier sieht man es deutlich,

das roch ja nach Schiebung, daß wirklich die Schwarte krachte damals in der glühenden Hölle von Mexiko, mit kühlen Tüchern und Schwämmen im Nacken, Grabowski am Boden, ein Spiel wie unter der Lötlampe, Yamasaki pfiff die merkwürdigsten Dinge,

aber hier wird der Boß vom Jubel verschluckt, was keiner für möglich gehalten hatte in Spiez, das Wunder von Bern, so hat das geraucht, Ottmar Walter später an seiner Tankstelle, Kohlmeyer dicker als vorher, Schäfer in Köln, Eckel noch immer in Vogelbach, wie es Liebrich geht, sage ich später,

und dort mit dem Dreispitz in Alsenborn sitzt Fritz Walter beim Fünfzigsten, in seiner Kellerbar, alle sind da, außer Boß Rahn, seine Spur verlor sich schon hinter Essen, er war irgendwo hängengeblieben und hatte den Absprung verpaßt, alle sangen *Hoch auf dem gelben Wagen,* Herbergers Lieblingslied, Liebrich sang kräftig mit, wie man sieht, fast bis zur dritten Strophe, da staunte der Chef, das waren wirklich wieder mal schöne Stunden,

und Deusers tastende Hände, nicht durch ein elektrisches Klavier zu ersetzen, das bekannte Massagestäbchen, jeder kennt es, jeder kennt aber auch das bekannte Deuserband, aus einem Fahrradschlauch entstanden, eine Muskelpumpe von höchster Wirksamkeit, ein Sportplatz auf der Stelle, also mal sehen: der Schmerz in der Leistenbeuge wie weggeblasen, das Knie des Patienten wundervoll, wirklich von großer Biegsamkeit, Netzer erhebt sich plötzlich und kann wieder gehen,

ach und Pfaff mit dem Bowler aus Glasgow in seiner Wirtschaft, Gutendorf wie die Made im Speck damals in Tunis, zwei Diener, Chauffeur und reichlich zu essen, der Rudi fühlte sich wohl, wie man sieht,

ich weiß gar nicht mehr, damals fiel mir der Abschied nicht leicht, es kam wie es kam, ich weiß gar nicht mehr, also Conen, jubelnd reißt er die Arme hoch, bitte auf dieser Seite, Conen in diesem Moment, natürlich ging das nicht gut, denn erstens war wie erwartet in der Mannschaft gar kein Verständnis und später war alles noch zehnmal schlimmer, oben links Conen im Jahre darauf, neben ihm Siffling, erkennen Sie den mit der Mütze? jawohl, das ist Stuhlfauth bei einer umrauschten Parade, doch hier geht es los, Bimbo Binder in der Rapid-Viertelstunde, drei Tore in fünfzehn Minuten, er war damals besser als Hoffmann, die Pfosten zerkrachten, so hat er gedonnert, Kupfer und Kitzinger, Schweinfurth, Janes damals im besten Saft, Piele Pahlke mit seinen Einwürfen, Gummischmid, Dokter, wo kam der gleich her? das da ist Dokter, da steht auch Tull Harder, wo ist er geblieben, Gellesch, Kalwitzki, stehend hockend und kauernd kniend und liegend hinten und vorn in der Mitte dazwischen Urban, Rachuba, und wieder Dokter, wo kam der bloß her? es fällt mir nicht ein, meine Herren, Ötte Tibulski, Tiefel und Stubb, Kreß

225

mit dem Fuß auf dem Ball, das war ein Jubel, die Leute haben getrampelt, Tipfi Oehm war beim Club, plötzlich fällt mir auch Bornemann ein, sieh mal an, Bumbas Schmidt, Hans Neger, Toni Kugler nicht zu vergessen, überall war was los, Hainer Träg, mein Gott, Willimowski, Sutor und Hochgesang, sehen Sie mal, Hanne Sobek, wie war das denn damals, fragen mich alle, ja, sage ich, was wollen Sie wissen? damals, ach, das ist lange vorbei, und hier noch die Österreicher mit Hiden; Schramseis, Blum; Mock, Smistik, Gall; Zischek, Geschweidl, Sindelar, Schall, Vogel; es gab gelegentlich Änderungen, so gehörte etwa Nausch in die Mannschaft, die Schüsse des papierenen Sindelar waren eisenhart, auf seinem Grab liegen immer noch Blumen. Man hat schon lange nichts mehr von ihm gehört.

Telefongespräch im Fernsehen anläßlich
des Qualifikationsspiels zur Fußballweltmeisterschaft
Zypern gegen Deutschland am 23.11.1968 in Nikosia
(ARD)

A: Erster Fernsehreporter (auf dem Bildschirm)
B: Zweiter Fernsehreporter (in Zypern)

A: So. Nun wollen wir einmal versuchen, eine Verbindung mit Nikosia
herzustellen. *A hebt den Hörer ab.* Hallo!

B: Ja.

A: Ah, da sind Sie ja. Wie war das Spiel?

B: Ich habe Ihre Frage nicht verstanden.

A: Meine Frage war, wie war das Spiel?

B: Das Spiel?

A: Jawohl.

B: Welches Spiel?

A: Na, ich denke, das Spiel, über das Sie uns berichten wollen, das
Länderspiel in Nikosia.

B: Was?

A: Das Länderspiel.

B: Das Länderspiel?

A: Ja. Wissen Sie, wie es ausgegangen ist?

B: Ich kann es nicht beurteilen, weil ich das Spiel nicht gesehen habe.

A: Was, Sie haben das Spiel nicht gesehen?

B: Was?

A: Sie sagen, Sie haben das Spiel nicht gesehen?

B: Was?

A: Die Verbindung ist schlecht. Die Verbindung ist heute wirklich nicht
gut. *A hat jetzt einen Zettel in der Hand und wendet sich, den Hörer
noch am Ohr, an die Zuschauer. A lächelt nicht.* Wir haben hier ein
Resultat nach vielem Hin und Her. Ein Ergebnis, das durchaus sein
kann, das durchaus im Bereich des Möglichen liegt. *A beugt sich,
den Hörer noch am Ohr, über den Zettel. Offenbar kann er den Zettel
nicht lesen. A wendet sich wieder an die Zuschauer.* Aber wir wollen
hören, ob wir nicht doch noch eine bessere Verbindung bekommen!
Hallo!

B: Ja.

A: Ah, da sind Sie ja.

B: Ja, ich bin hier.

A: Ich freue mich, daß wir uns jetzt endlich verstehen.

B: Was?

A: Ich freue mich, daß wir uns jetzt verstehen!

B: Was meinen Sie? Ich kann Sie nicht verstehen.

A: Sie können mich nicht verstehen?

B: Doch, ich verstehe Sie gut.

A: Ah, das ist gut. Können Sie uns etwas über das Spiel sagen, vielleicht das Ergebnis?

B: *– es kratzt stark in der Hörmuschel, es knistert eine Weile, A hat den Hörer ein Stück vom Ohr entfernt, jetzt hält er ihn wieder ans Ohr.*

A: Hallo! Ich höre Sie nicht. *An die Zuschauer gerichtet:* Das war ja zu erwarten. *In die Muschel:* Hallo! Was?

B: Wimmer im Mittelfeld

A: Wer?

B: Wimmer!

A: Wimmer?

B: Ja.

A: Jawohl. Also Wimmer im Mittelfeld. Und wie ist das Resultat?

B: Ich habe Ihre Frage nicht verstanden.

A: Ich habe Sie gefragt, wie das Spiel ausgegangen ist. Unsere Zuschauer hier sind gespannt auf das Resultat.

B: Haben Sie eine Frage?

A: Ja, ich habe Sie nach dem Resultat gefragt!

B: Hallo?

A: Das Resultat, verstehen Sie mich? Das Ergebnis? Wie es ausgegangen ist?

B: Das ist mein Eindruck, wie gesagt, soweit ich das sehen konnte, soweit es sich um das Spiel handelt, auf das Sie anspielen.

A: Von wem sprechen Sie? Bitte, von wem sprechen Sie?

B: Ja. Soweit ich das beurteilen kann.

A: Können Sie mich denn nicht verstehen?

B: Ja, aber ich kann es nicht so genau sagen, ich muß mich auf das verlassen, was ich gehört habe.

A: Und wissen Sie, wie es ausgegangen ist?

B: Was?

A: Das Spiel, wie ist das Resultat?

B: Ich glaube ja.

A: Gab es sonst noch was Besonderes?

B: Ich kann Sie plötzlich nicht verstehen, die Verbindung ist schlecht.

A: *legt den Hörer auf.* Es tut mir leid, liebe Zuschauer, aber das Resultat ist nicht mit Gewißheit zu erfahren.

Nun komme ich aber zur Hauptsache, und zwar zu Uwe Seeler. Es ist nicht zu fassen. Diesem Mann wollen einige Leute nachsagen, daß seine Zeit vorbei ist. Da kann ich nur lachen.

Es zeigt sich, daß wir noch lange keinen Nachfolger haben für ihn, das muß mal gesagt werden.

Er hat alle Zweifler wieder einmal belehrt. Er ist unersetzlich, so ist es.

Er ist nicht am Ende. Dieser Mann ist noch nicht am Ende. Das sollte man einmal ganz deutlich sagen.

Er ist noch lange nicht alt und schon gar nicht müde geworden. Das ist doch Tatsache.

Es ist kein Ersatzmann in Sicht. Tatsache ist doch, daß weit und breit keiner zu sehen ist.

Keiner kann behaupten, er sei besser als er. Niemand kann ihn ersetzen. Sein Abschied liegt noch in weiter Ferne.

Ich möchte sogar behaupten, daß er noch besser ist, als früher. Hut ab vor diesem Mann.

Da kann man nur sagen: Hut ab. Sein Auftreten, vom Haarschnitt an, ist erstklassig.

Wirklich, nichts gegen Seeler, aber mit Müller ist er nicht zu vergleichen.

Mit Müller, das muß mal gesagt werden, kann er nicht konkurrieren.

Man sollte endlich einmal den Mut haben, das in aller Deutlichkeit zu sagen.

Um ehrlich zu sein: Seeler, selbst in seiner besten Zeit, könnte Müller niemals verdrängen.

Um die Wahrheit zu sagen, seine Zeit ist vorbei, obwohl manche Leute ihn am liebsten noch mit Krücken auf dem Platz sehen würden. Da kann man doch nur den Kopf schütteln.

Da kann man doch nur lachen. Sicher ist doch: er ist längst am Ende, er ist fertig, er ist alt und müde geworden, da besteht doch kein Zweifel.

Man fragt sich, wie schlecht er eigentlich noch werden muß, bevor man das einsieht. Allmählich finde ich es notwendig, diese Frage zu stellen.

Es steht doch wohl einwandfrei fest, daß Müller ihn längst in die Tasche steckt, das ist doch gar keine Frage.

Alles was Recht ist, Müller ist nicht mehr wegzudenken, auch wenn das einigen Leuten nicht paßt. Fußball ist doch kein Tortenbacken.

Es ist höchste Zeit, daß das einmal ausgesprochen wird. Müller ist nicht zu ersetzen. Da besteht doch kein Zweifel.

Man mag darüber denken, was man will, es gibt weit und breit keinen, den man mit ihm vergleichen kann.

Auch wenn das einigen Leuten nicht gefällt, muß man sagen: Müller ist wieder da. Ich möchte sogar behaupten, daß er noch besser als früher ist.

Das ist die Hauptsache, und wenn man ehrlich ist, wird man zugeben, daß Müller auch nicht mehr der Alte ist.

Müller ist satt und müde geworden, das ist doch bekannt, er hat viel vergessen.

Ich würde sagen, Müller hat nie was gekonnt und er lernt es auch nicht.

Müller sollte sich endlich die Spiele von außen ansehen, das muß mal gesagt werden, alles andere geht an der Wahrheit vorbei, das wird wohl keiner abstreiten.

Ich behaupte, Müller ist nichts und nie was gewesen, und wenn einige Leute etwas anderes behaupten, dann kann ich nur lachen.

Holt endlich Emmerich zurück!

Hat man vergessen, wie Emmerich auf die Pauke gehauen hat? Hat man das alles vergessen?

Was muß eigentlich noch alles passieren, bevor man sich an ihn erinnert, das frage ich mich.

Ich frage mich, was eigentlich noch geschehen muß, bevor man ihn zurückholt.

Auch wenn einige Leute das nicht wahrhaben wollen, er ist besser als früher. Ich bin sicher, daß er wiederkommen wird.

Ich möchte sagen, daß ich fest daran glaube, daß er wiederkommt.

Ich jedenfalls bin ganz sicher, daß er bald wieder voll da ist. Dann kann ihn keiner ersetzen, das kann man wohl sagen.

Ich bin der Auffassung, daß ihn bis heute noch keiner ersetzt hat.

Ich bin der Meinung, daß ihn noch niemand erreicht hat, das ist mein Standpunkt.

Und diesem Mann wollen einige Leute nachsagen, daß seine Zeit vorbei ist. Da kann ich nur lachen.

Zitate 4

Am Montag wird die Öffentlichkeit ungeheure Dinge erfahren.

Horst Gregorio Canellas,
Ex-Vorsitzender von
Kickers Offenbach

Unser Verein ist sauber.

Günther Siebert,
Vorsitzender von
Schalke 04

Ich weiß von nichts.

Waldemar Slomiany,
Ex-Spieler von
Arminia Bielefeld

Mir kann nichts passieren, ich bin mir keiner Schuld bewußt.

Jürgen Sobieray,
Ex-Spieler von
Schalke 04

Für mich ist das alles erledigt.

Manfred Manglitz,
Ex-Tormann vom
1. FC Köln

Es brannte helles Licht, so daß ich
alles genau sehen konnte.

Willi Pieper,
Ex-Spielausschuß-
vorsitzender von
Arminia Bielefeld

Was mich persönlich betrifft, läßt mich
die Sache völlig kalt.

Günther Siebert,
Vorsitzender von
Schalke 04

Wir werden wachsen wie eine Eiche.

Wilhelm Stute,
Ex-Präsident von
Arminia Bielefeld

Ich werde das Fenster schließen,
es zieht.

Manfred Manglitz,
Ex-Tormann vom
1. FC Köln

Am Mittwoch wird die Öffentlichkeit
ungeheure Dinge erfahren.

Horst Gregorio Ca-
nellas,
Ex-Vorsitzender von
Kickers Offenbach

Wir sind sauber wie am ersten Tag.

Günther Siebert,
Vorsitzender von
Schalke 04

Der Sumpf ist noch viel tiefer, als man
glaubt.

Egon Piechaczek,
Ex-Trainer von
Arminia Bielefeld

Wir fahren doch lieber in den Süden
hinunter als in den verdammten Westen
hinein.

Tasso Wild,
Ex-Spieler von
Hertha BSC

Ich weiß nicht, wer es herbeigeschafft
hatte, jedenfalls war das Geld später da.

Willi Pieper,
Ex-Spielausschuß-
vorsitzender von
Arminia Bielefeld

Bei der Fußballweltmeisterschaft in
Mexiko erhielten wir von der Firma Puma
ein Angebot über 5000,— DM pro Mann,
wenn wir in ihren Schuhen spielen würden.
Daraufhin verhandelten wir mit der Firma
adidas, die 10 000,— DM gezahlt hat.

Horst Wolter,
Tormann von
Hertha BSC

Der Fußball ist kaputt, mehr sage ich nicht. *Horst Gregorio Canellas, Ex-Vorsitzender von Kickers Offenbach*

Wenn der DFB es genehmigt, ist das etwas ganz anderes. *Hans Kindermann, DFB-Ankläger*

Am Samstag wird die Öffentlichkeit ungeheure Dinge erfahren. *Horst Gregorio Canellas, Ex-Vorsitzender von Kickers Offenbach*

Im Laufe der Woche erfuhr ich von unserem früheren Spieler Stockhausen, daß er gesehen hat, wie Slomiany das Geld im Strumpf hatte und wie er es Klaus Senger übergab. *Willi Pieper, Ex-Spielausschußvorsitzender von Arminia Bielefeld*

Was eingetreten ist, ist nicht die Schuld des Vorstands oder des Vereins, sondern höhere Mächte waren im Spiel. *Günther Siebert, Vorsitzender von Schalke 04*

Der Fußball ist in Ordnung, aber das Drumherum ist schlimm. *Rolf Rüßmann, gesperrter Spieler von Schalke 04*

Man kann nur noch lachen darüber, wohin der Fußball gerollt ist. Oder man muß weinen. *Karl-Heinz Heimann, Journalist*

Kaffee mit zwei Päckchen Zucker bitte. *Manfred Manglitz, Ex-Tormann vom 1. FC Köln*

Ich sage überhaupt nichts mehr. *Max Merkel, Trainer*

Nachrichten

Sepp Maier hat schon wieder einen Jux losgelassen. Es war bei der Ankunft der DFB-Delegation auf dem Frankfurter Flughafen. Spieler, Trainer und Offizielle warteten geduldig auf ihr Gepäck. Da bewegte sich der Vorhang vor dem Fließband. Und das erste Stück kam. Zuerst ein Schuh, zwei, drei Meter später ein Socken. Und der Torwart von Bayern München stand im Hintergrund, lachte sich eins und beobachtete amüsiert die verdutzten Gesichter. Rechts war er barfuß. *Kicker*

Bei der Begegnung des TSV Hohenfels und des ASV Batzhausen herrschte unter den Zuschauern eine gespannte Atmosphäre. Ein passives Mitglied des Hohenfelser Clubs stritt sich mit einem Batzenhausener darüber, wer hier Foul spiele. Daraufhin mischte sich ein Wagenpfleger aus Batzenhausen ein und hielt dem Hohenfelser vor: „Ihr fühlt Euch ja wieder recht stark." Der Angesprochene schlug ihm darauf die Zigarre aus dem Mund. Als dieser in einer Art Reaktionsbewegung zurückschlug, bekam er einen Tritt in den Bauch. Das war das Signal für eine Rauferei, an der sich allerdings nachweislich der Initiator des Streits nicht mehr beteiligte, bei der aber der Wagenpfleger von anderen Hohenfelsern mehrere Schläge auf den Kopf bekam, so daß er ein Schädelhirntrauma erlitt. *Abendpost/Nachtausgabe*

Der Traum eines Fußballfans erfüllte sich: Uwe Seeler drückte ihm die Hand. Wenig später versagte das Herz des 73jährigen Mannes. Er starb vor Freude. Mit selbstgemachtem Schild und Pudelmütze stapfte August Bantie vor dem Spiel durch den Schnee. Zwanzig Minuten später war er tot. Sein größter Wunsch war in Erfüllung gegangen. Uwe Seeler hatte sich besonders über das herzliche „Grüß Gott" gefreut, das der Mann auf sein Plakat gemalt hatte. *Bild*

Wenn es schnell gehen soll, dann setzt sich Klaus Fichtel in seinen funkelnagelneuen BMW. *Kicker*

Mit vier Schüssen streckte ein Anhänger der Los Apaches in einem Vorort von Mexico City den 26jährigen Star Carlos Villegas Zompa vom FC Atlanta nieder, weil er alle vier Tore gegen sie erzielte. Zompa wird nie wieder Fußball spielen können, meinen die Ärzte. *Frankfurter Rundschau*

Eintracht Frankfurts Stürmer Helmut Kraus, Schütze des 1:1 gegen Kaiserslautern, erzielte seinen Treffer trotz gebrochenen Mittelfußknochens. Kraus spielte achtzig Minuten mit dieser Verletzung. *Kicker*

Im Streit hatte der Arbeiter M aus Wuppertal seine Eltern mit dem Gewehr bedroht. Als Nachbarn die Polizei riefen, verbarrikadierte er sich, hielt sich ein Kleinkalibergewehr an die Schläfe und rief: „keinen Schritt weiter, oder ich drücke ab." Fünf Stunden lang redeten seine

Eltern, Freunde und Nachbarn vergeblich auf ihn ein. 16 Polizisten belagerten das Haus. Da besorgten sich die Beamten über Funk das Fußball-Ergebnis, dann schrien sie dem Lebensmüden zu: Wuppertal hat 1:0 gewonnen. Jubelnd riß der Mann die Arme hoch. Das Gewehr fiel zu Boden. Dann ließ er sich widerstandslos festnehmen. *Bild*

Zurück zur Natur – hieß es in Hannover vor dem Spiel gegen Frankfurt (1:1). Die 96er Stars Jupp Heynckes und Hans Siemensmeyer genossen nämlich einen besonderen Sympathiebeweis: Ein Gemüsehändler schenkte beiden je zehn Pfund Rosenkohl. *BAMS*

Trainer Max Merkel ließ die Mannschaft von 1860 im Training minutenlang die Köpfe schütteln. Dann erklärte er: immer wenn Euch einer fragt, ob Ihr Fußball spielen könnt, dann macht Ihr diese Übung. *Spiegel*

Während des Spiels Deutschland gegen England entstand ein kleiner Stubenbrand. Der Bauer Josef Tangemann aus Harkebrügge trat die Flammen aus und setzte sich wieder vor den Fernseher. Nach dem Abpfiff stürzte er mit seiner Frau ins nächste Lokal. Dort empfing ihn der Wirt mit den Worten: Mensch, dein Haus brennt! Die Feuerwehr konnte nichts mehr retten. *Bild*

Bernd Wessel, Torhüter von Borussia Dortmund, wurde als Kavalier der Straße ausgezeichnet. Das kam so: Bernd sah in der Wickeder Straße in Dortmund nachts eine hilflose Frau im Regen am Straßenrand stehen. Sie war in einen Unfall verwickelt worden und hatte ihre Brille verloren. Bernd zögerte keinen Moment, suchte und fand die Brille. Sportleute sind auch Kavaliere. *Kicker*

Der Brieftaubenverein Fuldensia Fulda ehrte unseren Torschützenkönig auf seine Weise. Jedes der 23 Mitglieder spendierte Gerd Müller eine Taube. *Bild*

Die erfolgloseste Fußball-Mannschaft der Bundesrepublik ist der SC Reichenbach, sie beendeten ihre Serie in der C-Klasse Hof mit 0:44 Punkten und einem Torverhältnis von 11:254. Nicht selten kommt es vor, daß die Mannschaft mit zehn oder nur neun Spielern antritt. Trotz der vielen Niederlagen denken sie nicht daran, zu mauern. „Das ist völlig unmöglich", meint der erste Vorsitzende Josef Ascherl, „weil unsere Spieler dann völlig den Überblick verlieren und sich gegenseitig verletzen würden." *Kicker*

Auch der heilige Vater ist vom Fußballfieber gepackt. Er sieht sich die Spiele in Mexiko an. Als Italiener hofft er natürlich auf einen Sieg seiner Landsleute. Als Papst muß er jedoch allen Mannschaften den Daumen drücken. *Bild*

Brigitte Beckenbauer, die Frau unseres Nationalspielers, besuchte in Leon eine Erdbeermarmeladefabrik. *Bild*

O : Ein Tag aus dem Leben

Es ist einer jener Herbsttage, die man als unangenehm empfindet. Es sieht nach Regen aus. Zu dieser Stunde liegt O noch im Bett. Zudecken kann man ihn nicht. Einen Wecker verschmäht er. Karin erhebt sich und macht sich frisch. O richtet sich aus seinem schweren grünbezogenen Sessel auf und klopft dreimal auf den Tisch. Normalerweise ißt er fast alles. Er ist ein schlanker Typ, daher kann er essen, was er will. Er ißt auch beinahe alles, nur Fisch ißt er nicht. O sagt: Fisch stinkt, und mag er noch so frisch sein. Auch Hühnchen und Hähnchen mag er nicht, ansonsten muß Karin keine Sorgen haben, ihren Mann mit mürrischem Gesicht beim Essen zu finden, er ißt beinahe alles. Natürlich kommt es vor, daß er nicht zu Hause essen kann. Dann ißt er unterwegs. Aber am liebsten ißt O zu Hause. Ohne Wagen kann er sich das Leben nicht vorstellen, und sei es nur ein VW. Der Jaguar schafft mühelos 250, er benutzt ihn als Stadtwagen, lila gespritzt. Für Ausflugsfahrten mit der Familie hat er noch einen Mercedes 280 SE. O blättert weiter im Wirtschaftsteil: Versicherungen, Immobilien, Bausparverträge, darin kennt er sich aus. **Und wann war Ihr schönster Tag?** wird gefragt. O antwortet: Es gab schöne Tage und weniger schöne. Die schönsten Tage sind immer die, an denen man sich in guter Form fühlt und viel Erfolg hat. **Haben Sie Tiere zu Hause, oder lieben Sie Tiere nicht?** Ich mag Tiere gern, Pferde und Hunde zum Beispiel. **Besichtigen Sie,** wird gefragt, **bei Auslandsspielen Museen, Kirchen und andere Sehenswürdigkeiten?** Oh, antwortet O, manchmal haben wir Gelegenheit dazu, und das ist dann eine willkommene Abwechslung. **Was ist Ihr größtes Problem,** fragt man dann. Mein rechter Fuß, antwortet O. Am nächsten Montag antwortet O noch einmal. Es sieht nach Regen aus. O, der so herzlich lachen kann, schafft die rund 30 km lange Strecke bis zum Geißbockheim in rund 20 Minuten. Hinter der Gardine winken Karin und Marco. O lächelt ihnen zu und gibt Gas. Der Alltag hat nun begonnen.

plötzlich brach das Geländer vor mir zusammen, ich schrie nach hinten: bleibt wo ihr seid! aber das war nicht möglich, die Leute hinter mir wurden einfach vorwärtsgeschoben von den Leuten hinter ihnen, unter mir lagen sieben oder acht Männer und neben mir stöhnte jemand und blieb regungslos liegen, er war gestorben. Ich war also aufgestanden und war hinausgegangen und die anderen Zuschauer waren auf den anderen Seiten hinausgegangen, ohne zu merken, was sich da abgespielt hatte, sie setzten sich in die Autos, sie stiegen in die Bahnen hinein und fuhren nach Hause, und erst zu Hause erfuhren sie dann, was sich abgespielt hatte, fast mit dem Schlußpfiff. Jimmi Johnston von Celtic schoß das Einsnull. Die Rangers-Anhänger strömten zu den Ausgängen. Sie hatten gerade die steile Treppe erreicht, da schoß Colin Stein den Ausgleich für die Rangers. Die Zuschauer, die schon auf den Stufen standen, wollten zurück, und von oben wollten die andern zum Ausgang. So hatte es angefangen. Unter dem riesigen Druck war das Geländer geborsten. Ich wurde zwanzig Meter lang von der Masse mitgetragen. Über und unter mir Tote und Verletzte. Ich stand auf Menschen und konnte nichts dagegen tun. Ich versuchte mich rückwärts zu stemmen, aber es ging nicht, ich ging unter, später bekam ich den Kopf wieder frei und wurde gleich wieder überrollt. Neben mir ruderten die Menschen mit den Armen, sie schrien und traten um sich, aber sie sanken immer tiefer hinein, genau wie ich. Andere Körper schoben sich über mich, da fiel ich in Ohnmacht und als ich die Augen wieder aufschlug, sah ich in das Gesicht eines Toten. Plötzlich hörte ich Rufen und Schreien, und als ich mich umsah, sah ich einen drei oder vier Meter hohen Haufen Menschen liegen. Alle lagen in der gleichen Richtung, mit dem Gesicht zu mir. Ein Haufen von Köpfen und verzerrten Gesichtern. Hinterher waren meine Schuhe, Socken und Hosen blutgetränkt.

Geld

oder wir ziehen die Schuhe aus

Der Schuhkrieg 1966–72

so
ist er
er stützt
und er sitzt
er schützt und
gibt Halt leicht
sicher und schnell
er gibt Halt er ist
standfest auch rutsch
fest das gab es noch nie
unter dreihundert Gramm so
schmiegsam mit Sehnenpolstern
und Fußformzungen die Klötzchen
stellung am Sohlenrand vermindert
Verletzung verbessert den Stand mit
fußbettfördernder Bodenausführung mit
Seitenteilen aus einem Stück auf Schnee
plätzen Eisplätzen mit gepolsterten Kappen
beim Schießen die Laufrillen schützen den Fuß
beim Schuß moosweich & federnd beim Schuß O adidas
aus Mastboxleder fugenlos mit dem Schaft ver
bunden da läßt er die Fußkraft voll wirken
mit den drei Riemen der Biegezone ja ja
beim Schuß mit vollendeter Sicherheit der
Griff in die Zukunft biegsam und dop
pelt so haltbar und gar nicht so teuer
von allen Seiten adidas mit weichem
Auftritt es gibt keinen Druck keine
Stellen wohin man auch sieht
auf wessen Füße man schaut
man sieht keinen Druck
keine Stellen mit druck
losem Halt im Fach
handel erhältlich
mit den drei Rie
men adidas
so ist er
jawohl
so

so ist er so ist er flexibel und standfest
geschmeidig verschleißfest sitzt fabelhaft
selbst bei lockerer Schnürung der Fuß wird
umfaßt nichts drückt mehr kein Druck mehr
so ist er er biegt sich da wo es sein muß
das ist das Ergebnis das ist für die Zukunft
das gab es noch nicht aus feinstem Mastbox
O mit gepolstertem Kragen mit Saugstollen
wirklich in den Gelenken und Ballenpartien
geschmeidig und doch so fest wie ein Panzer
natürlich für nahezu alle Bodenverhältnisse
mit der PU-Sohle oder dem Puma-Form-Strip
mit der Puma Lastic 3 N-Sohle mit dem Loch
mit dem Loch mit dem fers-O-til O dem Loch
an der richtigen Stelle dem Fersen-Ventil
mit dem sensationellen Loch O ein Erlebnis
der kraftvolle Schaft aus 1 A Campo-Calf
jetzt wissen sie warum wir sagen: so ist er
ja diesen Puma kann man nicht aufhalten
mit dem schußfördernden Vorderblatt
ja diesen Puma kann man nicht aufhalten
jetzt wissen sie warum wir sagen: so ist er
der kraftvolle Schaft aus 1 A Campo-Calf
mit dem sensationellen Loch O ein Erlebnis
an der richtigen Stelle dem Fersen-Ventil
mit dem Loch mit dem fers-O-til O dem Loch
mit der Puma Lastic 3 N-Sohle mit dem Loch
mit der PU-Sohle oder dem Puma-Form-Strip
natürlich für nahezu alle Bodenverhältnisse
geschmeidig und doch so fest wie ein Panzer
wirklich in den Gelenken und Ballenpartien
O mit gepolstertem Kragen mit Saugstollen
das gab es noch nicht aus feinstem Mastbox
das ist das Ergebnis das ist für die Zukunft
so ist er er biegt sich da wo es sein muß
umfaßt nichts drückt mehr kein Druck mehr
selbst bei lockerer Schnürung der Fuß wird
geschmeidig verschleißfest sitzt fabelhaft
so ist er so ist er flexibel und standfest

Brozulat, der Einbein-Dribbler
mit Schlepperqualitäten,
wird niemals die Zange sein,
die gebraucht wird.

Schluß, meine Damen und Herren, nichts mehr zu ändern, Schwamm drüber, da läßt sich nichts machen, alles geht einmal zu Ende, man muß damit rechnen, obwohl es am Anfang gar nicht so aussah, auf meiner Uhr sind es noch fünf Minuten, Ecke von rechts:

> Libuda tritt
> oh das war Stiller
> Helmschrot ist da
> bitte na also

aus und zu Ende, nichts mehr zu machen, Schluß, meine Damen und Herren, damit genug für heute, zu mehr reicht die Zeit nicht, wir fassen zusammen:

einmal platschte ein Heber ans Holz
einmal rauschte ein Elfer darüber
einmal zischte ein Schlenzer vorbei
einmal tropfte ein Nicker daneben

das war es an diesem Tag, ein bitterer Schnitzer unter den milchigen Wolken, ein Dämpfer in dieser schwülen düsteren Luft, in dieser grellen prallen stechenden Sonne, durch diesen einfallenden drehenden wälzenden treibenden Nebel, gegen den steifen schneidenden peitschenden böigen stürmischen orkanartigen Wind, bei diesem einsetzenden anhaltenden starken heftigen klatschenden strömenden rauschenden wolkenbruchartigen Regen, über den schweren glatten feuchten stumpfen klebrigen seifigen pappigen tückischen schmierigen sumpfigen rutschigen glitschigen glasharten kräfteverzehrenden knochentrockenen über Nacht gefrorenen von Kratern durchlöcherten Boden, na also, das sagt eine Menge, die Zeit ging vorbei in dieser Schlammküche, in diesem Glutkessel, in diesem Schneebecken, der lahmende Bomber brauste heran, aber:

          er drosch, anstatt zu schieben
          er schob, anstatt zu knallen
          er knallte, anstatt zu flanken
Pfosten   er flankte, anstatt zu dreschen
Latte
Drüber
Vorbei   so ist das im Fußball,
          er wollte den Ball mit
          der Zunge ins Tor lecken,
          enttäuscht klopft er
          jetzt auf den überraschend
          grünen Rasen, das Ganze
          noch einmal in Zeitlupe:

Pfosten
Latte
Drüber
Vorbei

so ist das im Fußball, die Luft war jetzt raus, der Ofen war aus, der Faden
gerissen, es plätscherte jetzt ohne SAFT und KRAFT ohne PFEFFER und
SALZ ohne DRUCK ohne DAMPF ohne WUCHT ohne SCHMALZ ohne
DRANG ohne SCHWUNG ohne BISS ohne BUMMS, Stiller versank,
Maas wurde abgedrängt, Gecks wurde zugedeckt, Löhr wurde kaltge-
stellt, Sturm wurde ausgestochen, Görts wurde abgemeldet, Patzke
wurde verladen, Strich bekam keinen Stich, Netzer lag an der Kette,
Gerwien sah nicht viel Land, Ohm klebte Wimmer am Hemd, Biskup ließ
Wosab aussteigen, Rupp brachte wirklich kein Bein auf die Erde, der
heruntertropfende Ball schlug Rühl in den Rücken, Starek warf seine
Krücken hoch, alles sprang in die Luft hier im satten Ballungsgebiet bei
drückender Hitze, aber mitten hinein in den Jubel krachte der Dämpfer:

          Schämer schmetterte einen seiner beliebten
          Fernschüsse aus dem Hintergrund heraus.
          Im günstigen Moment hüpfte Heese aus
          dem verstopften Strafraum unbemerkt in die
          Mitte und krümmte sich in der Luft zu einem
          gewaltigen Kopfstoß

          das war ein volles Pfund auf das Haupt des
          Meisters

          das Volk fiel in lautlose Stille zurück

aber jetzt war der Knoten geplatzt, jetzt kam die große Wende, jetzt waren sie nicht mehr zu halten, jetzt hatten sie Blut geleckt, sie rammten und walzten mit dampfenden Hemden im Schmierseifensumpf und brachen jetzt durch mit den starken Spitzen durch die vom Westwind gepeitschten Regengardinen und bohrten sich jetzt mit dolchartigen Stößen in die wankende Abwehr hinein, der Berg brüllte auf, die gestreiften Lawinen wälzten sich urplötzlich schnell und steil gegen die Schwaben-Wand, die ganz zerrissen wurde und mit Axthieben zerklopft im brütenden Kampfkessel auf Biegen und Brechen von einem einzigen Wimmer-Paß aufgeschlitzt von einer Rasierklinge in dieser Matschschlacht und während die Punkte zerflossen, stießen sie immer wieder hinein in die klaffende Wunde und wühlten sich durch mit gewetzten Messern einmal und zweimal und dreimal mit beißenden Meißeln und Stoßkeilen und knirschenden Zangenaktionen in dieser Moorschlacht rollend und stampfend rechts links hinten vorne mit schweren krachenden Hämmern, die schwarzroten Sturzbomber brausten heran und zertrümmerten alles, was sich bewegte, die Meißel kratzen die Mauer auf, die Rothosen stürmten aus voller Brust und schossen aus allen Rohren, die Blauhemden mähten die Deckungshecken nieder und zerfetzten die erschlaffenden Gäste, ja meine Damen und Herren ganz kurz und bündig alles ist aufgebrochen zusammengedrückt in Grund und Boden gestampft, die dicken stählernen Riegel knacken, die Pfosten erzittern, die Gäste zerfallen zermürbt von stahlharten Schlägen zerhämmert aufgestemmt überrollt aufgeschnitten festgenagelt ausgeblutet zusammengebrochen zerrissen mit Zähnen und Klauen zerfetzt zerrieben zerklopft auf diesem Boden, das war der Sieg, jawohl, meine Damen und Herren, noch läuft die Uhr, die Fahnen brennen, die Flaschen fliegen, aber sonst kam alles zu spät, dem vollen Haus bleibt nur das große Stöhnen

und wie geht es weiter?

es bleibt alles beim alten
Wosab bleibt drin
Rummel kommt raus
Starek muß gehen
Huberts Ade
Pause für Dulz
Patzke fällt aus
Fichtel muß warten
Wimmer muß weichen
Schulz ist wohlauf
Blusch ist gesperrt

Hasebrink fehlt
Pröpper ist fit
Trinklein noch nicht
Jung wird genäht
Hölzenbein kommt
Kulik sieht zu
Budde ist dran
Mumme macht Platz

was wird mit Schmitt?

Schmitt ist dabei

Gibt es noch etwas? nein, es gibt nichts, wir können aufhören, in Köln sah es schlecht aus, den Bayern ist das Kopfballproblem über den Kopf gewachsen, Hamburg ist in Bremen gestolpert, Essen staunte nicht schlecht, in Braunschweig knisterte es, in Schalke atmet man auf, die Spitze trat auf der Stelle, ein dürres Einseins, ein dickes Fünfnull, freundlicher Beifall, genug für heute, alles gelaufen, wie schon im vorigen Jahr:

eine Wimmer-Ecke
eine Bitz-Bombe
ein Heiß-Kracher
ein Heese-Hammer
eine Rausch-Flanke
eine Bohnsack-Sense
ein Kleff-Patzer
ein Wüst-Knaller
ein Beer-Heber
ein Schnarr-Schnitzer
ein Horr-Tor
ein Pumm-Paß

ich glaube mit diesem Ausgang hat niemand gerechnet, die Überraschung ist jetzt perfekt, das Pech schlug gnadenlos zu, die Punkte sind also zerflossen, besondere Vorkommnisse keine, über weite Strecken betrachtet, mit etwas Glück hätten die Gäste, aber so ist das im Fußball, natürlich hatte die Hitze, natürlich war auch der Wind, der Regen hatte natürlich, wie das so oft ist im Fußball, doch alles in allem, im großen und ganzen, genauer betrachtet, jawohl, kann man sagen, am Ende kann man noch froh sein, Punkt ist Punkt, vergessen wir es, Schluß, meine Damen und Herren, Schwamm drüber, schnell noch ein Blick auf die Tabelle.

Ich komme wieder.
Klaus Fischer,
Stürmer

Jetzt bin ich wieder da.
Bernd Hölzenbein,
Mittelfeldspieler

Jetzt haue ich wieder voll drauf.
Gerd Müller,
Stürmer

Ich gehe wahrscheinlich fort.
Hans Josef Kapell-
mann,
Abwehrspieler

Wenn wir drinbleiben, bleibe ich hier.
Jürgen Grabowski,
Stürmer

Bei mir ist alles klar, ich gehe weg.
Paul Breitner,
Abwehrspieler

Ich würde gern gehen.
Horst Köppel,
Stürmer

Ob ich bleibe oder gehe, kann ich im Moment noch nicht sagen.
Franz Roth,
Mittelfeldspieler

Wen es zum Fußball treibt, der geht.
Sepp Herberger,
Ex-Bundestrainer

Vorläufig kriegt mich da keiner mehr hin.
Ludwig Müller,
Abwehrspieler

Nie wieder. Nie im Leben wieder.
Herbert Laumen,
Stürmer

Also dann am nächsten Samstag.
Willi Schulz,
Abwehrspieler

Das habe ich nie gesagt.
Max Merkel,
Trainer

Schwierigkeiten auf fremden Plätzen

Als Anhänger des FC Bayern München besuchte ich das Bundesliga-spiel zwischen der Frankfurter Eintracht und den Bayern. Mit Vereins-fahne und Vereinsmütze betrat ich das Waldstadion und stellte mit gro-ßer Verwunderung fest, daß mein Erscheinen die Zuschauer aufs höchste erhitzte: **Hier stinkts nach Saubayer,** war nur einer der Schreie, die, keineswegs scherzhaft gemeint, durch die Eintrachtecke halten. Schneebälle flogen mir andauernd um die Ohren, man ver-suchte auch, mir mittels Eintrachtfahne die Bayernkappe vom Kopf zu befördern und den Einsatz meiner Fahne zu verhindern. Der Übermut der Eintrachtfans wurde nach dem Tor zum 2 : 1 natürlich auf den Höhe-punkt getrieben. **Was sagt der Saubayer jetzt,** brüllte man, um ein Gelächter folgen zu lassen. Derlei Zustände müssen meiner Meinung nach abgebaut werden. *K. S. aus Heppenheim*

Was wir vor der von Hamburger Schlachtenbummlern belegten Tribüne zu sehen bekamen, war das trübste, was ich je erlebt habe. HSV-Fanati-ker schlugen die Ordner des VfB zusammen. Polizeibeamte – als Hüter der Ordnung – wurden angespuckt. In der Kabine wurde ich einige der verdienten langjährigen Ordner den Tränen nahe gewahr.

S. R. aus Rathfelder

Als wir mit unseren rotweißen Fahnen im Stadion erschienen, sahen viele Zuschauer ganz rot, beschimpften uns auf das übelste und bespuckten uns sogar. Die Mißfallenskundgebungen gegen den 1. FC Köln erreichten in dem minutenlangen Sprechchor: **Overath Du Sau!** ihren Höhepunkt. *E. W. aus Forbach*

Eine Gruppe von Zuschauern lieferte ein Beispiel mit Singen. Zielpunkt ihrer Gesänge war die Mannschaft des FC Schalke 04. Bereits bei der Ankunft wurden die Spieler mit dem Sprechchor: **Schalke Null Vier, Scheiße vom Revier** – empfangen. Man muß sich fragen, wann endlich die Veranstalter gedenken, den Ordnungsdienst gegen diese Elemente einzusetzen. Ganz sicher gerät bei weiterer Nachsicht der herrliche Fußballsport immer mehr in den Ruf, ein Sport des Pöpels zu sein.

G. C. aus Bad Sassendorf

Die Hetze gegen den 1. FC Kaiserslautern ist nicht mehr zu überbieten. Dieser Amokläufer aus Frankfurt, der von den Ordnern zu Ruhe und Ordnung gezwungen werden mußte, soll doch in Frankfurt seine Läufe für **Recht und Gerechtigkeit** starten. Vielleicht lieben Frankfurter solche

Einlagen. Frankfurter Schlachtenbummler waren Stunden vor dem Spiel betrunken. Massenschlägereien, der Schädelbasisbruch eines 45 Jahre alten unschuldigen Mannes, der vor dem Spiel die Treppen hinabgestoßen wurde, waren die Folge. Und Sie bedauern einen armseligen Schläger, der gewürgt wurde. Man wird das Gefühl nicht los, der Leser soll nicht wissen, was auf dem Betzenberg wirklich passierte.

B. B. aus Landau

Der Mann gehörte übrigens zu jener Gruppe, die den Vortrag der amerikanischen Musikkapelle vor Spielbeginn durch Geschrei und Gejohle gestört hat und der schließlich auch zu jenem Haufen gehörte, der einen Zuschauer die Treppe hinunterwarf. Wahrscheinlich ist er auch der erwähnte Pistolenschütze. Er rannte dann schließlich noch aufs Spielfeld mit einem Schlagwerkzeug in der Hand. Was er dort vorhatte, läßt sich nur ahnen und ist nicht Wirklichkeit geworden, Dank dem Einsatz der Ordner und der Polizei, die unseres Erachtens noch viel zu zart mit dem Kerl umging.

G. H. aus Kirchheimbolanden

Nach Spielschluß passierte es dann. Wir wurden ungefähr von vierzig Essen-Fans eingekreist. Dann sollte ich: **Es lebe Rot-Weiß-Essen** ganz laut singen. Das tat ich jedoch nicht. Da riefen sie: **Ihr Braunschweiger Schweine.** Immerzu drohte man uns Kopfnüsse an. Einem Braunschweiger nahmen sie die Fahne weg und zerbrachen sie.

H. K. aus Braunschweig

Bei allem Verständnis – das ging zu weit.   *E. D. aus Augsburg*

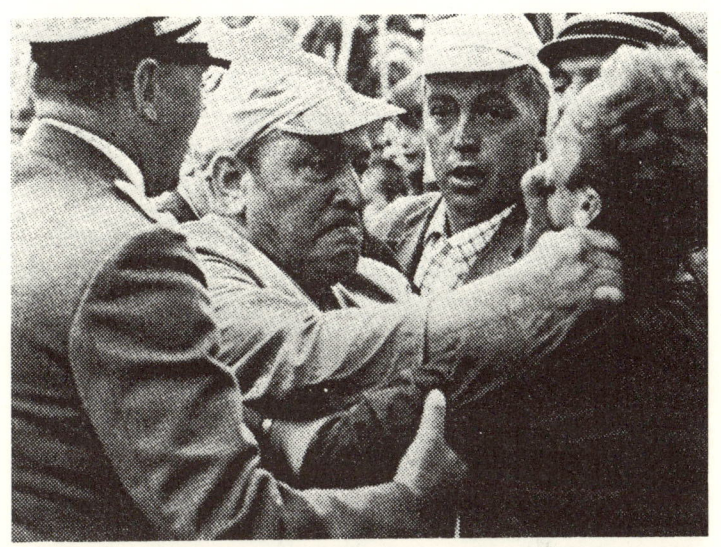

12
Rammer
&
Brecher
Sonette

1

Das ist der Anfang. Das ist der Beginn.
Die Wolken fliegen dort in der Natur.
Jetzt geht es los. Wir sehen auf die Uhr.
Jetzt setzen wir uns erst mal richtig hin.

Wir sitzen auf Papier. In diesem Sinn.
Wir warten ab. Vom Rammer keine Spur.
Der Brecher ganz allein auf weiter Flur.
Da sitzen wir. Es ist noch alles drin.

Es ist zwar schlimm, doch war es auch schon schlimmer.
Wir sehen schwarz im Schein des Abendlichts.
Die Nummer Neun hat keinen blassen Schimmer.

So sieht es aus am Anfang des Berichts.
Wir freun uns nicht so sehr, doch wie auch immer:
Das ist ja erst der Anfang und sonst nichts.

2

Morast und Schlamm und Sturm jawohl und Regen.
Der Regen fällt herab, als es beginnt.
Das Gras ist naß. Im Kessel braust der Wind.
Die Schirme gehen auf. Die Schauer fegen.

Es knarrt am Dach. Das Regenwasser rinnt.
Der Nebel schwebt. Man sieht sich was bewegen.
Es kommt jemand und jemand geht entgegen
Und jemand patscht vorbei und stochert blind,

Und stampft und dampft und hat ihn nicht erreicht.
Das Feld ist leer. Der Weg zum Tor verstopft.
Die Pfütze spritzt und jemand ganz durchweicht

Und jemand triefend dort und jemand tropft.
In dieser Suppe sieht man nun vielleicht,
Wie matt das Leder an den Pfosten klopft.

3

Der Meister wirbelt hungrig übers Feld
Und füttert seine Spitzen sehr geschickt.
Er tanzt durch alle Sperren, quirlt und zwickt.
Vom Flutlicht ist der Rasen jetzt erhellt.

Der Rammer zugedeckt und kaltgestellt.
Der Brecher auf der Linie, ganz geknickt.
Das Leder hängt im Netz, hineingenickt.
Im halben Lande stöhnt die Fußballwelt.

Der Trainer auf der Bank, man sieht ihn fluchen.
Sein Kopf sitzt locker und eventuell
Beißt man im Herbst schon in den Abstiegskuchen.

Der Rammer steht herum und ganz speziell
Den Brecher muß man mit der Lupe suchen.
Da muß sich vieles ändern und zwar schnell.

4

Das ist doch nein die schlafen doch im Stehen.
Das ist doch ist das denn die Möglichkeit.
Das sind doch Krücken. Ach du liebe Zeit.
Das gibts doch nicht. Das kann doch gar nicht gehen.

Die treten sich doch selber auf die Zehen.
Die spielen viel zu eng und viel zu breit.
Das sind doch nein das tut mir wirklich leid.
Das sind doch Krüppel. Habt ihr das gesehen?

Na los geh hin! Das hat doch keinen Zweck.
Seht euch das an, der kippt gleich aus den Schuhn.
Ach leck mich fett mit deinem Winterspeck.

Jetzt knickt der auch noch um, na und was nun?
Was soll denn das oh Mann ach geh doch weg.
Das hat mit Fußball wirklich nichts zu tun.

5

Wie lange noch? Vielleicht noch zehn Minuten.
Der Sturm hängt in der Luft, das ist beschissen,
Und wie es ausgeht, das kann keiner wissen,
Das weiß man nicht, das kann man nur vermuten.

Der Rammer rechts betastet den beschuhten
Geknickten Fuß, wir springen von den Kissen.
Der Brecher hat sich bis zum Schluß zerrissen.
Der Regen rauscht, die Schienbeinschützer bluten.

Ganz ausgepumpt und das Trikot zerfetzt
Und umgesenst. Da schweigen alle Lieder.
Der Stopper hat ihm wirklich zugesetzt.

Er geht in ihn hinein und sägt ihn nieder.
Die Pfeife schweigt. Kein Pfiff. Soviel für jetzt.
Am nächsten Samstag sehen wir uns wieder.

6

Doch jetzt der Rammer; er erkennt die Ritzen.
Es ist wie damals, wie im letzten Jahr.
Ich weiß zwar nicht mehr wie es damals war.
Er bohrt sich ein mit seinen Stiefelspitzen,

Um jetzt von rechts die Deckung aufzuschlitzen.
Dann macht der Brecher vorne alles klar.
Ein Tor wie aus dem Himmel, wunderbar.
Er sitzt und er erledigt das im Sitzen.

Der Pfeifenmann hat auf die Uhr geguckt.
Die Stimmung gut. Der Himmel ganz bedeckt.
Der Meister schwach, der jetzt zusammenzuckt.

Der Brecher hat den Ball hineingeleckt.
Dort springt er hoch, vom Jubel ganz verschluckt.
In der Kabine später schmeckt der Sekt.

7

Nun bricht der Brecher durch, er explodierte
Im Mittelfeld, der Rammer steht ganz frei.
Von den Tribünen hört man das Geschrei.
Und wieder schreit es, als der blutverschmierte

Genähte Rammer jetzt vorbeispazierte,
Ganz elegant am letzten Mann vorbei.
Im Sprung erwischt er mit dem Kopf das Ei,
Das ihm der Brecher seidenweich servierte.

Das war ein Pfund, das war ein kalter Schlag.
Der Meister wankt. So ändern sich die Zeiten.
Die Prämie steigt, das steht in dem Vertrag.

Der Vorstand sagt: das sind doch Kleinigkeiten.
Das wars. Und einen schönen guten Tag.
Noch mehr vom Fußball auf den nächsten Seiten.

8

Noch ein paar kurze Worte vor dem Ende:
Der Meister drückt, und vorne, ganz allein,
Der Rammer mit dem Schokoladenbein.
Auf der Tribüne bläst man in die Hände.

Der Nebel senkt sich weich auf das Gelände.
Wir schalten um. Man hört es wieder schrein.
Er dreht sich kurz und löffelt ihn hinein.
Das Unheil rollt. Jedoch schon kommt die Wende.

Der Brecher rechts, wer hätte das gedacht,
Er hämmert flach. Von der Betreuerbank
Springt man empor in dieser Regenschlacht.

Der Meister bäumt sich auf, doch er versank
An diesem Tag. Wir sagen: Gute Nacht.
Das war ein schöner Abend. Vielen Dank.

9

Der Nebel pfeift. Es ist etwas geschehen.
Es klatscht ganz naß. In diesem Dämmerlicht
Beginnen wir mit unsrem Schlußbericht.
Wir sehen nichts. Wir können nichts verstehen.

Nur die Gesänge, die vorüberwehen.
Das ist nicht viel bei dieser schlechten Sicht.
Wenn es nicht läuft, dann läuft es eben nicht.
Borussia Dortmund wird nicht untergehen.

Der Rammer tankt sich durch, ihr lieben Leute.
Der Stopper: ja, so sieht es aus von hier.
Er senst ihn um, wenn ich das richtig deute.

Die Neun läuft an. Das war das Vierzuvier.
Ins Netz gefetzt. So wunderschön wie heute.
Ein volles Pfund. Und diesmal singen **wir**.

10

Hier ist der Punkt, wo wir zusammenfassen:
Der Brecher angeschlagen und zerschunden,
Er wankt hinaus. Nach diesen schönen Stunden
Da stehen alle auf, dort wo sie saßen.

Der Rammer mit dem Rücken auf dem Rasen,
Er wälzt sich schmerzverzerrt und wird verbunden.
Im dunklen Tunnel ist er dann verschwunden,
Der Schußfuß schwillt, damit ist nicht zu spaßen.

Er faßt sich an die Seite, wo es sticht.
Man drängt sich fort dort an den Spielfeldrändern.
Nun wird es Zeit, daß man mal davon spricht

Wir schalten um. Es ist nichts mehr zu ändern.
Das war ein Schlag dem Fußball ins Gesicht.
Wir geben jetzt zurück zu unseren Sendern.

11

Das war es also, ich will nichts mehr sagen.
Ich habe schon genug davon gesprochen.
Erbarmungslos aus dem Korsett gebrochen:
Der Meister ausgemolken und zerschlagen.

Der Beifall kracht. Was gibt es noch für Fragen?
Nein, niemand fragt, denn die Tribünen kochen.
Der Rammer wird nach diesen dunklen Wochen
Hoch auf den Schultern naß hinausgetragen.

Die Bänke morsch, die Stufen bröckeln, Moos
Wächst auf den Rängen aus dem schwarzen Sand.
Kalt wie der Winter schlug und gnadenlos

Der Rammer zu. Der Meister ausgebrannt,
An diesem Tag, an dem der Regen groß,
Da schlich er still davon, weiß wie die Wand.

12

Vom Regen fortgeschwemmt. Vom Wind gefressen.
Vom dünnen Schnee bedeckt. Vom Schmerz verzehrt.
Vom Dunst verschluckt. Vom Boden weggekehrt.
Vom Schlamm erschöpft und von den langen Pässen.

Wir wollen dieses Spiel jetzt rasch vergessen.
Da weht aus dem Gewühl ganz unbeschwert
Weich wie Papier vorbei und unversehrt
Der Rammer sanft. Der Brecher unterdessen:

Er sinkt dahin. Er macht noch einen Schritt.
Er sinkt er schwebt er hebt noch einen Fuß.
Der Kopf: er bricht fast ab von diesem Tritt.

Vorbei Daneben Aus und Ende. Schluß.
Die Ecke jetzt, die nehmen wir noch mit.
Dann gehen wir und steigen in den Bus.

Ein 19jähriger Fußballspieler des B-Klassen-Vereins Kickers Worms hat einen Vereinskritiker zu Tode getrampelt. Das Opfer, ein 38jähriger Arbeiter, hatte über den Fußballclub des jungen Fußballers Arno P. gesagt: **Ihr seid doch Plattmacher. In die nächste Klasse steigt ihr niemals auf.** Der Fußballer, der in seinem Club Rechtsaußen spielt, hatte ihn darauf niedergeschlagen und solange auf ihm herumgetreten, bis er sich nicht mehr rührte. Das Opfer starb vier Stunden später an schweren inneren Verletzungen. *Bild*

Der BFC Preußen verteilte beim Freundschaftsspiel gegen die Amateure von Tennis Borussia an alle zahlenden Zuschauer eine Boulette. *Kicker*

Ein halbes Ohr kostete das Weltmeisterschaftsspiel Deutschland : Italien den Kaufmann Alfons S. (38) aus Schnaitterbach. Bei Schnellingers Ausgleichstor sprang er hoch und stieß mit dem Kopf gegen den Kronleuchter, ein Lampenglas zersplitterte und schnitt ihm das halbe rechte Ohr ab. *Bild*

Eine Auszeichnung für Uwe Seeler vor dem Spiel HSV gegen Hertha. Aus dem großen deutschen Rosenzuchtgebiet Halstenbeck-Rellingen bei Hamburg wurde ihm eine neue Rosenzüchtung überreicht, die den Namen **UNS UWE** trägt. *Kicker*

Bei der Jahreshauptversammlung von Schalke 04 gab es Tumulte. Präsident Günther Siebert stellte den 300 erschienenen Mitgliedern die Vertrauensfrage, nachdem Ex-Nationalspieler Bernie Klodt starke Vorwürfe gegen Siebert erhoben hatte und dabei bewies, daß der Schalker Boß 60 000 Mark Mietgelder von Getränkeständen in der Glückauf-Kampfbahn in die eigene Tasche kassieren durfte. Die Mitglieder bekannten sich zu Siebert, Vorstand und Verwaltungsrat von Schalke setzten aber durch, daß Siebert in Zukunft nicht mehr kassieren darf. *Bild*

In Stuttgart trainierten einige Fußballer auf ihrem Übungsplatz in Hedelfingen zu laut. Eine 45jährige Hausfrau griff deshalb kurzerhand zum Gewehr und feuerte aus dem Wohnzimmerfenster. Ein 25 Jahre alter Sportler brach mit einem Aufschrei zusammen, die Kugel hatte ihn in die Hüfte getroffen. Er liegt im Krankenhaus. *Kicker*

Die Bundesliga-Mannschaft des 1. FC Köln bekommt schon seit Wochen Hilfe von draußen. Es ist ein Mann, der sich Amateur-Astrologe nennt, die Ergebnisse voraussagt und während des Spiels sogar mit einer Klingel vom Spielfeldrand aus vor Gefahren warnt. Der Mann heißt Wilhelm Ernst Richter. Er stand beim 2:5-Debakel gegen Gladbach hinter dem Kölner Tor und wollte mit einer Glocke warnen: Dreimal läuten bedeutet Gefahr (BILD berichtete darüber). Richter sagt heute über seine vergebliche Warnung: **Die Spieler konnten mich nicht hören. Neben mir trompetete einer so laut.**   *Bild*

Am vergangenen Sonntag wurde auf dem Fußballplatz der Stadt Carapicuiba im brasilianischen Bundesstaat Sao Paulo ein angesehener Bürger der Stadt wegen eines geringfügigen Vergehens zu Tode geprügelt. Der Kaufmann José Gomes da Silva war während eines Fußball-Lokalderbys über den weißen Grenzstreifen getreten, den die Zuschauer nicht überschreiten durften. Er wollte lediglich einen Sturm seiner Mannschaft auf das gegnerische Tor besser verfolgen. Sieben Militärpolizisten stürzten sich sofort auf ihn und begannen ihn mit ihren langen Schlagstöcken unbarmherzig zu verprügeln. Schließlich versetzten sie dem Halbtoten noch Fußtritte mit ihren schweren Soldatenstiefeln.   *Frankfurter Rundschau*

Pelés Weltmeisterschafts-Schuhe, die er 1968 trug und die jetzt in einer Ausstellung in London gezeigt werden sollen, wurden mit ca. 60000 $ versichert. Sein Trikot, das er bei seinem 1000. Tor trug, wurde mit 30000 $ veranschlagt. Der Ball, mit dem er sein 1000. Tor schoß, ist ebenfalls mit 60000 $ versichert.   *Bild*

Dettmar Cramer, im FIFA-Auftrag auf Asien-Tournee, zog sich in Hongkong einen Nasenbeinbruch und einen Muskelfaserriß zu. Wie das geschehen konnte, darüber war allerdings noch nichts zu erfahren.
          Kicker

Der Mönchengladbacher Trainer Hennes Weisweiler rief Le Fevre beim Spiel gegen Hertha BSC zu: **Du mußt mehr nach innen gehen!** Doch Le Fevre, der etwas schlecht hört, blieb weiter an der Außenlinie stehen. Später erfuhr Weisweiler den Grund. Le Fevre hatte den Hertha-Verteidiger Patzke gefragt, was Weisweiler gerufen habe, und Patzke hatte geantwortet: **Du sollst schön außen bleiben.**   *sport-illustrierte*

Die große Jagd kann beginnen. Die Jagd auf die Rowdys in den deutschen Fußballstadien. Gewarnt durch den Skandal beim Südregionalligaspiel Fürth gegen 1. FC Nürnberg (dort hatten Fanatiker durch Schießen mit Raketen einen Spielabbruch erzwungen), wollen auch die Bundesliga-Clubs härter durchgreifen. Und zwar mit **Kopfprämien** für erwischte Raketen-Rowdys. Beim FC Schalke 04 steht die Kopfprämie auf 100 Mark. Außerdem erhält der Erwischte Platzverbot auf Lebenszeit.

Bild

Zum Abschiedsspiel des dreifachen Nationalspielers Hartmut Heidemann, MSV Duisburg, soll die gesamte westdeutsche Fußballprominenz erscheinen. Nur die Bayern-Stars wurden nicht eingeladen. Das hat seinen Grund. **Ich hasse die Bayern und vor allem den Bazi Bekkenbauer. Warum, das vermag ich nicht zu begründen. Ich konnte ihn schon von Anfang an nicht leiden,** sagt Heidemann. Der Haß gegen Beckenbauer und alle Bayern-Spieler ist Heidemanns Meinung nach nicht unbegründet: am 5. Januar 1970 schoß Beckenbauer einen Freistoß mit voller Kraft. Der Ball flog allerdings nicht ins Tor. Er traf aus ein paar Metern Entfernung den Kopf Heidemanns. Der Stürmer ging für Minuten zu Boden. **Wenn ich dem Bazi auch nicht unterstellen will, daß er das mit Absicht getan hat, so habe ich doch seine Genugtuung über diesen Volltreffer in seinem Gesicht abgelesen und mich in den nächsten Spielen danach gerichtet.** Bei einem Nationalmannschafts-Lehrgang ließ Beckenbauer Heidemann ausrichten, daß er nunmehr in der Lage sei, ihn aus einer Entfernung von 30 Metern k.o. zu schießen.

sport-illustrierte

Gebannt verfolgt ein Mann am Fernseher das Fußball-Länderspiel Deutschland–Ungarn. Er bemerkt nicht, daß die Glut seiner Zigarette auf den Teppichboden fällt und ein winziges Loch hineinbrennt. Die Ehefrau regt sich darüber so auf, daß sie ihren Mann mit dem Brotmesser ersticht. – Vier Personen saßen am Mittwochabend in ihrem neumöblierten Wohnzimmer in Hannover, Lampestraße 8: der Kraftfahrer Georg Schneider (38), seine Frau Erika (35), ihr Sohn Michael (14) aus erster Ehe und ein Freund der Familie. Um 22.45 Uhr, Hölzenbein hatte gerade mit einem Kopfball das 2 : 0 erzielt, sah die Hausfrau das pfenniggroße Loch im neuen gelbbraunen Teppichboden. Er war erst vor fünf Monaten, kurz nach der Hochzeit, verlegt worden. Frau Erika, stämmig, 1,76 Meter groß, sprang auf und gab ihrem kleinen hageren Mann eine kräftige Ohrfeige: **Du brennst mir die ganze Wohnung ab,** schrie sie. Der Mann schlug und schrie zurück. Von diesem Krach erwachte die fünfjährige Tochter Susanne und weinte. Der Vater lief ins Schlafzimmer, um die Tochter zu beruhigen. Gleichzeitig rannte die Mutter in die Küche. Als sie zurückkam, hatte sie etwas Blitzendes in der Hand. Es war das Brotmesser mit einer zwölf Zentimeter langen Klinge. Erika Schneider stieß es ihrem Mann mit aller Kraft von vorne tief in die Brust. Röchelnd brach er vor den Augen der kleinen Susanne zusammen. Sekundenlang stand die Frau wie erstarrt da. Dann zog sie das Messer wieder heraus und rannte mit dem Bekannten zur Nachbarin, die den Krankenwagen rief. – Der Fernseher lief inzwischen weiter, aber niemand achtete darauf. Erwin Kremers hatte gerade das 3 : 0 geschossen, als Georg Schneider aus der Wohnung getragen wurde. Er starb auf dem Weg ins Krankenhaus. Erika Schneider wurde verhaftet. *Bild*

Bei Fernsehübertragungen von Fußballspielen wirft sich der Engländer Dick Baxter in Schiedsrichterkluft und leitet in dieser Aufmachung das Spiel vor dem Bildschirm. Für die Zeit der Weltmeisterschaft hat Baxter Urlaub genommen. **Ich werde so viele Spiele wie möglich mit meinen Pfiffen begleiten. Und ich bin sicher, daß ich nicht schlechter sein werde als meine Kollegen auf dem grünen Rasen,** erklärte er.   *FAZ*

Das Pokal-Nachholspiel Essen-Leverkusen fiel gestern aus. Würmer überall auf dem Rasen machten das Spiel unmöglich.   *Bild*

Ich glaube wir sind soweit, daß wir eigentlich keine neuen Nachrichten mehr haben. Auf Wiedersehen.   *Harry Valerien ZDF*

Sehnenriß
Bänderriß
Knochenriß
Kapselriß
Innenbandriß
Kreuzbänderriß
Bauchmuskelriß
Muskelfaserriß

Fußbruch
Knöchelbruch
Rippenbruch
Jochbeinbruch
Schienbeinbruch
Kiefernbruch
Schädelbruch
Ellenbogenbruch
Nasenbeinbruch
Handrückenbruch
Oberarmbruch
Unterarmbruch

Furler:
dankeschön, hier
gibt es im Augen-
blick nicht viel
zu sagen, deshalb
schalte ich um
nach München zu
Oskar Klose. Hallo
Oskar Klose, hören
Sie mich?

Klose:
ja ich höre Sie, Adi
Furler, und mache
weiter. Und da es
hier nichts zu be-
richten gibt, gebe
ich jetzt hinüber zu
Ihnen nach Stuttgart.
Hallo Peter Klein,
wie sieht es bei Ihnen
inzwischen aus?

Rißwunden
Schürfwunden
Platzwunden
Fleischwunden
Fußwunden
Stirnwunden
Kniewunden

Leiste
Leiste
Meniskus
Meniskus
Meniskus

Knochenabsplitterungen
Oberschenkelgeschwülste
Oberlippenverletzungen
Brustkorbquetschungen
Achillessehnenentzündungen
Absprengungen am Fußwurzelknochen,

Furler: ich glaube, wir können jetzt umschalten, der Rasen ist in einwandfreiem Zustand. Das Wetter, wie ist das Wetter bei Ihnen?

Klose: oh das Wetter ist ausgezeichnet. Der Rasen macht einen sehr guten Eindruck. Und jetzt hinüber zu Ihnen. Wie ist das Wetter bei Ihnen?

Klein: vielen Dank, das Wetter ist wirklich sehr gut, der Rasen ist ideal. Ich glaube ich gebe erst einmal zurück. Was gibt es Neues bei Ihnen? Was gibt es Neues Adi Furler?

Hüftprellung	Hüftgelenkverrenkung
Brustprellung	Sprunggelenkentzündung
Schulterprellung	Kreuzbanddehnung
Vorfußprellung	Wadenmuskelzerrung
Augapfelprellung	Oberschenkelquetschung
Schienbeinprellung	Ellenbogenverrenkung
Steißbeinprellung	Schultergelenkabsplitterung
Hüftgelenkprellung	Schlüsselbeinsplitterung
	Absplitterung an den Gelenkkapseln

plötzlich war auch das Schulterklavikulargelenk gesprengt, Oberschenkel und Bauchgegend waren aufgerissen, Blut spritzte aus dem Fuß, es quoll durch den von einem aus dem Stollen herausstehenden Nagel aufgerissenen Schuh. Er wälzte sich plötzlich schmerzverzerrt nach einem Tritt in die Magengrube, plötzlich rieb er sich röchelnd den Knöchel, er hielt sich das dicke Knie, alles war plötzlich geschwollen, das mit Blut überströmte Gesicht auf der dünnen Schneedecke, schmerzverzerrt, er betastete den gebrochenen Kiefer, die aufgerissene Wade, den aufgeschlitzten Spann, den ausgekugelten Arm, das geschwollene Jochbein, die ausgerenkte Schulter, den gesplitterten Knöchel, den gebrochenen Knochen, den offenen Kopf ...

Furler: ja, hier ist Köln. Hier sind wir wieder, meine Damen und Herren.

Klein: wie sieht es bei Ihnen aus?

Furler: na ja, bei uns sieht es der Situation entsprechend aus. Es ist alles beim alten geblieben. Ich gebe jetzt weiter deshalb nach München, zu Oskar Klose. Oskar Klose, hat sich bei Ihnen etwas verändert in München?

Klose: nein, Adi Furler, es hat sich gar nichts verändert bei uns, wie Sie hören können, noch zwei Minuten sind hier zu spielen, und es sieht ganz so aus, als ob nichts mehr geschehen würde. Ich gebe deshalb noch einmal zurück zu Ihnen.

Furler: und da auch hier nichts mehr geschieht, schalte ich gleich weiter zu Peter Klein nach Stuttgart ..... Hallo Peter Klein, wie sieht es bei Ihnen aus? Ist noch etwas passiert in den letzten Minuten?

Klein: nein, hier ist nichts mehr passiert, wir warten hier auf den Schluß, der jeden Moment kommen muß .... da ist er, der Schluß, meine Damen und Herren, wir verabschieden uns und geben zurück in die angeschlossenen Sender.

..... der bärenstarke Nogly bohrt seinen Schädel in den Hinterkopf von Siemensmeyer, Siemensmeyer fällt um und Nogly marschiert einfach weiter, oh das war hart, jetzt, drei Minuten vor Schluß, und Heese sinkt in den Schnee, nach dem Zusammenprall, das war doch nicht nötig, mit den Köpfen zusammengekracht, und Netzer wird umgesägt, das Bein ist offen bis auf den Knochen, aber der Pfiff bleibt aus, das müßte verboten sein, der Tritt hat Kostedde beinah den Kopf abgerissen, Rupp humpelt, ein böses Ding, mit hühnereidicken Prellungen am Schenkel, das muß doch nicht sein, Diehls Knie schwillt und schwillt, Sengers Fuß, der sonst nach vorn zeigt, steht jetzt nach hinten, wimmernd und wälzend am Rande behandelt oh meine Damen und Herrn ....
....
..... er tupft sich mit einem Wattebausch das Blut vom Gesicht, die Schwellungen klingen ab, die Blutergüsse verschwinden, alles ist auf dem Wege der Besserung, der Abriß am Hinterhorn des linken Meniskus stellt sich als glatte Sache heraus, alles wächst wieder zusammen, die Fäden werden aus dem genähten Bein gezogen und alles ist wieder eingerenkt, vom Gipse befreit, alles wohlauf, alles gesund und munter, unversehrt, unverwüstlich, er springt von der Bahre herab, die Binden sind abgewickelt, kein blutiges Wochenende, es sah alles schlimmer aus, als es war.

Herr Merkel, Sie sind ein Stinkfisch.	*älterer Herr aus Duisburg*
Max, du bist eine dreckige Sau!	*Duisburger Zuschauer*
Haben Sie nun endlich die Schnauze voll, Sie elendes Schwein?	*Nürnberger Zuschauer*
Na du dreckiger Meistermacher, jetzt bleibt dir wohl die Kinnlade stehen.	*jugendlicher Zuschauer aus München*
Aber sonst: Max Merkel ist schon in Ordnung.	*W. B. aus Gießen*
Merken Sie nun endlich, was los ist, Sie Lump. Sie haben Nürnberg auf dem Gewissen.	*Nürnberger Zuschauer*
Geh hin, wo du hergekommen bist, du Totengräber!	*Karlsruher Zuschauer*
Verjagt die Verbrecher vom Vorstand. Jagt Merkel zum Teufel!	*Karlsruher Zuschauer*
Heute lege ich Max Merkel um.	*Telefonanrufer aus Frankfurt*

Max Merkel will es einfach nicht einsehen: Max Merkel steht auf. Er ist die Ruhe selbst. Er behält die Ruhe und sagt keinen Ton. Kein Ton kommt über seine Lippen. Er preßt die Lippen zusammen und schweigt. Max Merkel hat nun das Wort: Fußball ist wunderbar, sagt Max Merkel.

	Mann Dicker du Pflaume	**JUU JU JU JU JUSUFI**
	nun geh doch nach Hause	**DU SPIELST HEUTE**
O	der macht doch na guck mal	**SCHÖN WIE NIE**
TUN	was macht denn die Krücke	**JU JU JU JU**
MIR DIE	der läuft doch spazieren	**JUSUFI**
AUGEN WEH	da fragt man sich wirklich	**JAA**
WENN ICH EIN	der fällt doch gleich um da	**JA**
TRACHT SPIELEN	der schläft doch der pennt ja	
SEH OH TUN	ach Leute das wird nichts	**HAUT**
MIR DIE	der fummelt der Nickel	**SE HAUTSE**
AUGEN	ein Saft Mann ein Käse	**HAUTSE AUF DIE**
WEH	aus Einwurf nein Ecke	**SCHNAUZE HAUTSE**
O	jetzt Schämer wo ist er	**HAUTSE HAUTSE AUF**
	wo ist denn der Schämer	**DIE SCHNAUZE HAUTSE**
	der ist gar nicht da was	**HAUTSE HAUTSE AUF DIE**
	wo bleibt denn die Blüte	**SCHNAUZE HAUTSE HAUT**
	da ist er hau drauf Mann	**SE HAUTSE AUF DIE**
UND	los Lothar jetzt Hammer	**SCHNAUZE HAUT**
SPIELT	jetzt rauscht es paß auf du	**SE HAUTSE**
DIE EIN	hau drauf Mann na was denn	**HAUT**
TRACHT NOCH	das muß man sich ansehn	**SE**
SO SAUER WIR	das ist doch nicht möglich	**O**
BRAU CHEN	nun guck doch den Heese	**JUU**
KEI NEN	ach schlaf doch zuhause	**JU JU JU**
BECKEN	na Kerl du mußt laufen	**JUSUFI LEG**
BAU	auf los gehts Mann Tempo	**DEN RADI ÜBERS**
ER	den hast du na komm schon	**KNIE JU JU JU JU**
	bleib dran Kalb direkt jetzt	**JUSUFI JA JA JA**
	und wieder kein Mensch da	**JUU JU JU JU**
	und vorne ist Ende	**JUSUFI**

Fünf Hinweise zur Lage

wie ist die Lage?   die Lage ist gut
wir haben keine Angst
wir haben nie Angst gehabt
wir werden keine Angst mehr haben
wir brauchen keine Angst zu haben
wir haben nur ein bißchen Angst
wir sehen die Dinge wie sie sind
wir lassen uns etwas einfallen
wir machen uns keine Sorgen

wie ist die Lage?   die Lage ist gut
wir packen nicht ein
wir geben nicht auf
wir sprechen noch mit
wir steigen nicht ab
wir schaffen es schon
wir bleiben ganz vorn
wir sind bald am Ziel
wir sind überzeugt

wie ist die Lage?   die Lage ist gut
wir zittern nicht mehr
wir haben gut lachen
wir wollen es wissen
die Wende wird kommen
der Knoten wird platzen
die Serie wird reißen
wir haben noch Hoffnung
das wirft uns nicht um

wie ist die Lage?   die Lage ist gut
wir sind aus dem Keller
wir steigen nach oben
wir kommen ans Fenster
wir bleiben auf dem Teppich
bei uns geht es aufwärts
bei uns rollt es wieder
bei uns brennen alle
wir sind nicht verloren

wie ist die Lage? die Lage ist gut
wir beißen jetzt zu
wir machen sie fertig
wir knacken sie schon
wir werden sie rupfen
wir ziehen sie ab
wir putzen sie jetzt
wir hauen sie in die Pfanne
wir verzehren sie heute im Nebel

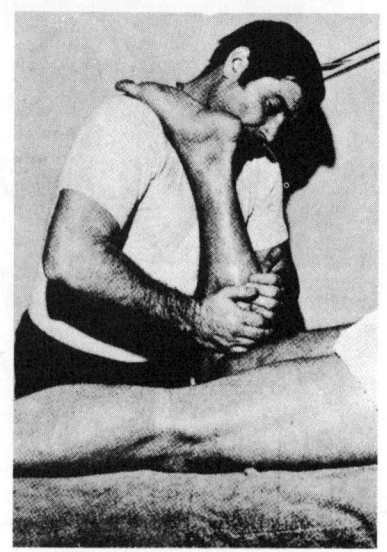

Unter uns, die Welt ist doch kein Fußball. Und wenn schon.
Richard Kirn

Wie gesagt, das fiel mir am Mittwoch ein, als ich mich auf den Weg zu REAL machte, ich habe das nicht vergessen. Lohrmann im Tor, mein Gott, wie man manche Tage in Erinnerung behält, es war März 22, auf einem Lastwagen, Seiderer war auch dabei, und ein anderer Name ist mir noch in Erinnerung: Fuchs. Fuchs, aber schon bin ich im Zweifel, ob er wirklich gespielt hat, ich sah ihn zuletzt im Fernsehen, einen mächtigen, aber bleichen und aufgeschwemmten Menschen, der sicherlich krank war, und Siegler sah aus wie ein Sioux, mit eleganten Halbschuhen, diese Hitze vergesse ich nie. Nach dem Spiel, das damals verloren ging, liefen wir noch ein Stück und sprachen vom Jahr davor, damals war alles so ähnlich gewesen, nur daß es ganz anders war in diesen Regengüssen, am ersten Oktober, eine schreckliche Nacht, wir stiegen ein paar Treppen hinauf und ich erinnerte mich in diesem Moment an einen Julitag, da lief ich mit Schmidt durch Stuttgart und wir stiegen die Treppen hinauf, und an diesem Tag blieb er plötzlich stehen, weil es ihm einfach zu dumm war, weiterzugehen, in dieser Hitze, und Schmidt sagte: also gehen wir wieder hinunter, ich habe ihn in seinen größten Tagen gesehen, manche sagen, er wäre dem Philipp ähnlich gewesen, auf einem Photo sind beide zu sehen, Philipp hatte die Hände auf englische Art in die Hosentaschen versenkt, Bumbas Schmidt steht zwischen Bös und Träg, er war ein anderer Typ als Hans Hagen, wenn auch der Unterschied nicht zu groß war, wir gingen damals die Treppen wieder hinunter in Stuttgart und er erinnerte sich plötzlich an den Winter vor zwanzig Jahren, und daran, was sich an einem grauen Nachmittag abgespielt hat, er hatte das nicht vergessen, heute ist es nicht mehr genauso, aber doch ähnlich, na wie auch immer, sein weiteres Schicksal habe ich aus dem Auge verloren, auch das von Fritz Balogh, er stürzte auf geheimnisvolle Weise aus einem D-Zug, es hieß, er habe sich in der Tür geirrt, und vielleicht wäre es auch mit Leinberger nicht zu Ende gegangen, oder mit Schnürle, er spielte in Teplitz und Prag und quälte sich später als Trainer herum, eines Tages sah ihn jemand an einer Bahnsteigsperre in Pforzheim, er humpelte an zwei Stöcken, und eines Tages stand er im Polizeibericht: unbekannter Toter aufgefunden. Er hatte sich umgebracht. Immer wieder fängt es gut an, und wie es aufhört, das weiß man, so etwas bringt nur die Wirklichkeit hervor und davon wird nichts mehr übrigbleiben eines Tages, wie an diesem ersten Oktober, von dem ich gesprochen habe. Es kann aber auch umgekehrt kommen, wie etwa in Mannheim, der FSV, der noch im gleichen Jahr, nämlich 25, gegen den Club ins Endspiel kam und erst in der Verlängerung verlor, ging damals im Schnee an den Brauereien unter, im blauweißen Sturm standen Herberger, Meißner und Höger, aus den hinteren Reihen weiß ich noch Deschner, der lange Au, der lebt und dem es gut geht, im Tor stand Hügel, und ein anderes Mal, was ich nie begreifen werde, ein böser heißer Tag, durch den Sand wühlten sich Träg und Ludwig vergebens, Stuhlfauth mußte zweimal hinter sich greifen, da kann einer lange fragen, und daß es früher besser gewesen ist, darf man ohnehin keinem erzählen, in einem Punkt ist es jedenfalls immer noch so, die Hitze erinnert mich jetzt daran, wann regnete es damals schon einmal. Immer in flammender Hitze, Resi Franz und Seiderer, die Bilder von Bahren, auf denen man sie davonschleppte, 1925, oder in Düsseldorf, 35, zehn Tore, Schalke gegen Stuttgart, das ist alles vorbei, heute regnet es meist in Strömen, ich habe darüber nachgedacht, weil jetzt so oft davon die Rede ist, von den Jahren, von denen wir wissen, daß sie gar nicht so waren, und da muß natürlich auch der Name Rutz fallen, in einer schneedurchwehten Nacht, oder Münzenberg damals in Aachen, dann fällt mir ein sanfter Sommertag ein, ich habe noch in Erinnerung, zwei Spieler, die nicht einmal mitspielten, sondern zuschauten, der eine war Puskas, der andere Szymaniak, er trug eine grüne Joppe, auch das weiß ich noch, und daß ich mich fragte, was er in diesem Moment wohl denken würde, Puskas aber saß in einem blauen Tuchanzug da, wie er ihn immer liebte, ich weiß nicht, warum er damals nicht spielte, damals fiel mir auch auf, wie sich das Bild geändert hatte und daß die Ungarn damals schon nicht mehr die alten waren, kurzum, ich gebe zu, daß ich damals fast wie betäubt war, wir saßen zusammen in einem Lokal in Bad Reichenhall, man schrieb Juli 64, an einem ganz hübschen Tag, ich saß an einem Tisch mit Schmetzer zusammen mit ungezählten Spielen auf dem Rücken, wir erinnerten uns plötzlich an einen unvergessenen Abend in Frankfurt, an die letzten drei Minuten, in denen alles entschieden wurde, oder später im regenklatschenden Köln, was kann denn schon passieren in den letzten drei Minuten in der kühlen Nachtluft, sagten wir uns, doch es kam ganz anders, wie es ja so oft ganz anders gekommen ist, ich unterhielt mich noch eine Weile mit Münzenberg und habe folgendes Wort nicht vergessen, gleichgültig, und auf dem Heimweg fragte ich ihn nach dem Schicksal der Spieler, welcher Spieler? fragte er, mein Gott, sagte ich, der Spieler dieser Zeiten natürlich, die nie wiederkommen, ach so, sagte er, die meinst du, und auf diesem Heimweg, den ich später beschrieben habe, fiel uns plötzlich ein Nachmittag in Berlin ein, von dem jeder sagte, daß er ihn nicht vergessen hätte, 59, und nach ein paar Schritten kam uns wieder ein Tag ins Gedächtnis, Eisschlamm und Schneepolster, und irgend jemand gab an diesem Tag zu bedenken, daß es immer schon so gewesen sei, vor allem weil der Winter in diesem Fall eine entscheidende Rolle gespielt hatte, ehrlich gesagt, von mir aus, bitte schön, wenn Sie wollen, das war eben so, man denke da nur an den Samstag, an dem ich mit Popp noch ein Stück durch den schönen Abend ging, daß ich nicht lache, sagte ich, und dann lachten wir beide zusammen, weil da wirklich die Stelle war, wo es etwas zu lachen gab, und wir dann dachten dann an den Mittwoch davor, an die ganze Woche, eine ganz kalte Woche, später allerdings wieder an einen brüllend heißen Montag, später an nichts mehr, wir lachten nur noch diesen ganzen Weg lang und erinnerten uns an nichts mehr, und als wir uns ein paar Jahre später wieder trafen, erinnerten wir uns an dieses Lachen, wir gingen ein Stück, Popp sagte, das sei doch nicht möglich und er erzählte, wie sie sich Zeitungspapier unter die Strümpfe gestopft hätten, die Torhüter hätten damals Stahlkappen unter der Mütze getragen, nur Stuhlfauth nicht, er hielt mit dem Bauch, und was dort vorbeiging, das ging auch am Kasten vorbei, ich sah den einsamen Mann davongehen, lachend, im schneidenden Wind, das kann doch nicht möglich sein, rief er zum Abschied, dann ging ich den ganzen Weg wieder zurück und mir fiel ein, wie wir alle zusammensaßen, auf der Schaukel saß Rahn und Fritz Walter stand auch in der Nähe, und Turek wirkte rundum gemütlich, gar nicht wie der Mann, der alleine in den letzten drei Minuten Puskas so entnervt hatte, daß der Major sich hinwarf und mit den Fäusten auf dem nassen Rasen herumtrommelte, alles war wieder da, der Regentag, alles von damals, man unterschätzt das meistens, oder man überschätzt es, jenachdem, ich weiß nur, heute ist alles kälter, das sowieso, aber es ist noch etwas anderes, auf dem Rückweg kam mir noch einmal ein Tag in den Kopf, der Boden war kochend feucht, der Regen spritzte, und jemand, mit dem ich damals ein kleines Stück ging, sagte: Sie haben es gut, daß Sie das alles noch erlebt haben, in der eisigen dunklen Nacht auf dem Weg zum Bahnhof sagte er, Sie haben es gut, und weil ich gerade den Namen Kupfer erwähnt hatte, sprach ich von unserem letzten Zusammentreffen, einmal, am Freitag, kalt kalt, und einmal am Dienstag noch kälter aber dann war plötzlich die Sonne doch wieder da und ich war auf dem Weg zum Platz und es war wie damals, als wir hinterher oft zusammensaßen, um den Tisch herum, ich werde ihn immer in Erinnerung behalten, und mit diesen Gedanken ging ich weiter und wunderte mich, daß jetzt wieder Schneefall einsetzte und über den schwarzen Rasen trieb und plötzlich am Tisch jemand sagte: in Stuttgart haben sie wieder verloren.

Von oben sieht alles ganz anders aus.	*Hans Tilkowski, Torhüter*
Ich bin in der Mitte besser.	*Bernd Lorenz, Stürmer*
Ich habe Knorpel wie Erbsen.	*Lothar Kobluhn, Mittelfeldspieler*
Ich lebe zu Hause in meinen vier Wänden.	*Franz Beckenbauer, Abwehrspieler*
Ich bin glücklich, ein Stück von Beckenbauer zu besitzen.	*Herr Zipfelsberger, Gewinner des bei einer Tombola verlosten Trikots mit der Nummer 5, das er an die Wand seines Wohnzimmers genagelt hat.*
Kraft in den Teller, Knorr auf den Tisch.	*Helmut Haller, Mittelfeldspieler*
Geh zu Fuß nach Hause, damit du weißt, wie weit das ist.	*Zuschauer zu Haller, nach dem Spiel gegen Marokko in Leon.*
Es nimmt kein Ende.	*Sepp Herberger, Ex-Bundestrainer*
Erst nach neunzig Minuten ist Schluß.	*Uwe Seeler, Stürmer*
Der Uwe ist spitz geworden.	*Ilka Seeler, Ehefrau des National-spielers*
Ich habe mich dafür entschieden, nicht zu singen.	*Uwe Seeler, Stürmer*
Wer kann das vorher wissen?	*Helmut Schön, Bundestrainer*
Kein Kommentar.	*Max Merkel, Trainer*
Aufhören!	*Unbekannter Zuschauer*

Hinaufsteigen

Hinaufsteigen. Plötzlich hinaufsteigen in die Luft aus dem Gewühl heraus, plötzlich mit Schwung aus der Kabine heraus hinauf in die Luft steigen, plötzlich heraus aus der Ferne kommen, das Leder über das Land schlagen, weit über den trockenen Boden, in dieser atemlosen Stille im Sprung in die Luft aufwärts nach oben steigen, sich krümmen, zusammenziehen und ausstrecken, plötzlich über der Erde flach traumhaft fliegen, der Wind ist verstummt, plötzlich das Blei aus den Beinen schütteln und prachtvoll über den Flügel kommen, dem Schatten entwischen, unheimlich schnell heranbrausen, plötzlich mit zwei drei Zügen von hinten heraus über die Mauer hinweg unwiderstehlich hinaufsteigen, ganz allein eine Zeit in der Luft liegen, eiskalt ohne Sorgen hinaufsteigen, mit dem Wind in die Luft fliegen, samstags in letzter Minute, die Aussichten gut, und plötzlich hoch in die Wolken steigen, auf und davon, das ist es, was ich sagen wollte.

Wie sich die Zeiten doch ändern.
Aber vielleicht ändern sie sich wieder.
Max Merkel

1

Keiner kam mit dem Kopf so schnell hoch, wie Kern, genannt der Drük-
ker, kurz nach dem Krieg übersprang er alle, dabei war er klein, jedenfalls war er nicht groß, und immer war er schon da mit dem Kopf, das war
eine Aufregung, ich weiß noch wie Puruker mit einem Koffer ankam
und sagte, darf ich mich vorstellen, mein Name ist Puruker, wir sind aus
dem Bus gestiegen und losgesaust auf die Tribüne, das war in Mailand,
der Schmauch rief: mach doch, na mach doch, was soll ich denn
machen? rief ich, die haben uns eingeschmiert und in die Pfanne
gehauen, aber acht Tage später, gegen Juventus, die Leute haben kein
Bein auf den Boden gebracht, so hatten wir sie im Sack, mit Hamal im
Tor, einmal riß er sich blitzschnell die Sportmütze ab und köpfte im
Sprung Facchetti den Ball vom Fuß, das Geld ist gerollt wie noch nie, ein
verbreitetes Übel waren die Fußpilze, auch Sportflechten genannt, die
sich durch Jucken und Brennen zwischen den Zehen bemerkbar
machten und über den Fußrücken wuchsen, aber wir sind marschiert,
ganz egal, von Anfang bis Ende, die Eintracht kann ein Lied davon singen, mit Pfaff, Kreß und Stein führten sie einmal fünfeins gegen uns,
doch wir gewannen sechsfünf, das ist nur ein Beispiel, und gegen die
Kickers, mein Gott der Nuber, hinten und vorn, doch Nuber war einsam, und wenn ich an Turek denke, der kam wie aufgepumpt, wir hatten
keinen Grund traurig zu sein, und eines Tages sagten wir uns, so wie es
bisher war, kann es nicht weitergehen, also fingen wir an, mit vier Stür-
mern zu spielen, ich war der Schlepper, der Schwingo war Ausputzer,
damals zogeh wir jeden ab, Boldini stürmte bei uns, ein Junge mit großen abstehenden Ohren, er hieß Boldini und war ein genialer Brecher
und Reißer und Torschmetterer, aus vollem Lauf schlug er die Bomben
krachend unter die Latte, so war es auch gegen Brasilien, da war das
Wunder geschehen, kurz nach der Pause bezog sich plötzlich der Himmel, alles war schwarz, der Sand wirbelte hoch und schon ging es los,
überall Wasser, wohin man sah Wasser, und dieses Wasser wurde den
Brasilianern zum Verhängnis, sie fanden sich einfach nicht mehr
zurecht, auch Leonidas nicht, in seiner Ratlosigkeit zog er zuerst die
Schuhe aus und dann auch die Strümpfe, aber das half nichts, er
patschte herum und wir hatten richtige Pflöckchen unter den Sohlen

und waren von da an nicht mehr zu halten, später, als alles abgeflossen war, kamen die Brasilianer wieder, die mit der Hitze besser fertig wurden, am Samstag darauf dann haben wir angefangen, gegen Benfica, einsnull zweinull, ganz trockener Boden, dreinull viernull, wir haben sie rennen lassen, das war am Samstag, am Montag sehe ich plötzlich den Schwingo nicht mehr, ich rufe zum Bachmann, wo ist denn der Schwingo? also während des Spiels gegen die Stadtauswahl sah ich den Schwingo nicht mehr, wo ist denn der Schwingo? rief ich und Bachmann ruft, der Schwingo ist in die Kabine gegangen und trinkt eine Brause, so hatten wir sie im Sack, fünfnull, früher war das nicht anders, ich weiß noch, wie Schmauch den Ball hatte und plötzlich das Loch sah, da rief der Schmauch: Kern! und schon war der Kern mit dem Kopf da, er sprang höher als alle anderen, dann kam der Winter, überall Schlamm, sieben Mittel hatten wir gegen kalte Füße, denn die Füße waren das wichtigste, ich hatte nie Schwierigkeiten damit, ich habe die Bälle voll aus der Luft genommen, patsch, Tor, zurück und patsch patsch, eins zwei drei, dann bin ich mit meinem Koffer zur Bushaltestelle gefahren, allerdings hatte ich Sorgen mit meinem Nacken, der Kern sagte, paß auf, du nimmst ein Stück Schlauchbinde und füllst es mit Watte zu einer Rolle, die Rolle legst du dir vor dem Schlafengehen um den Nacken, der Kern war schon groß, aber der Sturza war wirklich der Größte für mich, der hat Sachen gemacht, einmal stand er im toten Raum und rutschte von dort in die Bälle hinein, die ich ihm hinlöffelte, was sich hinterher abgespielt hat, war unbeschreiblich, davon sprechen sie heute noch, Hamal im Tor, nicht zu vergessen, Kobo Bachmann, das war ein Treiber, einmal fuhr er in seinem Bugatti durch Köln, er überschlug sich und prallte an einen Baum, der Bachmann kam mit dem Leben davon, aber die Ärzte haben ihm ein Ohr abgenommen, seit diesem Tag trägt er auch seine Ohrenklappe, noch besser war damals Puruker, ich habe geguckt, als er eines Tages daherkam mit seinem Koffer, darf ich mich vorstellen, mein Name ist Puruker, als er das erste Mal schoß, gingen die Augen auf, beidbeinig hatte er einen Riesenhammer, in Glasgow jagte der Rammer, wie man ihn damals schon nannte, den Ball an den Pfosten, den zurückspringenden Ball im nächsten Moment an die Latte, den abermals zurückspringenden Ball mit teuflischer Wucht in den Kasten, ein Mann sprang auf und klatschte, ein Mann, der sonst höchstens lächelte: Matt Busby, ich hatte in Glasgow gesagt, wenn wir jetzt hier herausgehen, dann werden wir ein Geschrei hören, gegen das alles, was wir bisher gehört haben, einfach gar nichts ist, und so war es auch, beim Bankett nach dem Spiel sangen die Schotten, sie sangen wundervoll, eine schöne Zeit näherte sich ihrem Ende, allmählich wurde ich auch älter und spürte in meinem Nacken den jungen Lemm, also hörte ich auf, aber wieder zurück nach Glasgow, dieser Sache kann keiner entrinnen, sagte ich, nicht einmal ich, da sind wir hinausgegangen, ein leichter Wind blies, der Sturza stand da und sagte: mach nur, mach nur, es war schon was los in der Mannschaft, wenn ich an Paniz denke, der hatte Schenkel die waren so dick, daß die Damen den Mund aufklappten, er konnte mit seinem linken Fuß ein Rind umschießen, er übertraf alle, der Paniz? hatte Sepp Herberger gesagt, der Paniz ist eben der Paniz, und eines Tages in Köln geht der Paniz in einem großen Alleingang an zwei drei Leuten vorbei, er versetzt sie wie nichts, aber nun will er an diesem Sonntag auch noch am vierten vorbei, und der bricht ihm ganz einfach das Schienbein, der Knacks ging unter die Haut, da lag er und schrie, ich sehe noch sein Gesicht, aus für alle Zeiten und Schluß; an diesem Tag wurde wirklich böse gehackt, serienweise wurden die Spieler hinausgetragen, Puruker, Bachmann und viele andere, Wilden zum Beispiel, auch ich wurde gleich mit unfeinen Tritten bedient, ich mach dich jetzt um! rief Schäfer, heute spielst du nicht lange! und immer wenn ich an ihm vorbeikam, rief ich: du erlebst das Ende des Spiels nicht mehr! deine Laufbahn geht heute zu Ende! aber am Abend sah alles ganz anders aus, ich weiß gar nicht mehr, wie oft Schäfer zu mir kam und sagte: du weißt doch Junge, daß ich dich niemals absichtlich verletzen würde, und ich sagte: Junge, das weißt du doch auch, es war alles vorbei und nichts war passiert, wir schüttelten uns die Hände, das sehe ich gern, sagte Deuser, der kurz hereinkam, das ist versöhnlich, Schäfer spielte zu dieser Zeit noch mit Nockenschuhen, ich hatte achtzehner Stollen darauf, Puruker zwölfer, wir waren auch die ersten die Strumpfhosen trugen, die Leute lachten, als wir auf den gefrorenen Platz kamen, später haben wir dann gelacht, als ihnen das Blut von den Knien floß, der Schwingo zog einem Ordner den Hut über die Ohren, er aß nur, was dick macht, und hatte viel Speck auf den Rippen und immer Brote im Koffer, überall, wo wir hinkamen, qualmte es, einmal stand eine ganze Fabrik in Flammen, weil der Direktor nicht freigeben wollte am Nachmittag, und einmal nannte ich den Mazzola einen Spaghettifresser, schon gab es den schönsten Streit, wir rissen Witze im Bus und machten Theater, es war eine Stimmung wie damals gegen Rapid, als der Paniz in die Kabine kam, tropfte er, ich weiß nicht, ist das Schweiß oder Regen? der Bachmann hat alles mit seiner Kraft zerstampft, Boldini rammte dem Turek ein Alptraumtor in die Maschen, der Kern ist höher gekommen als alle anderen, bei strömendem Regen fuhren wir im offenen Wagen vor das Rathaus und ich hielt den Kuchenteller in die Höhe: so ungefähr.

2

Das war es eigentlich, was ich sagen wollte. Was bleibt, sagte ich, ist die Erinnerung, der Ruhm verfliegt. Ich denke nur an Paul Marix, der gleich, nachdem er gekommen war, so gut einschlug. Es regnete damals in Strömen, da kam also Marix, der bescheidene Gasmann im Leben, aber mit tödlichen Füßen. Die Leute sangen, wenn sie uns sahen, überall, wo wir erschienen, nur in Madrid war es still. Paul Marix hatte Alonso in zehn Minuten drei Prachtexemplare ins Netz gefetzt, Servus Ade, ich dachte mir fliegen die Fäuste fort, sagte Alonso am Abend, Servus Ade, wir sausten von einem Ding in das andere, die Tribünen kochten und platzten, und Marix im Gummimantel, eines Tages war er gekommen, die Torhüter schlugen die Hände vor ihr Gesicht, wenn er anlief. In Liverpool schoß er zwei Engländer aus der Mauer heraus, das gab es nie wieder, und später in Glasgow, ich will nicht davon reden: stopft Watte in eure Ohren, sagte ich später, als wir nach Glasgow fuhren, das war eine Zeit, und wenn ich von dieser Zeit rede, dann muß ich vor allem von einem reden. Paniz war damals nach Mailand gegangen, jetzt ist es aus, sagten alle, aber wir behielten die Ruhe und stürmten weiter, für Paniz kam Wobser, von dem es schon kurze Zeit später hieß: so gut war noch keiner. In Stuttgart zum Beispiel lief er mit riesigen Schritten über den glitschigen Boden und trat Sawitzki samt Ball in den Kasten; in Köln ließ er Schnellinger tanzen, bis dieser taumelnd vom Platz ging, mit Füßen wie Bügeleisen, Wobser, ich sage nichts neues; die Bayern wurden vom Rasen gewischt, in Schalke gingen die Fahnen in Flammen auf; mit einem Rucksack voll Luft zog er davon, er brauste die Linie hinunter mit Dampf links und rechts, nach ihm wurde ein Hut benannt und ein Fruchtsaftgetränk, aber wie das im Fußball so ist, an einem eiskalten Abend kurz nach der Pause, da kam schon das Ende, hinkend stieg der gelernte Bäcker hinein in den Bus, siebzig Kilogramm schwer, zwei Jahre später war er sehr dick und sagte: mir geht es gut. Was ist mit dem Bein? fragte ich. Das Bein ist in Ordnung. Aber Wobser kam niemals wieder. Für Wobser kam damals Paul Marix im Gummimantel, und Marix, sagte man bald, der wäre noch besser als Wobser. Im ersten Spiel gegen Ajax, die Holländer gingen weinend vom Platz und dafür hat Marix gesorgt. Inter wurde in Grund und Boden gerammt, der Jubel war groß und Hamal war in der Form seines Lebens, du liebe Zeit, Hamal, so flog er, so warf er sich vor die Stiefelspitzen, er sammelte Pilze, das war seine Leidenschaft, und eines Tages hat er den nassen schweren Ball voll ins Gesicht bekommen, man trug ihn davon, das Blut tropfte von ihm hinab in den Schnee, doch es dauerte gar nicht so lange und schon ging es weiter, dankeschön, bravo, in Glasgow zum Beispiel, wir nahmen den Cup in den Arm und fuhren davon. Da öffneten sich plötzlich die Türen, ich brauchte nur noch hineinzugehen. Kommen Sie her zu uns, sagte Herrera, Sie werden es niemals bereuen, vierhunderttausend glatt auf die Hand, aber ich bin im Lande geblieben, Servus, ich weiß doch Bescheid. Und wie geht es weiter? wollte man wissen. Ich sagte: wir werden schon sehn, wie es weitergeht. Die Leute rissen die Augen auf, denn damals hielt man erstens noch nicht viel von anderen Sachen und zweitens, was war denn zweitens? ich weiß nicht, die Hauptsache jedenfalls war etwas anderes, das war die Hauptsache, vierhunderttausend, damals hatte ich schallend gelacht, nein meine Herren, ich bleibe im Lande, ich weiß doch was los ist, sagte ich, unter der Haustür, vierhunderttausend, Auto und Wohnung, aber das ist vergessen, wir waren wirklich in Schwung, laßt sie nur kommen, wir fressen sie alle, Schwingo in seiner bekannten Art schwang den Cup, seine große Zeit kam erst nach dem Spiel, dann balancierte er einen mit Bier gefüllten Zweiliterkrug stehend und liegend auf seinem Kopf, das heißt aber nicht, daß alles so weiterging, vor allem mit Marix. Ich kann mich noch gut erinnern, wie er hier ankam, im Gummimantel. Was ist **das** denn für einer? hatte Bachmann gesagt; dann zog er sich aus und legte den Mantel ab und schon hat es gekracht in dieser Schwüle, schon schlug es ein, im ersten Spiel gegen Ajax, das weiß ich wie heute, die Holländer schlichen weinend in die Kabine, daran muß ich jetzt denken, der kleine Mann mit dem breiten Kreuz, oft genug lag er da und wurde trotzdem wieder gesund, aber eines Tages fragten die Leute: was ist denn mit Marix? und alle fragten sich plötzlich: warum denn wieso denn? zum Beispiel wo bleiben die Flanken, wo bleibt denn der Flachpaß? wir saßen zusammen in diesem Geruch nach Kampfer, der Rasen war hart, der kälteste Winter ich glaube seit neunzig Jahren oder noch länger. Marix hatte sein Schußbein in Gips, ich hatte Ärger mit meinem Nacken, Schmauch hatte ein dickes Knie, die Prellungen zählten wir gar nicht, die Quetschungen, Zerrungen, das waren Kleinigkeiten. So gingen wir unter in Matsch und Eis. Und wenn ich den Gips abhabe, sagte Paul Marix, dann lege ich los. Seine Sehne war völlig zerfetzt, ich schüttelte damals den Kopf, der Winter verging, und Marix ging so, wie er gekommen war, im Gummimantel. Was bleibt, sagte ich, ist die Erinnerung, der Ruhm verfliegt, und die Narben bleiben, die lassen sich nämlich nicht abwaschen unter der Brause. Der Winter verging, die Leute pfiffen wenn sie uns sahen und spuckten uns voll auf dem Weg zur Kabine. Jemand am Telefon schrie eines Abends: du hast doch nur Scheiße in deinen Latschen. Warten wir ab, sagte ich, mit wem spreche ich denn? Ich stech dich noch ab, paß mal auf, schrie er. Gut, wenn Sie meinen. Damals kamen die Ordner mit blutigen Köpfen zu uns von den

Schlägen mit Fahnenstangen und riefen: wir können nicht mehr, wir haben Familie, so war es, wir waren im Dunkeln verschwunden, die Tür schloß sich hinter uns, jemand stand auf: Servus, machts gut. Der Trainer sagte noch ein paar Worte, mehr sagte er nicht, er sagte den kürzesten Satz seines Lebens und nahm seinen Hut. Nun ändert sich alles, sagte der Vorstand, doch es änderte sich überhaupt nichts, wir blieben im Keller, aus und vorbei. Mensch mach doch was, tu doch was; immer kam jemand und sagte: versuch doch was, mach was, Mensch tu was; doch es lief nichts zusammen, die Karten verfaulten an unseren Kassen. Im klatschenden Regen ging Marix davon. In ein paar Wochen, sagte er damals, käme er wieder. Aber Marix kam niemals wieder. Das war es dann eigentlich, stand in den Zeitungen, das wäre es dann wohl gewesen, damit hätte es sich, das wäre das Ende. Aber das letzte Wort war noch längst nicht gesprochen, denn plötzlich kam Schwingo der Wahre unter vierzig Pfund Speck hervor, die der Trainer ihm abgekocht hatte, und Schwingo, der für sein Leben gern Klöße aß, schoß flach, vielmehr halbhoch das schönste Tor dieses Tages, na also, wir knallten aus allen Lagen. Auf dem brüllenden Bieberer Berg rauchte es und die Kickers verschwanden, weiß wie die Wand; in Hamburg ging Seeler schimpfend vom Platz, womit alles gesagt ist über die Sache; in Bremen wühlten wir uns durch die dicke Brühe, gegen den Wind, auf dem schweren Gelände, einem Zuschauer platzten auf einmal Raketen in seiner Tasche, in roten und blauen Blitzen rannte er krachend um sein Leben und warf seine Jacke fort; und als wir aus Kaiserslautern abzogen, mit zwei Punkten im Koffer, hatte man eine Elektrische auf die Straße gekippt. Wir waren zufrieden und sausten von einem Ding in das andere, das alte Lied auf den Schultern der Leute, da war es wieder, überall wurde gesungen, sogar die Wiener klatschten, die sonst nur im Winter klatschen, wenn sie kalte Hände haben. Es ist nicht zu glauben, sagte Fritz Walter, Herberger nickte, er hatte das kommen sehen, und Merkel stand auf: alter Freund, jetzt müßte man auf Spanisch mal wissen, was kalter Arsch heißt, sagte Merkel später in Spanien. Viele Jahre waren vergangen. Der Kellner servierte einen gebratenen Fisch, wir spielten eine Partie Domino, alter Freund, sagte er, was ihr damals gemacht habt, das hat es noch niemals gegeben. Er saß mit dem Fernglas auf dem Balkon und sah in die Ferne: niemals zuvor und niemals wieder. Aber wieder zurück zu der Sache von der ich gesprochen habe, die Zeit ging vorbei, Woche um Woche, dann war es soweit, wir fuhren bis vor das Rathaus, im offenen Wagen, alle riefen nach Lemm. Marix war längst vergessen. Und wer Wobser war, wußte keiner mehr, denn der Ruhm verfliegt, was bleibt, sagte ich, ist die Erinnerung. Das wollte ich sagen.

3

Später kam ich ins Kreuzfeuer der Fragen: danke, mir geht es gut, waren meine Worte, ich trinke am liebsten Kakao, ich esse was auf den Tisch kommt, am liebsten esse ich Linsen mit Speck, Musik mag ich gern, mein größtes Problem ist mein Nacken, Uwe Seeler ist menschlich wirklich in Ordnung, Rahn ist ein großartiger Mensch, mit Morlock versteh ich mich gut, undsofort, paß mal auf, fragte jemand, jetzt muß ich dich mal was fragen, erinnerst du dich an die Sache vor dem Spiel gegen, Moment, 96, da kam ich mit meinem Orchester bei euch vorbei, dein alter Freund Paul Stein, kannst du dich nicht erinnern? klar, sagte ich, wir haben doch Saxophon gespielt mit der Sängerin, ja, sagte er, mit der Sängerin, also, sagte ich, du siehst ich erinnere mich. Dann fragte mich ein Mann namens Rink. Der Name Rink, der kommt mir bekannt vor, sagte ich, ja, sagte er, 1956, Stuttgart; Rink? sagte ich, jawohl Rink; natürlich, sagte ich, Rink, selbstverständlich. Was machen Sie sonst noch? fragte man schließlich, na wandern, viel wandern, vor allem viel wandern, mein Lieblingsgericht ist Linsen mit Speck, ich trinke gerne Kakao und erinnere mich noch an Heiner Träg, an Sterz Munkert, Jupp Gauchel, um nur einige zu nennen, natürlich an Schanko, Hans Jacob, an Münzenberg, Nagelschmitz, Termath und Bögelein. Und Jaschin schrieb damals: du bist ja eine Kanone, mein Lieber, dein alter Freund Jaschin. Dann ging ich so um die Ecke und schon rief jemand: na so was, hier sieht man sich wieder, erzähl mal was los ist, was soll ich erzählen? erzähl mal das dritte Tor. Also ich nahm ein Bier, kurz, ich bin kein Freund von vielen Worten, es war so: null Grad aber trocken, abgetropft von der Brust, dann direkt aus der Luft. So war das.

4

oder wie war das mit Dortmund, als alle riefen, daß ich rein sollte und Schmauch dafür raus, daß ich also für Schmauch auf den Platz sollte, ich weiß das wie heute, das war eine Wärme, was hatten wir damals? ungefähr dreißig, lieber Gott weit über dreißig Grad, alle riefen Schmauch raus und ich sollte rein, nun hatte mich damals die Schleimbeutelentzündung zurückgeworfen und es gab welche, die haben geglaubt, daß ich nicht mehr der alte bin, Schmauch raus, Schmauch raus, so ging das die ganze Zeit und kein Tor, aber dann kam der Moment, wo der Chef sagt: steh auf und geh rein, mach dieses und jenes, ich ging also rein und nun fängt die Sache erst an, kaum bin ich drin, da schnappe ich mir die Kugel, bügele sie mir zurecht und ziehe davon, das werde ich nie vergessen, Kelbassa steht plötzlich vor mir, soll ich jetzt links vorbei oder doch lieber rechts? ich bin links vorbei, wupp, und hebe den Ball über Bracht, der plötzlich heranspritzt, direkt aus der Luft, patsch, schon kracht es, ich wieder zurück eins zwei drei rechts an der Linie entlang, erst laß ich Schlebrowski aussteigen, peng, schon flattert das Netz, entsprechend geht das auch weiter, ich laufe dem Sandmann davon, das Leder klatscht an die Latte und wumm, schon zappeln die Maschen, ich schleiche an allen Sperren vorbei mit der Kugel am Fuß und pflastere sie mit Schmackes ins Netz, ich spritze aus dem Gewühl heraus und bums, schon rauscht es im Kasten, ich hatte mich kaum gedreht, schon hat es gekracht, Boldini serviert mir dann eine Flanke, ich wuchte sie mit der Stirne hinein, Schwingo tritt eine Ecke von rechts, ich steige hoch, das ist alles, schon krachte es wieder, dann kommt noch ein Paß von Paniz, besten Dank, sage ich und mache das bißchen, schließlich am Schluß noch ein Einwurf von Kern und wieder bin ich zur Stelle, ein krachender Abschied, eine Knall-schote will ich mal sagen, Kwiatkowski hatte wirklich nicht viel zu lachen an diesem Tag, ich hielt nur den Fuß hin und rumms, fertig aus, eigentlich spreche ich nicht gern davon.

5

Und gegen den Club, also ich fiel fast um, als ich den Schnee sah, über-all Schnee, das ist Gift für mich, wer mich kennt, weiß das, aber sonst fühlte ich mich in Schuß als wir einliefen, also ich lief ein paar Schritte, schon fiel ich um und hatte eine Fleischwunde am Schenkel, jemand war mit seinem ganzen Gewicht auf mich gefallen, ich tupfte mir mit dem Wattebausch das Blut ab und lief weiter, nun machte mir aber das Knie zu schaffen, ich lief ein paar Schritte, jemand traf mich mit seinem Stiefel am Kopf, da fiel ich um, meine Backe war aufgeschlitzt, ich stand auf und lief in die Kabine, dann kam ich wieder mit meinem verpflaster-ten Gesicht und lief ein paar Schritte, bald danach fiel ich um, jemand war mir ins Standbein gesprungen, na gute Nacht, ich stand auf, nicht viel später sprang mich jemand an und riß mir die Kniekehle auf mit dem Stollen, ich fiel um und wurde verbunden, als ich wiederkam und ein paar Schritte gelaufen war, sprang jemand voll auf mich drauf, ich fiel um, mein Fuß schwoll stark an, trotzdem stand ich auf und lief weiter, aber nun war meine alte Verletzung aufgebrochen, vor allem hatte ich einen Schmerz in der Leiste und nach der Spritze hatte ich gar kein Gefühl mehr im Fuß, das war auch der Grund, warum ich umfiel, ich wurde massiert und stand wieder auf, ich hatte zwei Zehen gebrochen, das kommt schon mal vor, aber schlimmer waren die Stiche im Rücken, ich spielte ja damals mit einem Korsett, ich stand wieder auf und später in der Kabine fiel ich dann beinahe um, doch schon war die Pause zu Ende, ich schleppte mich raus mit meinem verbundenen Kopf, mit meinem in Schwammgummi verpackten Knöchel, es war noch keine Minute vergangen, da falle ich um, kaum bin ich aufgestanden, rammt mich jemand zu Boden, gerade stehe ich wieder, da legt mir jemand die Hand aufs Gesicht und ich falle um, jemand zieht mir die Beine weg oder jemand macht eine Schere, jedenfalls falle ich um, ich ließ mir Verbandsmull reichen und dann ging es weiter, humpelnd, aber nicht entmutigt, kaum hatte ich ein paar Schritte gemacht, da rief jemand: so, jetzt kriegst du noch einen, na, ich fiel um, trotzdem blieb die Freundschaft bestehen, als ich aufstand, schüttelten wir uns die Hände, nichts für ungut, rief er, jemand rief: Junge, hau rein, und schon machte jemand ein langes Bein und da lag ich natürlich, ich wurde hinausgebracht und als ich wiederkam mit meiner Bandage kurz vor Schluß fiel ich um, jetzt reicht es mir aber, rief ich, jedes Wort tat im Mund weh, weil die Lippe gespalten war und die Zähne waren ganz locker, ich merkte nun auch, wie das Auge zuschwoll, ich rief: jetzt hört der Spaß auf, da fiel ich um und im Fallen schob ich das Leder zwischen Popps Beinen hindurch an Wabra vorbei in den Kasten. Aus. Schluß. Einsnull. Das vergesse ich nie.

6

plötzlich zischte und krachte es, und ich wußte nicht mehr, wie es stand, bei diesem Stampfen und Schreien, ich konnte die Bälle nicht sehen, die auf mich zukamen, irgendwie war ja auch Blut an meinem Schuh oder es tropfte heraus aus dem Schuh und als es jetzt pfiff, da wußte ich plötzlich, daß wir gewonnen hatten, überall stach es jetzt auf dem Weg in den Tunnel durch das Spalier stach es plötzlich, Schwingo, den sie auch weichgeklopft hatten mit ihren Mätzchen, sagte, daß sich der Club nicht wundern soll, wenn man ihm auswärts demnächst schon mal die Hosen runterzieht. Ich war fix und fertig. Jemand zog mir das nasse Hemd aus, da sagte der Schmauch mit seinen gestempelten Waden: der ißt das noch auf, paß mal auf, nämlich das Hemd, und so sah es auch aus. Im Umkleideraum floß der Sekt, wir tranken aus Pappbechern, der Masseur verband meinen Arm, Kobo Bachmann sagte, er sage ja nie was über den Schiedsrichter und über diesen schon gar nicht, einer gab mir ein Mittel gegen Verrenkungen, aber ich hatte gar nichts verrenkt, wie sich später herausstellte, der Mann drehte meinen Kopf mit aller Macht und ich hatte das gleiche Gefühl, wie damals beim Schlag von Juskowiak, wie mit der Axt in der Mitte gespalten. Eine Woche später klingelt es plötzlich. Ein Freund meines Onkels kommt zu Besuch, wir kommen auf Seeler zu sprechen, der lange verletzt war, dann zog ich mich an und wir fuhren in die Klinik. Ich wurde herzlich begrüßt und man wünschte mir Glück zum Pokal, der Professor nickte mir zu, komm Junge, sagt er, eh ichs vergesse, zieh dich aus, du bleibst bei uns, du hast nämlich ein gebrochenes Genick.

7

Auf dem Massagetisch fragte man mich, ob ich noch etwas spüren würde. Ich bin neugierig, was sie von mir wissen wollen, sagte ich. Und wie gehts weiter? fragte man. Na wie solls weitergehen, ich will noch eine ganze Menge Tore schießen, so gehts weiter, und später werde ich mich ganz meiner Gummiwarenfabrik und meiner Familie widmen. Dann fragte man mich noch nach meinem schönsten Tor. In seiner Art ganz schön war das vierte Tor gegen die Rangers, aber das Tor gegen den Club kurz vor Schluß, das war auch ganz schön.

Später war ich mit kalter Wut in die Kabine gedampft und verzichtete auf das Bankett anschließend, dankeschön, ich riß mir die Schuhe von den Füßen, Schluß, nie mehr wieder, ich werde diesen Boden nicht mehr betreten. Warum? fragte man. Da fragen Sie noch? Darauf nahm ich meine Tasche und ging. Später sah man mich oft in meinem Zigarrenladen. So war es.

Ja, es läuft gut, sagte ich später an meiner Tankstelle, ich war überrascht, als ich hörte, daß es nicht mehr so gut laufen würde wie früher, wir haben uns unterhalten und ich sagte, so oder so ist das nicht, es ist alles in Ordnung, es läuft alles sehr gut.

Später fand ich beruflich mit der Generalvertretung für wartungsfreie Aluminium-Fassadenverkleidungen im Stülpverfahren mit zweischichtiger Styroporunterlage eine ausgezeichnete Existenzgrundlage.

Jetzt habe ich meine Tauben, die Klappen fallen herunter, wenn ich die dunklen Punkte am Horizont sehe, kommt es mir immer vor, als wäre ich selbst geflogen, ich höre das Klatschen der Flügel über dem Dach, unten auf der Straße rufen sie: Mensch, Junge, wie gehts? Ach mir gehts gut, rufe ich, ich freue mich schon auf das nächste Frühjahr, dann sitze ich unten im Garten und trinke ein Bier mit dem Vater, dann geht es mir durch den Kopf, wie komisch das Leben sein kann, da hat man so vieles falsch gemacht und trotzdem stimmt alles am Ende.

Wenn wir hier nicht gewinnen, dann treten wir ihnen wenigstens den Rasen kaputt.

Rolf Rüßmann,
Abwehrspieler

Die Spielflächenfrage im Zeitalter der Raumfahrt wird immer drängender. Rasen ist genug vorhanden, sogar von bester Qualität. Wie wichtig es ist, unseren Jugendlichen das Betreten des Rasens zu ermöglichen, natürlich bei entsprechender Fußbekleidung, erlebe ich jeden Tag.

N. N.
Sport-Mediziner

Wenn ich nicht will, lauf ich im Spiel nicht mehr als einen Kilometer; und da ist der Weg von und zu der Kabine schon mit drin.

Jürgen Kurbjuhn,
Abwehrspieler

Wenn das mit dem Fußball nicht anders wird, geht in der Kirche eine Bombe hoch.

Anonymer Anrufer zur Sekretärin des Superintendenten von Osnabrück; nach einer von der Kirche veranlaßten Absetzung des Pokalspiels VfL Osnabrück gegen Eintracht Frankfurt am Karfreitag. – Etwa zweihundert Personen drohten mit ihrem Austritt aus der Kirche.

Der Papst drückt auch der Deutschen Elf die Daumen.

Bild-Zeitung,
am 16. Juni 1970

Offenbach hätte dreinull gewonnen, wenn ich nicht ein Papstbild in der Tasche gehabt hätte.

Norbert Nigbur,
Torhüter

Manche raten mir, wir sollen doch die andern kommen lassen. Schön und gut: aber die kommen ja nicht.

Helmut Schön,
Bundestrainer
bei der WM 1974

Wir nähen heute mit einer ganz heißen Nadel.

Jupp Derwall,
Bundestrainer

Das Loch in der Mauer ist modern geworden.

Hennes Weisweiler,
Trainer

Hinten wird man Meister, nicht vorne.

Max Merkel,
Trainer

Wir werden ja sehen.

Jupp Derwall,
Bundestrainer

Ich habe nicht gesehen, daß der Ball im Tor war, aber ich sah, wie der Engländer Hunt nach dem Schuß von Hurst seine Arme hochriß. Ich sah auch, daß der deutsche Torwart einen untröstlichen Eindruck machte. Deshalb muß es Tor gewesen sein.

Tofik Bachramov,
Linienrichter
beim WM-Endspiel
England–Deutsch-
land nach dem dritten
Tor, am 30. Juli 1966

Ich nehme an, daß er jetzt die Pfeife, die ja für ihn ein entscheidendes Mittel ist, in den Mund nimmt.

Erwin Dittberner,
Radio-Reporter,
über den Schieds-
richter,
am 16. Oktober 1976

Nehmt diesem Mann die Pfeife weg.

Bild-Zeitung
über Schiedsrichter
Hermann Eschweiler,
am 6. September 1976

Wir sind alle froh, daß jetzt erst mal Schluß ist.

Udo Lattek,
Trainer

Rückfahrt

Genau kann ich das gar nicht mehr sagen, und das ist es ja auch, worüber ich nachdenke, die ganze Strecke seit Gladbach. Wir haben es wieder gesehn heute abend, ein Stürmen und Stürmen in dieser Kälte, und dann ist in einer Minute alles vorbei. Ich hab das schon öfter erlebt, aber sowas noch nicht, der ganze Sturm wirbelt und plötzlich ist alles vorbei. Jemand hat noch gesagt, er hätte das gleich gewußt, das wäre kein Wunder bei diesem Sturm. Ich will mich da nicht mehr einmischen, mir ist ja im Augenblick alles recht, nur eben das nicht, die ganze Zeit stürmen und auf einmal ist alles zuende. Da versuche ich nun, mir das vorzustellen, vielleicht wenn es anders gekommen wäre, aber das hat keinen Wert, denn eins ist ganz sicher, wie die Sache auch ausgehen wird, sie wird immer falsch sein, immer am Ende falsch, das kann man doch anpacken, wo man will, immer falsch. Jemand sagt: das ist Köln, wo wir durchkommen, es regnet ein bißchen und dann ist die Rede von etwas anderem, irgendein Wort spielt eine Rolle, irgendein Name, aber ich mische mich da nicht mehr ein. Ich frage mich nur, wie das alles passieren konnte, in einer Minute, ich habe mir meine Gedanken gemacht kurz vor Dings, kurz vor Bonn, doch gesagt hab ich gar nichts. Man mußte ja damit rechnen, sagt jemand, er hätte das mehr als einmal erleben müssen. Doch so einfach ist das ja auch wieder nicht, natürlich war es auch früher mal so, zum Beispiel im März, an den wir uns alle erinnern, aber so wie an diesem Abend war es noch nie. Jemand sagt dann, er hätte das alles vorausgesehen und zwar schon seit Wochen. Im Grunde, sagt jemand, der neben mir sitzt, ohne Fußball ist das kein Leben und die einzige Hoffnung ist, daß es im Herbst wieder anfängt, wenn das nicht wäre, dann könnte man sich doch gleich hier sofort in diesem Moment einfach aufhängen. Und wenn ich mich jetzt nicht täusche, aber so sehr kann ich mich gar nicht täuschen, kommen wir jetzt durch Koblenz, mir tropft etwas Bier auf die Hose, oder ist das schon Mainz? Jemand gibt zu bedenken, daß alles voll Matsch war auf diesem Platz, alles voll Matsch, alles alles, Matsch Regen und nicht zu vergessen der Wind, er sagt, das hätte er alles erwartet und er fände, sagt dieser Mann, obwohl er das alles erwartet hatte, die Sache trotzdem ganz schlecht. Und als es aufgehört hat zu regnen, will ich auch ein paar Worte sagen, etwas vom nächsten Samstag vielleicht. Aber ich sage jetzt nichts, es hat doch keinen Sinn.

Der letzte Ball

Mit dem Fuß, so weit, so weit:
dort am Abend fliegt der harte
Ball, dort wo es schreit und schneit,
steigt er auf und schwebt, der zarte
aufgepumpte angestarrte
Ball rasch in die Einsamkeit.

Weit am Tor vorbei, vorbei,
hoch, als ob Papier es wäre,
fliegt er leicht und sorgenfrei
aufwärts in die wolkenschwere
atemlose menschenleere
Luft, hinaus aus dem Geschrei.

Durch den Wind davon, davon,
hoch, so hoch sieht man den weichen
Ball ganz sanft und ohne Ton,
angestrahlt, den mondscheinbleichen
Ball fort in die Ferne streichen:
weit entfernt von allem schon.

Und nun noch eine Durchsage in eigener Sache: an der Tribüne und am Platzeingang befinden sich die Verkaufsstellen für Getränke und Bratwurst.

Lautsprecheransage nach dem Spiel in W.

Abschließende Worte zum Fußball

Die Welt ist zwar kein Fußball, aber im Fußball, das ist kein Geheimnis, findet sich eine ganze Menge Welt. Es ist eine zuweilen bizarre Welt, in der unablässig Gefühlsschübe aufeinanderprallen; Emotionen, die jederzeit in ihr Gegenteil umschlagen können: Entzücken in Entsetzen, Begeisterung in Wut, Verzweiflung wieder in Entzücken. – Natürlich, das haben wir alles schon vorher gewußt, und nun wissen wir es auch nicht besser.

Es kann hier nicht darum gehen, diese Texte nachträglich theoretisch abzustützen. Allenfalls geht es um ein paar Worte zur Entstehung des Buches; zum Material, das verarbeitet wurde. Ich habe es zwischen 1966 und 1981 gesammelt: in Sport- und Tageszeitungen, aus Radio- und Fernsehberichten, im unmittelbaren Kontakt mit den Akteuren: den Spielern, Trainern, Schiedsrichtern, den Reportern und vor allem den Zuschauern, bei meinen ausführlichen Wanderungen über Tribünen und Stehkurven, bei Busfahrten zu gnadenlosen Auswärtsspielen, bei Fan-Club-Festen, an Kneipentheken, Biertischen und an den Rändern der Trainingsplätze, wo man die wirklichen Experten trifft, die Naturdarsteller dieses nie zu Ende gehenden Total-Theaters. Es handelt sich also nicht um Stimmenimitation; kein Wort ist erfunden; ich halte mich an das, was ich mit Tonbandgeräten aufgenommen habe. – Glaubt man den Experten, dann ist das Fußballspiel nicht die Fortsetzung des Lebens, sondern das Leben ist die Fortsetzung des Fußballspiels; dann ist *das,* was im Spiel passiert, also nicht so wie im Leben auch, sondern: *das*, was im Leben passiert, ist so wie am Samstag beim Spiel. – Wer annimmt, hier wolle sich einer lustig machen über das Verhalten der Fans, über ihre Worte und Gesänge, ihre Betrunkenheiten und Verzweiflungen, ihr Glück und ihre Trauer, der täuscht sich.

Das Buch, so wie es jetzt aussieht, ist in Etappen entstanden. 1971 erschienen die Fußball-Spiele PUNKT IST PUNKT. Ich habe die Dreistigkeit, diese inzwischen vergriffene Arbeit noch einmal anzubieten, weil ich sie nicht einfach der fortschreitenden Dunkelheit aushändigen will. – Die RAMMER & BRECHER SONETTE (1973) sind Verkupplungsversuche von strenger Kunstform und rabiatem Inhalt, von abgeschrittenem Versmaß und krachendem Jargon. – Die DEUTSCHEN ENDSPIEL-STANZEN (1977) bedichten die Zeit, in der der Meister in einem Endspiel ermittelt wurde. Es hat 52 Endspiele gegeben. 52 Endspiel-Stanzen habe ich weder mir noch dem Versfuß zumuten wollen; es sind 15 geworden. Und natürlich wird nun gerade jenes Endspiel fehlen, das der geneigte Leser für das unvergeßlichste seines Lebens zu halten sich entschlossen hat. Darauf bin ich gefaßt. – Der literarische Umgang mit den Weltmeisterschaften ist mir leichter gefallen. 13 Weltmeisterschaften: das ergibt 13 WM-MORITATEN: Neunzehnhundertdreißig bis Neunzehnhundertsechsundachtzig.

Die RADIO-COLLAGEN sind das Ergebnis jahrelanger Mitschnitte der einschlägigen Fußball-Sendungen. Hier sind die gewaltigen Wortstrudel der Reporter, ihre Aufschwünge und Abstürze auf engstem Raum zusammengedrängt. – Selbstverständlich ist Manipulation im Spiel: Raffung und Ballung, Aufsplitterung und Neuzusammensetzung von Sätzen und Satzfolgen und Spielverläufen. Was in ungefähr 15 Minuten abläuft, ist der Extrakt vieler Fußball-Jahre. – Die Stücke sind freilich zum Hören bestimmt. Wer will, kann sich das, was *nicht* abgedruckt ist, auf meiner Schallplatte DER BALL IST RUND anhören: SCHWIERIGKEITEN BEIM UMSCHALTEN etwa, eine Toncollage, die ihre eigentliche Wirkung erst beim Wiedererkennen der Reporterstimmen entfaltet. Die in diesem Buch angebotene Auswahl von RADIO-COLLAGEN beschränkt sich auf das halbwegs Lesbare: MERKWÜRDIGE ENTSCHEIDUNGEN zum Beispiel entlarvt endgültig den Schiedsrichter als das, was er ist: der wahre Schuldige, der Täter schlechthin. – WEITER MIT MUSIK ist ein Vexierspiel mit Fußballworten und Fußballsätzen: ein Spiel mit dem Spiel. – CORDOBA schließlich ist zweierlei: ein düsteres Drama für Deutschland, ein unbegreifliches Trauerspiel. Und zugleich ein gigantischer Sieg für Österreich, ein totaler Triumph. Das pikante Weltmeisterschaftsspiel von 1978 wird mit Hilfe der beiden Original-Reportagen vorgeführt. Vorgeführt werden auch zwei Arten, Fußball zu kommentieren. Für Deutschland berichtet Armin Hauffe: das ist kühle nordwestdeutsche Schule, gedämpft, allenfalls kopfschüttelnd, am Ende objektiv verstimmt. Für Österreich leidet Edi Finger: fassungslos zerknirscht zärtlich händeringend, am Ende ganz außer sich. Das neue österreichische Wunderteam hat den gealterten Weltmeister in die Tiefe gestürzt, nach 47 Jahren, in Cordoba, Juni 13 Uhr 45.

ROHRBACHS GESCHICHTE ist Rohrbachs Geschichte. Die Geschichte eines B-Nationalspielers, der einmal einer der schnellsten und trickreichsten Linksaußen der Bundesliga war; der seinen eigenen Kopf hatte und ihn behalten wollte. Einer, gerade noch auf dem Weg nach oben, der sich plötzlich auf der Auswechselbank wiederfindet, der sich aus der Mannschaft gespielt hat und den Verein wechseln will (aufgezeichnet 1975). Daß Rohrbach später in Griechenland erfolgreich weiterspielt, gehört zu einer ganz anderen Geschichte. Heute, nach 15 Jahren, hat ihn das vergeßliche Publikum *nicht* vergessen; immer noch gilt er als eigenwilliger Fußball-Künstler und Außen-Seiter der 70er Jahre.

Alle diese Geschichten, Gedichte, Berichte, Bildfolgen, Expertenge-spräche, Szenen, Zitate, Nachrichtenbündel, Collagen sind Teile einer einzigen großen Collage, die auch wieder nur ein Ausschnitt von dem ist, was etwa siebenmal in der Woche zu sehen und zu hören ist. – Ich habe mir den Luxus geleistet, mit einer gewissen Hartnäckigkeit bei der Sache zu bleiben. Das war womöglich kein marktgerechtes Verhal-ten; aber es ist ein bestimmtes Maß an Verrücktheit und Besessenheit nötig, um sich mit diesem Gesellschafts-Spiel einzulassen; mit seiner Komik und seiner Trauer, seiner aufplatzenden Riesenlust und dem großen Jammer, der selbst noch die Sesselmenschen vor ihren Fern-sehgeräten packt und ins tiefste Elend stürzt. – Wer hinter dem Ganzen wirklich nur Fußball und nichts als Fußball entdeckt, der irrt sich eben. Der Behauptung allerdings, daß ich mich nun ausreichend mit diesem Thema beschäftigt habe, widerspreche ich nicht. Der Fall ist beendet. Das ist mein Abschied vom Fußball.

Ror Wolf

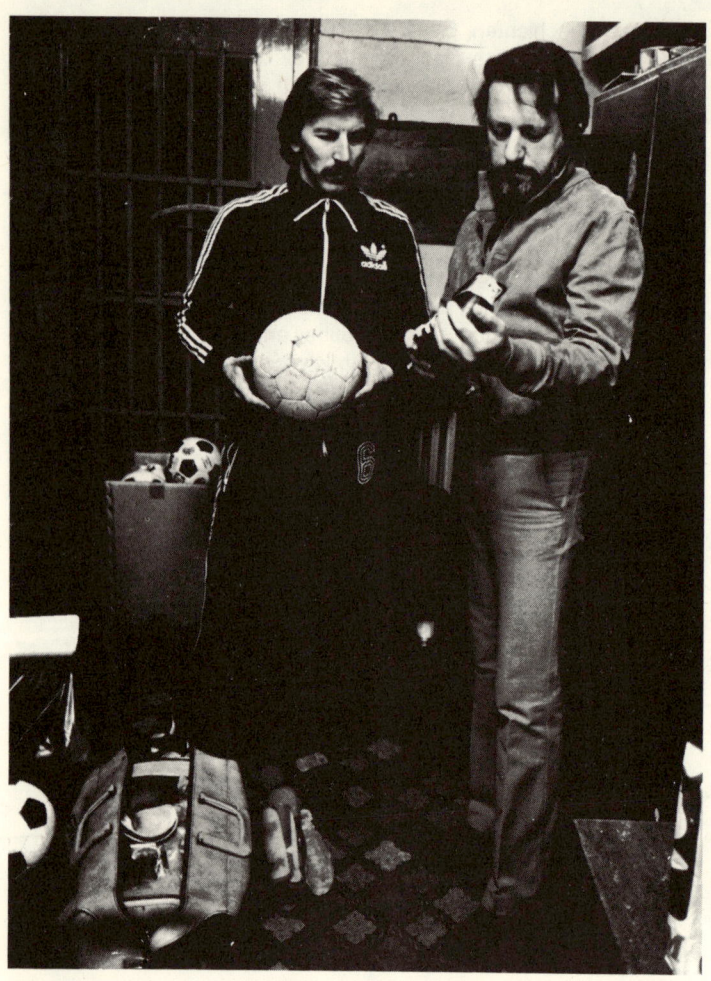

Jürgen Grabowski und Ror Wolf

Bibliographische Angaben:

Punkt ist Punkt. Fußball-Spiele

Erstausgabe: Frankfurt am Main: Suhrkamp 1971

Erweiterte Taschenbuchausgabe: Frankfurt am Main:
Suhrkamp 1973 (= suhrkamp taschenbuch 122)

Die heiße Luft der Spiele

Erstausgabe: Frankfurt am Main: Suhrkamp 1980
(= suhrkamp taschenbuch 606)

Das nächste Spiel
ist immer das schwerste

Erstausgabe: Königstein/Ts.: Athenäum 1982

Veränderte Taschenbuchausgabe: Zürich:
Haffmans 1990 (= HaffmansTaschenBuch 1069)

Die Ausgabe in der Frankfurter Verlagsanstalt
folgt dem Text der Erst- und Taschenbuchausgabe
in leicht veränderter Form.

Ror Wolf

Nachrichten aus der bewohnten Welt

Band 11765

Unabhängig von literarischen Moden und Maßgaben arbeitet der Schriftsteller, Hörspielautor und Collagen-Künstler Ror Wolf seit nunmehr fast 30 Jahren an seinem hintersinnigen Kosmos entlegener Orte und verquerer Zeitgenossen und folgt damit unverwechselbar seinem eigenen Programm. So auch in den Prosatexten und dem Roman seines neuen Buches, das den Leser mit einer Fülle bizarrer Abenteuer, seltsamer Fälle, nie gehörter Todesarten zu faszinieren versteht. Lokale Weltuntergänge, merkwürdige Unglücksfälle sind an der Tagesordnung, so daß im Alltäglichen das Unfaßbare und im scheinbar Vertrauten das Unerklärliche aufblitzt, in schaurig-schönen Geschichten, die den Leser verführen, süchtig machen.

Fischer Taschenbuch Verlag

fi 539 / 6

Ror Wolf
Fortsetzung des Berichts
Band 11766

Eingeschlossen in ein Zimmer von kleinbürgerlicher Enge be-
schreibt ein Erzähler eine monströse, in allen ihren Momen-
ten fixierte Mahlzeit. Eingewoben in diesen Erzählstrang
wird der Bericht einer Wanderung durch eine halb ländliche,
halb vorstädtische Gegend – ein Fußmarsch des Erzählers in
Begleitung eines gewissen Herrn Wobser, bei dem jedoch kein
Schritt vor die Tür getan wird. In den so entstehenden Ge-
dächtnislandschaften ereignet sich Komisches, Bizarres, Gro-
teskes, wodurch neue Geschichten entstehen, mit so einladen-
den Titeln wie ›Das Ohr am Gartengitter‹, ›Die Zungenkünst-
lerin‹, ›Der ausgelachte Kraftmensch‹.

»Ror Wolf arbeitet mit einer begrenzten Zahl
von Imaginationsschüben, die kaleidoskopisch wechseln...
Dieses Verfahren ist phantastisch und rational zugleich
und damit tief humoristisch.«
Hans Magnus Enzensberger

Fischer Taschenbuch Verlag

Ror Wolf

Die Gefährlichkeit der großen Ebene

Band 11767

›Die Gefährlichkeit der großen Ebene‹ enthält zwei Prosa-
texte: zunächst den titelgebenden ›Reiseroman‹, der erst-
mals 1976 erschienen ist und im Urteil der Kritik »ein aufre-
gendes, mitunter aufgeregtes Abenteuer, originell und von
Einfällen sprühend« darstellt (Wolfgang Werth); zum zweiten dann die Abenteuerserie ›Pilze und Pelzer‹ aus dem Jahre
1967 in der erweiterten, vollständigen Ausgabe. »Diese sprach-
liche Chapliniade voller spaßhafter Effekte… darf den hier-
zulande sehr raren Kabinettstücken des literarischen Witzes
zugezählt werden.« *Nürnberger Nachrichten*

Fischer Taschenbuch Verlag

ROR WOLF
IN DER
FRANKFURTER VERLAGSANSTALT

NACHRICHTEN AUS DER BEWOHNTEN WELT

»Ein hochkomplexes, außerordentlich sorgfältig strukturiertes Buch der ungewöhnlichen Geschichten.«　　　　　*FAZ*

FORTSETZUNG DES BERICHTS

»Ror Wolf gelingt es, den Leser von der ersten bis zur letzten Seite zu verblüffen.«　　　　　*Wolfgang Werth*

DIE GEFÄHRLICHKEIT DER GROSSEN EBENE

»Ein rauschendes Fest der Sprache und der Phantasie.«
　　　　　Die Welt

DAS NÄCHSTE SPIEL IST IMMER DAS SCHWERSTE

»Das Fußballspiel ist nicht die Fortsetzung des Lebens, sondern das Leben ist die Fortsetzung des Fußballspiels.«
　　　　　Ror Wolf

ANFANG UND VORLÄUFIGES ENDE
91 Ansichten über den Schriftsteller Ror Wolf

»Ror Wolf ist wohl einer der originellsten und faszinierendsten Schriftsteller deutscher Sprache.«　　　　　*Saarbrücker Zeitung*